TEMAS POLÊMICOS DO DIREITO ELEITORAL

WALBER DE MOURA AGRA

TEMAS POLÊMICOS DO DIREITO ELEITORAL

2ª edição revista, ampliada e atualizada

Belo Horizonte

2018

© 2012 Editora Fórum Ltda.
2018 2ª edição

É proibida a reprodução total ou parcial desta obra, por qualquer meio eletrônico, inclusive por processos xerográficos, sem autorização expressa do Editor.

Conselho Editorial

Adilson Abreu Dallari	Floriano de Azevedo Marques Neto
Alécia Paolucci Nogueira Bicalho	Gustavo Justino de Oliveira
Alexandre Coutinho Pagliarini	Inês Virgínia Prado Soares
André Ramos Tavares	Jorge Ulisses Jacoby Fernandes
Carlos Ayres Britto	Juarez Freitas
Carlos Mário da Silva Velloso	Luciano Ferraz
Cármen Lúcia Antunes Rocha	Lúcio Delfino
Cesar Augusto Guimarães Pereira	Marcia Carla Pereira Ribeiro
Clovis Beznos	Márcio Cammarosano
Cristiana Fortini	Marcos Ehrhardt Jr.
Dinorá Adelaide Musetti Grotti	Maria Sylvia Zanella Di Pietro
Diogo de Figueiredo Moreira Neto	Ney José de Freitas
Egon Bockmann Moreira	Oswaldo Othon de Pontes Saraiva Filho
Emerson Gabardo	Paulo Modesto
Fabrício Motta	Romeu Felipe Bacellar Filho
Fernando Rossi	Sérgio Guerra
Flávio Henrique Unes Pereira	Walber de Moura Agra

Luís Cláudio Rodrigues Ferreira
Presidente e Editor

Coordenação editorial: Leonardo Eustáquio Siqueira Araújo

Av. Afonso Pena, 2770 – 15º andar – Funcionários – CEP 30130-012
Belo Horizonte – Minas Gerais – Tel.: (31) 2121.4900 / 2121.4949
www.editoraforum.com.br – editoraforum@editoraforum.com.br

Dados Internacionais de Catalogação na Publicação (CIP) de acordo com ISBD

A277t   Agra, Walber de Moura
         Temas Polêmicos do Direito Eleitoral / Walber de Moura Agra. 2. ed. rev., ampl. e atual. Belo Horizonte : Fórum, 2018.

         255 p. ; 14,5cm x 21,5cm.
         ISBN: 978-85-450-0537-7

         1. Direito. 2. Direito Eleitoral. I. Moreira, André Mendes. II. Título.

2018-653
CDD 324.63
CDU 342.8

Elaborado por Vagner Rodolfo da Silva - CRB-8/9410

Informação bibliográfica deste livro, conforme a NBR 6023:2002 da Associação Brasileira de Normas Técnicas (ABNT):

AGRA, Walber de Moura. *Temas Polêmicos do Direito Eleitoral*. 2. ed. rev., ampl. e atual. Belo Horizonte: Fórum, 2018. 255 p. ISBN 978-85-450-0537-7.

Aos meus sobrinhos Gabriel, Isabel, Letícia, Arthur e Larissa. Que possam tomar consciência desde cedo da importância do estudo.

SUMÁRIO

INCONSTITUCIONALIDADES DA INCIDÊNCIA DA LEI COMPLEMENTAR Nº 135/2010 ... 11

Introdução ... 11

1 Moralismo *versus* Estado de Direito ... 12

2 O caráter alopoético e autopoético do STF ... 15

3 Princípio da anterioridade eleitoral ... 19

4 Conceito de inelegibilidade ... 22

5 Retroatividade da Lei Complementar nº 135 ... 24

6 Ato jurídico perfeito e coisa julgada ... 27

7 A judicialização das contendas eleitorais ... 29

8 Conclusão ... 32

Referências ... 33

BREVES ANOTAÇÕES SOBRE A LEGISLAÇÃO ELEITORAL BRASILEIRA ... 35

1 Histórico da Justiça Eleitoral no Brasil ... 35

2 Brasil Colônia ... 36

2.1 As leis eleitorais no Império ... 38

2.2 Lei dos Círculos ... 41

2.3 Lei do Terço ... 42

2.4 Lei Saraiva ... 43

3 História da legislação eleitoral na Primeira República ... 45

3.1 Lei Rosa e Silva ... 46

3.2 Da Justiça Eleitoral e do Código de 1932 ... 48

3.3 Código de 1935 e Constituição de 1937 ... 51

3.4 Código Eleitoral de 1945 ... 51

3.5 Código Eleitoral de 1950 ... 52

3.6 Código Eleitoral de 1965 ... 53

3.7 Lei das Inelegibilidades (LC nº 64/90) ... 54

3.8 Lei dos Partidos Políticos (Lei nº 9.096/95) ... 56

3.9 Lei das Eleições (Lei nº 9.504/97) 57
3.10 Minirreforma Eleitoral (Lei nº 12.034/09) 59
3.11 Lei da Ficha Limpa (LC nº 135/10) 61
3.12 Leis nº 13.487 e nº 13.488/2017 63
Referências 67

A PANACEIA DOS SISTEMAS POLÍTICOS 69
1 Democracia 69
2 Reforma política 71
3 Sistema eleitoral 74
4 Sistema majoritário 76
5 Sistema proporcional 78
6 Sistema de voto distrital 80
7 Voto proporcional em lista fechada *versus* lista aberta 81
Conclusão 83
Referências 83

FINANCIAMENTO DE CAMPANHA E PRESTAÇÃO DE CONTAS 87
1 Financiamento de campanha. Doações e contribuições de campanha. 87
2 Limite de gastos 91
4 Fundo Especial de Financiamento de Campanha (FEFC) 94
5 *Crowdfunding* 97
6 Prestação de contas do candidato 98
7 Exame da prestação de contas pela Justiça Eleitoral 99
8 Rejeição de contas 103

DO DIREITO DOS PARTIDOS À VAGA DOS SUPLENTES 105
1 Da importância dos partidos políticos no Brasil 105
2 Os partidos políticos e a soberania popular 108
3 Bloco de constitucionalidade 110
4 Da possibilidade de mutabilidade das decisões do Poder Judiciário 113
5 Natureza da coligação 115
6 Atestação que a vaga pertence ao partido político 117
7 Da pertinência do mandato ao partido 120

8 Análise dos Mandados de Segurança nº 30.260 e
nº 30.272 pelo STF: mutação constitucional ou
ativismo judicial? 123
Conclusão 125
Referências 126

CAPTAÇÃO ILÍCITA DE ARRECADAÇÃO E GASTOS – ANÁLISE DO ART. 30-A DA LEI ELEITORAL 129

1 Origem do art. 30-A 129
2 Questões processuais 132
3 Proporcionalidade e as sanções previstas no
art. 30-A 137
4 Procedimento do art. 22 da LC nº 64/90 142
Conclusão 145
Referências 146

DA INELEGIBILIDADE POR REJEIÇÃO DE CONTAS POR PARTE DE PREFEITOS MUNICIPAIS 147

1 Pressupostos para a incidência da inelegibilidade por
rejeição de contas 153
2 Conceito de irregularidade insanável 156
3 Da necessidade de configuração de ato doloso de
improbidade administrativa 160
4 Da necessidade de decisão irrecorrível por órgão
competente 164
5 Da inexistência de provimento judicial suspensivo 168
6 Da necessidade da atividade desenvolvida ser de
ordenador de despesa 170
7 Da imputação de inelegibilidade 174
Referências 177

A TAXIONOMIA DAS INELEGIBILIDADES 179

Introdução 179
1 Condições de elegibilidade 180
2 Conceito de inelegibilidade 186

3	Inelegibilidade absoluta e relativa	189
4	Inelegibilidades constitucionais	192
5	Inelegibilidade infraconstitucional	196
6	Inelegibilidades inatas e cominadas	208
7	A inelegibilidade como situação jurídica	212
8	O caráter de sanção da inelegibilidade cominada	214

Conclusão ... 216

Referências ... 217

AIJE – AIME – DELINEAMENTOS GERAIS ... 219

1	Processo eleitoral	219
2	Natureza e conceito das ações	224
3	Conceituação da ação de investigação Judicial Eleitoral	226
4	Causa de pedir	227
5	Hipóteses de cabimento	228
6	Natureza jurídica da AIJE	235
7	Necessidade de citação do vice: litisconsórcio facultativo ou necessário?	237
8	Lapso temporal	238
9	Procedimento da Ação de Investigação Judicial Eleitoral	239
10	Conceito e fator teleológico da Ação de Impugnação de Mandato Eletivo	242
11	Inversão hermenêutica	243
12	Cabimento e natureza da AIME	244
13	Procedimento da AIME	247
14	Diferenças e simetrias entre AIJE e AIME	252

Referências ... 254

INCONSTITUCIONALIDADES DA INCIDÊNCIA DA LEI COMPLEMENTAR Nº 135/2010

Introdução

A Lei Complementar nº 135, denominada de "Lei da Ficha Limpa", que fora aprovada pelo Congresso Nacional e sancionada pelo Presidente da República, peremptoriamente, pode ser considerada bastante alvissareira para o desenvolvimento de nosso regime republicano. Introduz em âmbito jurídico, de forma clara, preceitos morais que preservam o *jus honorum*, impedindo os cidadãos tipificados em seus quadros subsuntivos de exercerem cargos públicos durante período determinado. Esse fato deve ser analisado de forma benfazeja porque garante um mínimo ético normativo que deve ser exigido de todos os postulantes a mandatos eletivos, estabelecendo *standards* obrigatórios aos gestores da coisa pública.

Das ilações arroladas anteriormente, já se pode deduzir que se postula a presunção de sua constitucionalidade ontológica, não podendo a ela ser imputada a mácula de desvio normativo, obedecendo aos parâmetros ditados pela Constituição Cidadã de 1988. Contudo, não se pode escoimá-la do vício da inconstitucionalidade pungente, dependendo da extensão de sua incidência, ferindo parâmetros norteadores da segurança jurídica e incidindo contra os mandamentos reitores do Estado Democrático Social de Direito.

Portanto, intrinsecamente, não se pode imputar à Lei Complementar nº 135 o apanágio de inconstitucional, desde que sua aplicação siga os imperativos das normas contidas na Carta Magna. Isso porque, não obstante seu conteúdo ser perfeitamente compatível com ícones norteadores de nosso pacto vivencial, dependendo do momento de sua produção de efeitos e de sua extensão, haverá afronta a garantias indeléveis de nosso constitucionalismo.

Inclusive, defende-se que ela trouxe importantes inovações que foram agasalhas pelo nosso bloco de constitucionalidade, como a relativização da presunção de inocência, o que impede sua utilização para se esvair de condenações judiciais, a colocação de um prazo geral de oito anos para as inelegibilidades, a modificação da potencialidade para a gravidade como critério norteador para aplicação sancionatória, dentre outras.

O objetivo intentado nessas linhas é tentar descrever as inconstitucionalidades que podem ser ocasionadas em razão da malsinada aplicação da "Lei da Ficha Limpa" e quais os reflexos que ela pode provocar em um processo de judicialização que se configura latente na seara normativa brasileira.

1 Moralismo *versus* Estado de Direito

A Moral é um objeto da Ética, normatizando a relação dos cidadãos para que eles guiem suas ações em busca do alcance da virtude. A Ética representa a "verdade" da Moral, dando-lhe os fundamentos para nortear o estabelecimento de seus parâmetros. Ela é formada por preceitos que direcionam a conduta humana, influindo na organização da coletividade. Sua origem advém de convenções que estabilizam valores de determinados grupos sociais, em certo elastério temporal. Para Miguel Reale, a Moral consubstancia o universo repleto por condutas naturais, onde o comportamento humano encontra razão nas raízes do subjetivismo. Doravante, o ato moral alude aos costumes que uma comunidade sopesa como indispensáveis ao bem comum e à paz social.[1]

Ontologicamente, há diferenças cruciais entre a Moral e o Direito. Aftalión sustenta que existe diferenciação entre os dois conceitos. Para ele o Direito se refere aos aspectos externos dos atos, enquanto a Moral se refere aos aspectos internos. No primeiro há possibilidade do exercício da coercibilidade estatal; na segunda não há, sendo a coercibilidade interna.[2]

---

[1] REALE, Miguel. *Lições preliminares de direito*. São Paulo: Saraiva, 1995, p. 45.

[2] AFTALIÓN, Enrique R.; GARCÍA OLANO, Fernando; VILANOVA, José. *Introducción al derecho*. 3. ed. Buenos Aires: Abeledo-Perrot, 1999, p. 226- 227.

Kant fazia uma distinção entre a lei moral e a lei positiva. Para o filósofo Königsberg esta última é analisada de acordo com as ações praticadas, ou seja, em consonância com seu resultado prático, enquanto aquela tem seu móvel de análise de acordo com as intenções da conduta, valendo-se de seu aspecto positivo.[3]

Depreende-se, então, que há um consenso no sentido de que a Moral difere-se do Direito, seja pela sua essência, seja pelo seu conteúdo, não podendo haver uma justaposição entre eles, sob pena de acarretar antinomias e aprofundar a perda de eficácia desses dois subsistemas sociais.

Uma das garantias mais prementes para a consolidação do fenômeno jurídico é o estabelecimento de um Estado de Direito, baseado na obrigação de seguir as diretrizes jurídicas e proteger os direitos humanos dos cidadãos.[4] Com efeito, trata-se de uma situação jurídica em que as atividades do cidadão e do Estado estão subordinadas à lei, ou seja, nesse sistema institucional há uma observância à hierarquia normativa, à supremacia da Constituição e aos direitos humanos.[5] Dessa forma, podemos entender que esse modelo institucional se opõe às monarquias absolutas e às ditaduras, visto que essas estruturas estatais violam frequentemente os direitos humanos e cometem constantemente arbitrariedades.[6]

---

[3]   ABBAGNANO, Nicola. *Dicionário de filosofia*. São Paulo: Martins Fontes, 2000, p. 682-683.

[4]   "O princípio da primazia da lei servia para a submissão ao direito do poder político "sob um duplo ponto de vista": (1) os cidadãos têm a garantia de que a lei só pode ser editada pelo órgão legislativo, isto é, o órgão representativo da vontade geral (CFR. Déclaration de 1789, artigo 6º); (2) em virtude da sua dignidade – obra dos representantes da Nação – a lei constitui a fonte de direito hierarquicamente superior (a seguir às leis constitucionais) e, por isso, todas as medidas adoptadas pelo poder executivo a fim de lhe dar execução deviam estar em conformidade com ela (princípio da legalidade da administração)" (CANOTILHO. *Direito constitucional e teoria da Constituição*, 6. ed., p. 96).

[5]   "Estado de Direito é o Estado em que, para garantia dos direitos dos cidadãos, se estabelece juridicamente a divisão do poder e em que o Respeito pela legalidade (seja a mera legalidade formal, seja – mais tarde – a conformidade com valores materiais) se eleva a critério de acção dos governantes" (MIRANDA. *Teoria do Estado e da Constituição*, p. 46).

[6]   Jorge Miranda contrapõe de forma esplêndida as dicotomias entre o Estado de Direito e os Estados Absolutistas; assim, segundo o autor: "Em vez da tradição, o contrato social; em vez da soberania do príncipe, a soberania nacional e a lei como expressão da vontade geral; em vez do exercício do poder por um só ou seus delegados, o exercício por muitos, eleitos pela collectividade; em vez da razão do Estado, o Estado como executor de normas jurídicas; em vez de súbditos, cidadãos e atribuição a todos os homens, apenas por serem homens, de direitos consagrados nas leis. E instrumentos técnico-jurídicos principais tornam-se, doravante, a Constituição, o princípio da legalidade, as declarações de direitos, a separação de poderes, a representação política" (MIRANDA. *Teoria do Estado e da Constituição*, p. 45).

Assim, partindo-se do pressuposto de que Estado de Direito é aquele estruturado em parâmetros normativos, emerge questão interessante referente à ambiguidade da própria expressão "Estado de Direito". Como referido anteriormente, não se deve atribuir a essa expressão uma necessária correlação com o direito escrito; no entanto, a sua compreensão ficará condicionada, inexoravelmente, àquilo que se entende por Direito. O Estado, entendido como comunidade politicamente organizada, pode assumir diferentes facetas proporcionalmente ao tipo de direito a que está atrelado: Estado de Direito feudal, burguês, nacional, teocrático, etc.[7] Essencial para sua caracterização é que a conduta dos entes estatais e dos cidadãos seja prefixada em bases legais, garantindo a concretização da segurança jurídica e impedindo o abuso de poder.

A problemática enfocada é que a utilização exacerbada de padrões morais, voluntaristas, casuísticos e tópicos serve para arrefecer a consolidação do Estado de Direito brasileiro na medida em que atinge os pilares das garantias constitucionais clássicas. Esse processo de moralismo assistemático da seara jurídica precisa ser analisado com parcimônia porque pode atingir elementos basilares do garantismo constitucional. Não se questiona a introdução de padrões morais no sistema constitucional, desde que ele se compatibilize aos mandamentos reitores do sistema jurídico vigente. Etimologicamente a palavra moralismo pode ser empregada como um desvio da moral, em um claro sentido pejorativo. Miguel Reale critica os juristas que não compreendem a diferença entre ilicitude moral e ilicitude jurídica, tencionando vincular o direito à Moral de maneira absoluta.[8]

A exacerbação do moralismo provoca um arrefecimento da densidade normativa e torna o ordenamento jurídico imprevisível, podendo propiciar que vetores morais de determinados grupos sociais

---

"El Estado de Derecho surge como una necesidad de la burguesía en la búsqueda de una alternativa al Antiguo Régimen, sirviéndole de instrumento adecuado en el proceso de consolidación de su poder político. Partiendo del principio general de que no toda subordinación del Estado a las leyes constituye un auténtico Estado de Derecho, las características comúnmente aceptadas entre nosotros como definitorias del mismo son: el imperio de la ley – concebida ésta como la expresión de la voluntad general –, la división de poderes, el reconocimiento de los derechos y libertades y el sometimiento de la Administración a la legalidad" (CONDE, Enrique Álvarez. *Curso de derecho constitucional*: el Estado constitucional, el sistema de fuentes, los derechos y libertades. 3. ed. Madrid: Tecnos, 1999. v. 1, p. 96).

[7] SILVA, José Afonso. *Curso de direito constitucional positivo*. São Paulo: Malheiros, 2009, p. 113.

[8] REALE, Miguel. *Filosofia do direito*. 14. ed. São Paulo: Saraiva, 1991, p. 481.

sobreponham-se aos ditames agasalhados pela Carta Magna, inclusive maculando a estabilidade das relações jurídicas. Dessa forma, preceitos morais, mesmo que introduzidos normativamente no sistema jurídico, por intermédio de mandamentos infraconstitucionais, chocando-se frontalmente com garantias constitucionais, devem ser considerados inconstitucionais e expulsos da vida normativa.

Não se pode, em nome de moralismos, estorvar a ordem jurídica estabelecida, fazendo com que supostos preceitos que são considerados como panaceias maculem direitos que secularmente foram concretizados no imaginário coletivo da sociedade. Se houver a retirada de prerrogativas constitucionais de um cidadão que notoriamente é considerado corrupto, nenhum homem de bem da sociedade estará resguardado de tiranias perpetradas em nome da virtude e dos bons costumes.

A exacerbação de moralismos no ordenamento jurídico é imunizar determinadas decisões judiciais, impedindo sua tipificação de inconstitucional ou que possam discutir sua legitimidade. Busca-se através deste desiderato evitar qualquer tipo de discussão do conteúdo dessas leis agasalhadoras de parâmetros morais. Essas decisões podem até mesmo se chocar contra o ordenamento estabelecido, sem se preocupar com controle jurídico porque estariam amparados em "valores superiores", que não cabem discussão, como se fossem dogmas *auctoritas*. Nesse diapasão, tenta-se colocar o Judiciário como guardião da moral, esquecendo-se que, quando inexiste o sistema de freios e contrapesos, incentiva-se o arbítrio, não importando qual seja o poder que exercerá a função de guardião.

Desse modo, intangível que os deslindes da ideia de moralidade não podem ser conjecturados de modo a extrapolar os limites do princípio da legalidade, haja vista o caráter sistêmico do ordenamento jurídico. Igualmente, não é permitido ao Poder Público, extrapolando os parâmetros normativos, estender o conceito de moralidade com o escopo de, capciosamente, inovar na ordem jurídica.

2 O caráter alopoético e autopoético do STF

As normas constitucionais são consideradas um complexo normativo sistêmico, não apenas em razão de sua conjuntura topológica, mas porque sua aplicação depende da incidência normativa de outros mandamentos contidos na Carta Magna, de forma que suas inter-relações são uma condição para a delimitação de sua incidência concreta.

Um sistema é formado basicamente por um repertório ou elementos e por uma estrutura. Os elementos são seus componentes, seus núcleos formadores, os quais no caso da Constituição são as regras constitucionais. A estrutura é formada pelos princípios da Lei Maior, dispondo sobre o funcionamento das regras. Eles exercem a função de regular o comportamento dos elementos do sistema, por isso fazem parte da estrutura.

Uma das características que se ressalta da conceituação sistêmica é a ideia de unidade. Essa percepção provém do fato que as normas constitucionais são geradas pelo mesmo procedimento, têm a mesma fonte de legitimação e são oriundas do mesmo poder – o Poder Constituinte. Como consequência, temos que a comumente divisão entre Constituição formal e material perde sua utilidade, merecendo uma análise do todo da *Lex Magna* com suas interações recíprocas. Outra característica importante é sua autonomia, em que cada subsistema se reproduz segundo seus próprios códigos, no caso específico do Direito pode ser o código lícito/ilícito ou justo/injusto.[9] Contudo, essa autonomia não pode descurar de *links* com a realidade social, para que o sistema não fique alienado do *locus* da produção de seus efeitos.

Os sistemas podem ser autopoéticos ou alopoéticos.

O professor Willis Santiago caracteriza o sistema autopoético quando há a (re)produção dos elementos de que se compõe o sistema e que geram sua organização, pela relação reiterativa (recursiva) entre eles. Ele se configura como autônomo porque o que nele se passa não é determinado por nenhum componente do exterior, mas por sua própria organização.[10]

Um sistema alopoético é um sistema que não tem autorreferência nem reflexividade; funciona devido às demandas outorgadas pelo

---

[9] TEUBNER, Gunther. *O direito como sistema autopoético*. Tradução de José Engrácia Antunes. Lisboa: Calouste Gulbenkian, 1989, p. 139-140.

[10] GUERRA FILHO, Willis Santiago. *Autopoiese do direito na sociedade pós-moderna*: introdução a uma teoria social sistêmica. Porto Alegre: Livraria do Advogado, 1997, p. 48.

ambiente, *Inputs*, carecendo de uma estrutura própria de comando. A transmutação de um sistema alopoético para um autopoético ocorre quando ele para de receber sua estrutura de funcionamento do ambiente e passa a produzir suas próprias regras de funcionamento. Essa autorreferência faz com que a relação cognoscente/objeto cognoscível seja alterada para uma auto-observação entre o ser observador e a sua própria estrutura.

Não que um sistema autopoético se reproduza sem a interferência de *Inputs* do meio ambiente; acontece que as interferências somente entram depois de passarem pelas regras de calibração dos outros subsistemas. Ao entrar, adquirem um novo significado jurídico e integram-se no meio a partir do código prevalente. As mensagens que vão sendo introduzidas por *Inputs* irão modificar os elementos, permanecendo a estrutura inalterável.

Ernesto Grün chama essas estruturas de calibração de membranas de isolamento.[11] Portanto, elas vão propiciar que a complexidade e a contingência das expectativas não possam ser quebradas. Para Luhmann, elas são estruturas seletivas de expectativas, que reduzem a complexidade e a contingência. É por isso que a não satisfação de expectativas se torna um problema.[12]

A controvérsia da importação de preceitos morais ao sistema jurídico é que, em decorrência dessa recepção, este assume uma textura alopoética, o que pode ser benéfico por abrir interfaces de comunicação com a realidade, no que impede autismos jurídicos. Feita essa importação, contraditoriamente, as decisões começam a ser tomadas de forma autopoética, em que posicionamentos posteriores são tomados com base em acórdãos anteriores, mesmo que a realidade fática seja diferente. O que preocupa não são as aberturas sistêmicas de um sistema alopoético, haja vista que não se acredita em sistemas puramente autopoéticos, mas sim quando essa incorporação de preceitos morais ocorre *contra legem*, mormente ferindo garantias constitucionais clássicas do Estado de Direito.

Em um primeiro momento há uma abertura do sistema – o problema é quando a aplicação desses preceitos morais afronta

---

[11] GRÜN, Ernesto. *Una visión sistémica y cibernética del derecho*. Buenos Aires, 1998, p. 28.
[12] LUHMANN, Niklas. *Sociologia do direito I*. Rio de Janeiro: Tempo Brasileiro, 1983, p. 66.

estruturas normativas – e em um segundo momento há seu fechamento, fazendo com que sua base de fundamentação seja essencialmente decisões anteriores, a despeito da completa insustentabilidade de transposição diante da diversidade de casos. Quando o sistema se fecha em suas decisões, os valores axiológicos transportados podem não ser os preponderantes na sociedade, o que serve para densificar o *gap* entre normalidade e normatividade.

Auferindo legitimação na retilineidade dos princípios morais importados ao sistema, as decisões judiciais começam a implementar um processo autopoético, tornando a jurisprudência a fonte primordial do Direito. Assiste-se ao fenômeno da jurisprudencialização, em que essas decisões chegam a suplantar a própria lei como fonte reitora da Ciência Jurídica.

Então, o que legitima um acórdão não é mais um parâmetro legal, mas um dogma *auctoritas*, cristalizado em um pronunciamento. Esse é um fato comum nas Cortes Superiores brasileiras, em que o fundamento de uma decisão passa a ser simplesmente um posicionamento anterior, sem maiores indagações se cabe analogia, se as bases fáticas ou teóricas são as mesmas ou se os pressupostos continuam válidos. O alicerce de uma decisão deixa de ser a lei ou a fundamentação teórica construída para se apoiar no dogma *auctoritas* de um posicionamento anterior, como sintoma desse diagnóstico do Judiciário, o Código de Processo Civil, abraçando a práxis jurídica hodierna, desenhou a "teoria dos precedentes" em vários de seus dispositivos.[13]

---

[13] Art. 489, § 1º, V – se limitar a invocar precedente ou enunciado de súmula, sem identificar seus fundamentos determinantes nem demonstrar que o caso sob julgamento se ajusta àqueles fundamentos.

Art. 926. Os tribunais devem uniformizar sua jurisprudência e mantê-la estável, íntegra e coerente. §1º Na forma estabelecida e segundo os pressupostos fixados no regimento interno, os tribunais editarão enunciados de súmula correspondentes a sua jurisprudência dominante. §2º Ao editar enunciados de súmula, os tribunais devem ater-se às circunstâncias fáticas dos precedentes que motivaram sua criação.

Art. 927. Os juízes e os tribunais observarão: I – as decisões do Supremo Tribunal Federal em controle concentrado de constitucionalidade; II – os enunciados de súmula vinculante; III – os acórdãos em incidente de assunção de competência ou de resolução de demandas repetitivas e em julgamento de recursos extraordinário e especial repetitivos; IV – os enunciados das súmulas do Supremo Tribunal Federal em matéria constitucional e do Superior Tribunal de Justiça em matéria infraconstitucional; V – a orientação do plenário ou do órgão especial aos quais estiverem vinculados. §1º Os juízes e os tribunais observarão o disposto no art. 10 e no art. 489, §1º, quando decidirem com fundamento neste artigo. §2º A alteração de tese jurídica adotada em enunciado de súmula ou em julgamento de casos repetitivos poderá ser precedida de audiências públicas e da participação de pessoas,

3 Princípio da anterioridade eleitoral

O princípio da anterioridade eleitoral foi esculpido na Constituição de 1988, em seu artigo 16, textuando que a lei que alterar o processo eleitoral entra em vigor na data de sua publicação, não se aplicando à eleição que ocorra até um ano da data de sua vigência. Este conteúdo normativo foi delineado pela Emenda Constitucional nº 4/93, substituindo o seguinte dispositivo revogado: "a lei que alterar o processo eleitoral só entrará em vigor um ano após sua promulgação".

A diferença entre os dois enunciados é bastante perceptível. Pelo texto anterior toda a alteração do processo eleitoral só entraria em vigor, podendo produzir efeitos, após um ano de sua promulgação, independentemente se houvesse eleição. De acordo com o novo texto, ela entra em vigor na data de sua publicação, sem *vacatio legis*; contudo, somente será aplicada à eleição após um ano da data de sua vigência, podendo produzir efeitos imediatamente em anos microeleitorais.

A expressão da lei que alterar o processo eleitoral deve ser compreendida como norma em sentido formal, abrangendo todas as espécies possíveis contidas no art. 59, como lei ordinária, emenda à Constituição ou lei complementar. Não se considera que o impedimento se restringe apenas às normas que incidem no processo eleitoral, conceituadas como aquelas que modificam o *modus operandi*

órgãos ou entidades que possam contribuir para a rediscussão da tese. §3º Na hipótese de alteração de jurisprudência dominante do Supremo Tribunal Federal e dos tribunais superiores ou daquela oriunda de julgamento de casos repetitivos, pode haver modulação dos efeitos da alteração no interesse social e no da segurança jurídica. §4º A modificação de enunciado de súmula, de jurisprudência pacificada ou de tese adotada em julgamento de casos repetitivos observará a necessidade de fundamentação adequada e específica, considerando os princípios da segurança jurídica, da proteção da confiança e da isonomia. §5º Os tribunais darão publicidade a seus precedentes, organizando-os por questão jurídica decidida e divulgando-os, preferencialmente, na rede mundial de computadores. Art. 928. Para os fins deste Código, considera-se julgamento de casos repetitivos a decisão proferida em: I – incidente de resolução de demandas repetitivas; II – recursos especial e extraordinário repetitivos. Parágrafo único. O julgamento de casos repetitivos tem por objeto questão de direito material ou processual. Art. 988, III – garantir a observância de enunciado de súmula vinculante e de decisão do Supremo Tribunal Federal em controle concentrado de constitucionalidade; §4º As hipóteses dos incisos III e IV compreendem a aplicação indevida da tese jurídica e sua não aplicação aos casos que a ela correspondam.

da prestação jurisdicional. A dicotomia entre mandamentos adjetivos e mandamentos materiais não pode ser transposta para o delineamento do princípio da anterioridade porque seu escopo é justamente impedir que a modificação nas regras eleitorais se transforme em arma política. Assim, impede-se a mutação das regras eleitorais, seja essa modificação material ou procedimental, para evitar surpresas e debelar a insegurança jurídica.

A questão fora trazida novamente à ribalta em razão da discussão se a Lei Complementar nº 135 afronta ou não o princípio da anterioridade eleitoral, em razão de ter sido promulgada e publicada no mês de junho de um ano eleitoral.

O Ministro Marcos Aurélio partilha desse entendimento ao asseverar que o mencionado preceito possui o escopo de evitar manobras que possam beneficiar a este ou aquele segmento e prejudicar qualquer dos envolvidos na disputa, impondo projeção no tempo de qualquer diploma legal que altere o processo eleitoral.[14] Igual é o posicionamento de Nelson Nery Júnior e Rosa Maria Nery, para os quais o princípio da anterioridade eleitoral tem a função de evitar o casuísmo do período que antecede as eleições, ou seja, da pré-campanha praticamente em andamento, fazendo com que as modificações apenas possam ser aplicadas às eleições que ocorram depois de um ano da entrada em vigor da nova legislação.[15]

Depois de muitas discussões, o Supremo Tribunal Federal, em decisão bastante apertada, por maioria dos votos, indicou a reformulação do posicionamento inicialmente adotado no Recurso Extraordinário nº 633.703, decidindo que a Lei da Ficha Limpa poderia ter efeitos sobre fatos pretéritos. A tese adotada pela Suprema Corte causou grande alvoroço no meio jurídico, tendo a referida celeuma processual tomado destaque no julgamento do Recurso Extraordinário nº 929.670.[16]

Contextualiza-se que, no caso jurídico em destaque, o autor do recurso (RE nº 929.670) foi um vereador de Nova Soure (BA), que

---

[14] MELLO, Marcos Aurélio. Princípio da anterioridade eleitoral. In: MELLO, Marcos Aurélio. *Comentários à Constituição Federal de 1988*. Rio de Janeiro: Forense, 2009, p. 508.

[15] NERY JUNIOR, Nelson; NERY, Rosa Maria de Andrade. *Constituição Federal comentada e legislação constitucional*. 2. ed. São Paulo: Revista dos Tribunais, 2009. p. 298.

[16] ATA nº 34, de 28.09.2017. DJE nº 229, divulgado em 05.10.2017.

foi condenado por abuso de poder econômico e compra de votos, por fato ocorrido em 2004, sendo determinada a inelegibilidade por 4 anos. Nas eleições de 2008, concorreu e foi eleito para mais um mandato na Câmara de Vereadores. Todavia, nas eleições de 2012, seu registro foi indeferido porque a Lei de Ficha Limpa aumentou o prazo de inelegibilidade previsto no art. 1º, inciso I, alínea "d", da LC nº 64/90 de três para oito anos. Assim, o embate jurídico sob o qual se fundava a ação era identificar se tinha havido violação de garantias constitucionais da coisa julgada e da irretroatividade da lei mais grave (art. 5º, XXXVI, CF).

De forma surpreendente, o recurso extraordinário teve o seu provimento negado, dentre as razões da negativa, importa a ponderação da ministra Cármen Lúcia de que a matéria foi expressamente analisada pelo Supremo no julgamento das Ações Declaratórias de Constitucionalidade (ADC) nºs 29 e 30, bem como na Ação Direta de Inconstitucionalidade (ADI) nº 4.578: "Na minha compreensão, a matéria foi tratada e sequer foram opostos embargos declaratórios", disse, ao acrescentar que o tema também foi "exaustivamente analisado no TSE". Assim, a ministra considerou aplicável a norma em questão.

Rememora-se que a verificação da constitucionalidade e a aplicação da lei complementar nas eleições de 2010 foram objetos das Ações Declaratórias de Constitucionalidade nº 29 e nº 30 e da Ação Direta de Inconstitucionalidade nº 4.578. Naquela ocasião, o STF discorreu sobre a denominada "retroactividade da norma", segundo a qual os efeitos jurídicos de uma norma poderão incidir sobre fatos anteriores a sua vigência. Alega-se que não se trata, portanto, de "retroatividade autentica", uma vez que esta é rechaçada pela Constituição Federal. Logo, não sendo retroatividade autêntica, não há que se falar em violação do princípio da anterioridade eleitoral, em virtude de que tal princípio eleitoral não poderia ser modificado nem mesmo por emenda constitucional.

De outra ponta, compondo os argumentos contrários à aplicação da referida lei sobre fatos pretéritos, importa registrar o voto do Ministro Celso de Mello, o qual aduz que permitir uma interpretação que possibilite ofensa à coisa julgada e ao ato jurídico perfeito constitui uma violação gravíssima dos direitos fundamentais, representando um "desrespeito à inviolabilidade do passado". Desta feita, por maior que seja o conteúdo moral de uma lei, ela não pode descurar das salvaguardas de um Estado Democrático de Direito, principalmente naquilo que se refere à proteção da segurança jurídica.

4 Conceito de inelegibilidade

Inelegibilidade é um obstáculo que impede o cidadão de exercer a sua cidadania passiva, impossibilitando que ele possa ser votado e, consequentemente, possa ser detentor de mandato eletivo. Em decorrência, fica vedado até mesmo o registro de sua candidatura; não obstante, sua cidadania ativa o direito de votar nas eleições, permanecendo este intacto.[17] Nesse mesmo viés Adriano Soares da Costa preleciona que a inelegibilidade é o estado jurídico de ausência ou perda de elegibilidade, ou seja, é o estado jurídico negativo de quem não possui tal direito subjetivo; seja por que nunca teve, seja por que o perdeu.[18]

A inelegibilidade nasceu na Constituição de 1934 como uma medida preventiva, com o objetivo de impedir que os titulares de alguns cargos públicos deles se utilizassem para a conquista de mandatos. Acrescenta-se ainda a finalidade de impedir que parentes desses funcionários pudessem ser eleitos em decorrência do aproveitamento da máquina estatal.

Os pressupostos materiais que orientam as inelegibilidades são a imparcialidade da Administração Pública, direta ou indireta, condição subjetiva, e a neutralidade do poder econômico, condição objetiva.[19] Seu fundamento ético é a preservação do regime democrático e seu funcionamento pleno, garantindo a moralidade e a luta contra o abuso do poder político e econômico.[20]

---

[17] AGRA, Walber de Moura; VELLOSO, Carlos Mário da Silva. *Elementos de direito eleitoral*. 2. ed. rev. atual. São Paulo: Saraiva, 2010, p. 76.

[18] COSTA, Adriano Soares da. *Teoria da Inelegibilidade e o direito processual eleitoral*. Belo Horizonte: Del Rey, 1998, p. 145.

[19] MENDES, Antonio Carlos. *Introdução à teoria das Inelegibilidades*. São Paulo: Malheiros, 1994, p. 132.

[20] FERREIRA, Pinto. *Comentários à Constituição brasileira*. São Paulo: Saraiva, 1989. v. 1, p. 313.

As normas constitucionais que tratam das inelegibilidades apresentam eficácia imediata e mediata, produzindo todos os seus efeitos sem a necessidade inexorável de regulamentação. Em razão dessa característica, elas apenas podem ser regulamentadas em mandamentos constitucionais ou em leis complementares, impedindo normatizações por intermédio de leis ordinárias. Obviamente, não há impeditivo para que normas infraconstitucionais possam esmiuçar a aplicação dessas estruturas normativas localizadas na Lei Maior, contudo, sem acrescentar ou mitigar sua seara de extensão. Deve-se ressaltar que, conforme o art. 14, §9º, da Constituição Federal, outros fatores podem ser introduzidos através de lei complementar. Dessa forma, as causas de inelegibilidades não são *numerus clausus*, podendo novas hipóteses ser realizadas pelo legislador ordinário.

Com relação à sua incidência, elas podem ser classificadas como absolutas, destinando-se a todos os cargos de forma indistinta, como os inalistáveis (estrangeiros e conscritos) e os analfabetos. Podem ainda ser denominadas de relativas, destinando-se a determinados cargos públicos, seja em virtude de motivo funcional, motivo de parentesco ou motivo de domicílio.

A inelegibilidade ainda pode ser funcional ou em virtude de vínculo de parentesco. A primeira nasce em virtude do desempenho de determinados cargos públicos, como exemplo os chefes do Executivo, que não podem concorrer a mais de dois mandatos consecutivos. A segunda decorre de motivo de parentesco proibindo-se os cônjuges e os parentes consanguíneos ou afins, até o segundo grau ou por adoção dos chefes do Executivo a se candidatarem na mesma circunscrição do titular.

Para o objetivo do presente artigo, a classificação que mais interessa é a que divide as inelegibilidades em inatas ou cominadas. Inatas são aquelas que sua subsunção normativa encontra configuração na seara prática, isto é, há uma discrição normativa que se molda a um fato jurídico. Cominadas são aquelas provenientes de fatos jurídicos que provocam uma sanção em virtude de um ato ilícito descrito pelas normatizações eleitorais. A reprimenda existe em virtude do acinte a um bem juridicamente protegido.

A inelegibilidade apresenta a natureza de uma situação jurídica, mostrando o quadro da posição que o cidadão ocupa em determinado momento, principalmente quando do pedido de registro da candidatura. Diante de cada situação, pode-se afirmar se ela se classifica como inata, advinda de uma simples subsunção jurídica, ou cominada, em consequência de um acinte a um postulado normativo vigente.

Thales Tácito Cerqueira sustenta que a inelegibilidade cominada ocorre em decorrência de uma transgressão eleitoral.[21] Ela pode ser classificada em cominada simples – quando se refere a apenas uma eleição específica, determinada, ou em cominada potenciada, quando se refere a eleições futuras.

5 Retroatividade da Lei Complementar n.º 135

O princípio da irretroatividade é um preceito de política jurídica, preservando os atos e seus efeitos realizados sob a normatização das leis vigentes e reforçando a segurança jurídica do sistema.[22] Se a cidadania não tem preservado o seu passado, como ela poderá aproveitar seu presente e vislumbrar seu futuro? A retroatividade é ainda mais acintosa quando ela atinge o direito adquirido, a coisa julgada, o ato jurídico perfeito e a irretroatividade das leis penais e das sanções de modo geral.

Como planteia Pontes de Miranda, a moderna Ciência Jurídica reconhece a existência de princípios que escapam ao arbítrio legislativo, constituindo-se em limitações jurídicas que limitam a faculdade legislativa.[23] Ensina Aftalión que o Estado cria uma lei para ser obedecida e é evidente que apenas se pode obedecer ao que já existe. Uma lei que não respeita esse dogma estabelece um Estado de insegurança, prejudicial a todos, haja vista que não respeita nenhuma situação jurídica consolidada.[24]

---

[21] CERQUEIRA, Thales Tácito Pontes Luz de Pádua. *Direito eleitoral brasileiro*. 2. ed. Belo Horizonte: Del Rey, 2002, p. 191.

[22] BEVILÁQUA, Clóvis. *Teoria geral do direito civil*. Campinas: Red, 2001, p. 58.

[23] PONTES DE MIRANDA, Francisco Cavalcanti. *Os fundamentos actuaes do direito constitucional*. Rio de Janeiro: Empresa de Publicações Technicas, 1932. v. 1, p. 390.

[24] AFTALIÓN, Enrique R.; GARCÍA OLANO, Fernando; VILANOVA, José. *Introducción al derecho*. 12. ed. Buenos Aires: Abeledo-Perrot, 1980, p. 468.

Entretanto, deve ser salientado que essas mencionadas proteções representam um *plus* em relação ao princípio da irretroatividade, já que sua proteção vai além dos parâmetros legais, abrangendo também interferências privadas. O objetivo do Legislador Constituinte foi garantir o conceito de segurança jurídica nas suas duas acepções: a) derivada da previsibilidade do procedimento e das decisões que serão adotadas pelos órgãos estatais; e b) significante da estabilidade das relações jurídicas definitivas.[25]

Quando se fala em retroatividade da lei, não se tenciona afirmar que elas retroagem para apagar os fatos jurídicos já realizados, haja vista que o hoje não pode matar o ontem. O marco temporal impede tal retroação, obstando a anulação do que fora realizado, quer em nível psicológico, quer em nível material. Mais acertado é asseverar que existe uma retroatividade nos efeitos produzidos por mandamentos pretéritos. Esses efeitos podem ser suprimidos, contudo, impossível imaginar a supressão do próprio fato jurídico.

Se houvesse possibilidade de retroatividade das leis, a segurança jurídica estaria de forma clara maculada, pois todos os atos jurídicos praticados e consolidados poderiam ser alterados, fazendo que o passado pudesse ser instável, o que se configura como algo racionalmente impensável.

Urge esclarecer o que significa uma lei retroativa? Configura-se como uma estrutura normativa que incide em relação a fatos pretéritos, modificando relações jurídicas ou seus efeitos já consolidados, criando tipificações penais ou agravando pena ou qualquer tipo de reprimenda que tenha sido imposta. De forma mais sintética, pode-se dizer que uma lei é retroativa quando introduz qualquer tipo de alteração em relações jurídicas, quer tenham sido seus efeitos exauridos ou não, em prejuízo dos particulares.

A Lei Complementar nº 135 atinge o passado quando se aplica a fatos realizados, chocando-se contra o princípio da irretroatividade, que é histórico e dogmaticamente consagrado no Direito brasileiro.[26] No momento que ela tem sua existência

---

[25] AGRA, Walber de Moura. *Curso de direito constitucional*. 6. ed. Rio de Janeiro: Forense, 2010, p. 215-217.

[26] AMARAL NETO, Francisco dos Santos. Irretroatividade das Leis. In: *Enciclopédia Saraiva do direito*. São Paulo: Saraiva, 1977. v. 46, p. 244-245.

assegurada, teoricamente, segundo os cânones do Estado de Direito, ela não teria uma existência retroativa, mas apenas prospectiva, delineando os fatos ocorridos a partir de então consonante seus parâmetros. A retroatividade permitida seria apenas em relação às leis processuais, isto é, somente pertinente aos procedimentos daqueles processos que ainda não chegaram ao seu término.

A retroatividade operada pela Lei da Ficha Limpa atingiu fatos já delineados, eventos próprios da normalidade que já estavam absolutamente exauridos. De igual forma, ela também não apenas suprimiu efeitos anteriores que ainda produziam seus refluxos, mas alterou aqueles já consumados, exauridos e sedimentados em um lapso temporal linear, como no caso dos atos jurídicos perfeitos e da coisa julgada.

O argumento de que não houve retroatividade, mas que apenas foram os requisitos de registro de candidatura ampliados não se configura verossímil. Indubitavelmente que houve um acréscimo de requisitos ao registro de candidatura, contudo, para não ocorrer uma retroatividade teria que haver uma separação analítica com o passado e, felizmente, tal operação é passível de realização exclusivamente nas fendas metafísicas. Exemplo que pode ser apontado é quando o membro de determinado órgão profissional é expulso de seus quadros, antes da lei, e após sua promulgação tenciona-se torná-lo inelegível pelo prazo de oito anos (art. 1º, I, "m", da Lei Complementar nº 135). Afronta-se, nitidamente, a irretroatividade legal se tencionar aplicar a inelegibilidade de oito anos a casos ocorridos antes de sua entrada no mundo jurídico.

Ao acrescentar novos requisitos ao registro de candidatura, perpetrou-se um retorno normativo ao passado, modificando-se fatos realizados e efeitos produzidos.[27] A hipótese normatizada no futuro referia-se, na verdade, de acordo com o posicionamento do Supremo Tribunal Federal, a eventos passados. Os novos requisitos impostos não encontrariam estorvos constitucionais se não tivessem como referência

---

[27] As inelegibilidades da Lei Complementar nº 135/2010 incidem de imediato sobre todas as hipóteses nela contempladas, ainda que o Respectivo fato seja anterior à sua entrada em vigor, pois as causas de inelegibilidade devem ser aferidas no momento da formalização do pedido de registro da candidatura, não havendo, portanto, que se falar em retroatividade da lei. Recurso Ordinário nº 1616-60/DF. Relator: Ministro Arnaldo Versiani.

elementos do passado, protegidos pelo manto da intangibilidade. A aporia é que há uma retroatividade da lei para valorar fatos pretéritos de forma diferente da que foram valorados quando de sua feitura.

6 Ato jurídico perfeito e coisa julgada

Ato jurídico perfeito é aquele que já foi consumado segundo a norma vigente ao tempo em que ela se realizou, provindo de um ato jurídico *lato sensu*, formado de um negócio jurídico baseado na vontade dos pactuantes.[28] Ele pode ser a gênese de um direito subjetivo.[29]

O ato jurídico ensejador do ato jurídico perfeito deve ser lícito, sem qualquer mácula que impeça sua pertinência ao ordenamento jurídico. No caso, os atos devem ser voluntários, sem nenhum tipo de coação que vicie a vontade externada; o objeto deve ter permissão de transação pelas normas legais; o procedimento realizado deve se enquadrar dentro dos parâmetros dispostos para regulamentar a declaração de vontade, ou seja, o fato jurídico ensejador deve ser lícito, sem nenhuma mácula que possa viciar o ato.

Pontes de Miranda afirma que ele é o negócio jurídico ou ato jurídico *stricto sensu*, englobando as declarações unilaterais de vontade e os negócios jurídicos bilaterais.[30] Em razão dessa conceituação extensa, os atos jurídicos perfeitos englobam um extenso rol de atos do mundo jurídico. Toda manifestação de vontade lícita, expressa de forma não viciada, em que duas manifestações de interesses interagiram, configura-se como um fato jurídico protegido contra retroatividade legislativa.

Coisa julgada é a decisão judicial que não pode mais ser modificada, seja porque houve a perda do prazo para a interposição recursal, seja porque não existe mais possibilidade de recurso. Chiovenda a

---

[28] "Art. 6º A lei em vigor terá efeito imediato e geral, Respeitados o ato jurídico perfeito, direito adquirido e a coisa julgada. §1º Reputa-se ato jurídico perfeito o já consumado segundo a lei vigente ao tempo em que se efetuou" (LICC, Código Civil Brasileiro, 2002).

[29] Para Miguel Reale o direito subjetivo se concretiza quando a situação subjetiva implica a possibilidade de uma pretensão, unida à exigibilidade de uma prestação ou de um ato de outrem (REALE, Miguel. *Lições preliminares de direito*. São Paulo: Saraiva, 1995, p. 258).

[30] PONTES DE MIRANDA, Francisco Cavalcanti. *Comentários à Constituição de 1967*: com a Emenda nº 1 de 1969. São Paulo: Revista dos Tribunais, 1971. t. V., p. 102.

define da seguinte forma: "O bem da vida que o autor deduziu em juízo (*res in judicium deducta*) com a afirmação de que uma vontade concreta da lei o garante a seu favor ou nega ao réu, depois que o juiz o reconheceu ou desconheceu com a sentença de recebimento ou de rejeição da demanda, converte-se em coisa julgada (*res iudicata*)".[31]

Para Greco Filho a coisa julgada se configura como a imutabilidade dos efeitos da sentença ou da própria sentença que decorre em razão de estarem esgotados os recursos eventualmente cabíveis.[32]

A coisa julgada pode ser diferenciada em seu aspecto material e formal, configurando-se tal distinção de uma importância crucial para estabelecer a extensão da incidência da imutabilidade. Se a proibição de se discutir o processo for referente à própria relação processual, por meio de recursos, trata-se de coisa julgada formal, denominada de endoprocessual. Por outro lado, se a proibição de se discutir o processo versar sobre o impedimento da impetração de outras ações, fora do processo, trata-se de coisa julgada material, denominada de extraprocessual.

O ato jurídico perfeito e a coisa julgada não se mostram como garantias que apenas estorvam a discricionariedade do legislador. Eles alçam voos muito maiores, englobando o Judiciário, o Executivo e os particulares que tentem macular o conteúdo e os efeitos protegidos por essas prerrogativas constitucionais. Destarte, são garantias que impedem qualquer ato ou omissão que afronte o conteúdo agasalhado por seu dispositivo.

A Lei Complementar nº 135 pode vir a colidir com a proteção ao ato jurídico perfeito quando tencionar modificar a taxionomia ou os efeitos de um ato exaurido e praticado segundo as regras vigentes no momento de sua realização. Pode-se mencionar o caso da renúncia previsto no art. 1º, I, "k", que tipifica com inelegibilidade de oito anos, após o período de cumprimento do mandato, o político que renunciar, quando houver representação que possa ensejar perda de mandato. Se, quando o representante popular renunciou não havia tal imposição, como retroagir a estrutura normativa e não quebrar o ato jurídico

---

[31] CHIOVENDA, Giuseppe. *Instituições de direito processual civil*. Campinas: Bookseller, 1998. v. 1., p. 446.

[32] GRECO FILHO, V. *Direito processual civil brasileiro*. São Paulo: Saraiva, 1996. v. 2, p. 265.

perfeito? Mesmo tendo sido esse dispositivo forcejado para banir personagens que são um disparate à política brasileira, não pode este nobre desiderato elidir as garantias à cidadania.

Acinte, a coisa julgada pode ser atestada se houver a intenção de modificar os efeitos de sentença prolatada e protegida pelos efeitos formais e materiais da *res* julgada, clarificada no caso de aumento da pena daqueles que cometeram delitos penais, que já foram julgados, mas estão ainda cumprindo suas penas. Se a reprimenda fora estabelecida em determinado patamar, com a proteção da coisa julgada, como aumentar-lhe sua duração em razão de uma legislação superveniente? Concorda-se que aqueles cidadãos que cometem determinados delitos penais devem ficar afastados de exercerem cargos públicos, contudo, a retroatividade do aumento de suas penas fere mortalmente o art. 5º, XXXIX, da Constituição Federal.

7 A judicialização das contendas eleitorais

Assiste-se a um aumento no exercício das funções judiciárias em quase todos os países ocidentais, configurando-se um fenômeno denominado de judicialização, em que o Judiciário adentra em searas de extrema discricionariedade, antes reservada à incursão do poder político. Hamilton afirma que o Judiciário é o mais frágil dos três poderes, pois não dispõe nem da espada, nem da bolsa para garantir autoexecutoriedade de suas decisões, no entanto tal afirmativa não pode mais ser aplicada hodiernamente.[33]

O fenômeno da judicialização é muito abrangente e convém especificá-lo. Ele significa que a atuação do Judiciário passa a incidir em esferas que até então estavam livres do seu controle, como é o caso da esfera política. Por causa da expansão das decisões de natureza jurisdicional, os Poderes Legislativo e Executivo têm atrelado às suas atividades sincronia com os parâmetros adotados pela jurisdição constitucional e pelo Poder Judiciário.[34]

---

[33] HAMILTON, Alexandre. *Il federalismo*. Tradução de Biancamaria Tedeschini Lalli. Milano: Edizioni Olivares, 1980 p. 218-219.

[34] "After the manner of a judge; with judicial knowledge and skill".

O fator que mais força exerce para o alargamento da atuação da jurisdição constitucional é o fortalecimento dos direitos humanos, que ocorre de forma global, principalmente nas democracias ocidentais. Quanto maior for o recrudescimento dessas prerrogativas, maior deverá ser a atuação da jurisdição constitucional para garantir sua concretização. Ao mesmo tempo em que esta é uma de suas funções, é uma forma de legitimar a expansão de sua atuação, além de garantir um direcionamento para a sua atuação. Todavia, infelizmente, essa expansão excede o objetivo de concretização dos direitos humanos, incidindo em searas outras, inclusive estiolando preceitos normativos de proteção à cidadania.

A forma de judicialização que mais suscita oposição, tanto do Poder Executivo como do Poder Legislativo e dos partidos, é quando ela mitiga as decisões políticas, chegando ao ponto, em alguns casos mais extremos, de substituí-las. Ela ocorre quando o Judiciário, sem o amparo em normas constitucionais, substitui os atores sociais tradicionais e passa a proferir decisões políticas. Um dos motivos para esse fato acontecer é porque os atores políticos envolvidos não conseguem chegar a uma solução adequada devido ao grande antagonismo existente na sociedade. Como nenhum dos lados quer arcar com os custos de uma decisão controversa, transfere-se a decisão ao órgão que exerce a jurisdição, que teoricamente teria um "aspecto técnico e imparcial".

De forma precisa, Torbjörn Vallinder define o processo de judicialização da política como a expansão da atuação dos tribunais e dos juízes que acarreta a consequente redução de atuação das esferas política e administrativa, isto é, a transferência da produção normativa do Poder Legislativo, do Executivo para o Judiciário, significando uma expansão do método de produção normativa da jurisdição constitucional e do Poder Judiciário para fora de sua seara de atuação específica.[35]

Esse fenômeno da judicialização mostra um claro conflito entre a seara política e a seara jurídica, que esconde na verdade um conflito entre duas funções – a função fiscalizadora do órgão que exerce a jurisdição e a função de legislar por parte dos membros do

---

[35] VALLINDER, Torbjörn. When the Courts go Marching in. In: *The Global Expansion of Judicial Power*. New York: New York University Press, 1995, p. 13.

Legislativo[36] – e dois princípios que, apesar de estarem em várias oportunidades em lados opostos por conjunturas fáticas – o princípio majoritário e o princípio da supralegalidade constitucional –, têm em comum a sua construção a partir do princípio da soberania popular, sendo que o segundo ostenta um valor mais densificado por ser oriundo do Poder Constituinte.

A extensão das decisões judiciais, invadindo searas antes restritas à incidência de decisões políticas, provoca uma elipse no principal ator do regime democrático, que é o povo – já tantas vezes marginalizado ao longo de nossa história republicana. E contribui para que a participação popular continue sem densidade, haja vista que parcelas sociais relevantes podem se acostumar com o fato de que o Poder Judiciário pode tomar as decisões mais importantes da sociedade.

Não que a judicialização seja algo que veementemente deva ser repelido da realidade brasileira. Ela é alvissareira quando ajuda na concretização de direitos humanos e expulsa perversões do sistema eleitoral brasileiro, como o abuso do poder político e econômico. Se não fossem decisões judiciais ainda seriam regras o nepotismo e a infidelidade partidária. Todavia, essas mesmas decisões judiciais podem ter como fator teleológico a manutenção de privilégios, o cerceamento da liberdade pública, a mitigação da vontade popular.

O que não se pode permitir é que uma finalidade inteiramente nobre, como a expulsão dos corruptos do processo político, seja instrumento para a perpetração contra cláusulas pétreas do sistema jurídico. O Judiciário tem uma importante missão a realizar em prol do aprimoramento da democracia, desde que suas decisões não sejam postas como pitonisas, dogmas metafísicos. Suas decisões têm que estar adstritas ao *checks and balances*, aos freios e contrapesos, e nesse diapasão assume uma importância primordial o Supremo Tribunal Federal, que precisa zelar pela integridade do ordenamento constitucional.

A judicialização se configura como altaneira quando personifica um instrumento para a garantia de direitos humanos, dentro dos parâmetros oferecidos pela Constituição. Caso haja

---

[36] ANDRADE, J. C. V. de. Legitimidade da Justiça Constitucional e Princípio da Maioria. In: *Legitimidade e legitimação da Justiça Constitucional*. Coimbra: Coimbra Ed., 1995, p. 76.

excessos, como os mencionados, cabe ao órgão de cúpula do Judiciário, o Supremo Tribunal Federal, exercer o seu papel de guardião da *Lex Mater* para expurgar essas decisões do sistema constitucional.

8 Conclusão

Não se tenta negar a possibilidade de que estruturas axiológicas, de matriz moral, possam normatizar a seara fática, seja por meio de princípios ou de regras. Essa injunção se configura até benéfica porque forceja uma interpenetração entre esses dois subsistemas sociais. O que se repele é o translado de imperativos morais, voluntaristas, para o ordenamento de forma assimétrica e casuística, avolumando a insegurança jurídica e deixando os operadores jurídicos sem balizas claras para a compreensão dos fatos sociais.

Ao Poder Judiciário não é dado se imiscuir em zonas estritamente políticas, realizando o que se denomina de um ativismo judicial desmedido, sem amparo em qualquer estrutura normativa. Mormente quando essas medidas apresentam forte componente retórico em virtude de não atacar o abuso do poder político ou econômico, passando ao largo de uma reforma política que institua o financiamento público de campanha e imponha uma democratização aos veículos de comunicação.

Não se questiona neste espaço a constitucionalidade da Lei Complementar nº 135, denominada de "Lei da Ficha Limpa". As assertivas levantadas são contra possibilidades tortuosas de sua incidência, descurando de garantias constitucionais clássicas. Um simples reposicionamento de seu campo subsuntivo supriria a exaustão de todas as imputações formuladas e garantiria a segurança jurídica da sociedade.

Não se deve esquecer a magistral parêmia cunhada por Carlos Maximiliano, quando expôs que "legislar para o passado é um abuso de poder que se praticou apenas em épocas de desordem e de tyrannia".[37]

---

[37] SANTOS, Carlos Maximiliano Pereira dos. *Comentários à Constituição brasileira de 1891.* Brasília: Senado Federal, 2005, p. 224.

Referências

ABBAGNANO, Nicola. *Dicionário de filosofia*. São Paulo: Martins Fontes, 2000.

AFTALIÓN, Enrique R.; GARCÍA OLANO, Fernando; VILANOVA, José. *Introducción al derecho*. 3. ed. Buenos Aires: Abeledo-Perrot, 1999.

AFTALIÓN, Enrique R.; GARCÍA OLANO, Fernando; VILANOVA, José. *Introducción al derecho*. 12. ed. Buenos Aires: Abeledo-Perrot, 1980.

AGRA, Walber de Moura. *Curso de direito constitucional*. 6. ed. Rio de Janeiro: Forense, 2010.

AGRA, Walber de Moura; VELLOSO, Carlos Mário da Silva. *Elementos de direito eleitoral*. 2. ed. rev. atual. São Paulo: Saraiva, 2010.

AMARAL NETO, Francisco dos Santos. Irretroatividade das Leis. In: *Enciclopédia Saraiva do direito*. São Paulo: Saraiva, 1977. v. 46.

ANDRADE, J. C. V. de. Legitimidade da Justiça Constitucional e Princípio da Maioria. In: *Legitimidade e legitimação da Justiça Constitucional*. Coimbra: Coimbra Ed., 1995.

BEVILÁQUA, Clóvis. *Teoria geral do direito civil*. Campinas: Red, 2001.

CANOTILHO, J. J. Gomes. *Direito constitucional e teoria da Constituição*. 6. ed. Coimbra: Almedina, 2002.

CERQUEIRA, Thales Tácito Pontes Luz de Pádua. *Direito eleitoral brasileiro*. 2. ed. Belo Horizonte: Del Rey, 2002.

CHIOVENDA, Giuseppe. *Instituições de direito processual civil*. Campinas: Bookseller, 1998. v. 1.

CONDE, Enrique Álvarez. *Curso de derecho constitucional*: el Estado constitucional, el sistema de fuentes, los derechos y libertades. 3. ed. Madrid: Tecnos, 1999. v. 1.

COSTA, Adriano Soares da. *Teoria da Inelegibilidade e o direito processual eleitoral*. Belo Horizonte: Del Rey, 1998.

FERREIRA, Pinto. *Comentários à Constituição brasileira*. São Paulo: Saraiva, 1989. v. 1.

GRECO FILHO, V. *Direito processual civil brasileiro*. São Paulo: Saraiva, 1996. v. 2, p. 265.

GRÜN, Ernesto. *Una visión sistémica y cibernética del derecho*. Buenos Aires, 1998.

GUERRA FILHO, Willis Santiago. *Autopoiese do direito na sociedade pós-moderna*: introdução a uma teoria social sistêmica. Porto Alegre: Livraria do Advogado, 1997.

HAMILTON, Alexandre. *Il federalismo*. Tradução de Biancamaria Tedeschini Lalli. Milano: Edizioni Olivares, 1980.

LUHMANN, Niklas. *Sociologia do direito I*. Rio de Janeiro: Tempo Brasileiro, 1983.

MELLO, Marcos Aurélio. Princípio da anterioridade eleitoral. In: MELLO, Marcos Aurélio. *Comentários à Constituição Federal de 1988*. Rio de Janeiro: Forense, 2009.

MENDES, Antonio Carlos. *Introdução à teoria das Inelegibilidades*. São Paulo: Malheiros, 1994.

MIRANDA, Jorge. *Teoria do Estado e da Constituição*. Rio de Janeiro: Forense, 2002.

NERY JUNIOR, Nelson; NERY, Rosa Maria de Andrade. *Constituição Federal comentada e legislação constitucional*. 2. ed. São Paulo: Revista dos Tribunais, 2009.

NUCCI, Guilherme de Souza. *Manual de processo penal e execução penal*. 6. ed. rev. atual. e ampl. São Paulo: Revista dos Tribunais, 2010.

PINTO, Djalma. *Direito eleitoral*: improbidade administrativa e responsabilidade fiscal. 5. ed. rev. e atual. de acordo com a Lei nº 12.034/09, Lei complementar nº 135/10 e com as resoluções do TSE. São Paulo: Atlas, 2010.

PONTES DE MIRANDA, Francisco Cavalcanti. *Comentários à Constituição de 1967*: com a Emenda nº 1 de 1969. São Paulo: Revista dos Tribunais, 1971. t. V.

PONTES DE MIRANDA, Francisco Cavalcanti. *Os fundamentos actuaes do direito constitucional*. Rio de Janeiro: Empresa de Publicações Technicas, 1932. v. 1.

REALE, Miguel. *Filosofia do direito*. 14. ed. São Paulo: Saraiva, 1991.

REALE, Miguel. *Lições preliminares de direito*. São Paulo: Saraiva, 1995.

SANTOS, Carlos Maximiliano Pereira dos. *Comentários à Constituição brasileira de 1891*. Brasília: Senado Federal, 2005.

SILVA, José Afonso. *Curso de direito constitucional positivo*. São Paulo: Malheiros, 2009.

TEUBNER, Gunther. *O direito como sistema autopoético*. Tradução de José Engrácia Antunes. Lisboa: Calouste Gulbenkian, 1989.

VALLINDER, Torbjörn. When the Courts go Marching in. In: *The Global Expansion of Judicial Power*. New York: New York University Press, 1995.

BREVES ANOTAÇÕES SOBRE A LEGISLAÇÃO ELEITORAL BRASILEIRA

1 Histórico da Justiça Eleitoral no Brasil

Incontestavelmente a história demonstra que o desenvolvimento do Direito Eleitoral encontra-se umbilicalmente interligado ao processo de evolução política e administrativa do Estado brasileiro. Com efeito, impreterivelmente, a retrospectiva histórica comprova a premissa lógica de que cada lei eleitoral brasileira representa um reflexo de cada período político e institucional vivenciado nesta República, desde a sua independência e emancipação política e jurídica de Portugal, atravessando a Revolução de Trinta, que propiciou as condições necessárias para a criação da Justiça Eleitoral, com características jurídicas, passando por vários golpes militares e regimes de exceção, quando foram suplantados vários direitos fundamentais, até os dias hodiernos, quando se discute a possibilidade da realização de uma reforma política.

Dessa forma, a legislação eleitoralista não é um dado voluntarista, colocado sem nenhum liame com a realidade fática. Guarda, como fora mencionado, íntima relação com as instituições vigentes em determinada época e com as forças políticas dominantes. Nessa seara realizar um corte epistemológico como planteado por Kelsen se revela uma tarefa impossível.

Não é estranho asseverar que, com a afirmação histórica e o desenvolvimento da soberania popular e dos princípios que regem o Estado Democrático Social de Direito, tornou-se mister ao Direito Eleitoral acompanhar esse processo evolutivo, assegurando uma maior legitimidade e legalidade ao processo de alternância do poder, expurgando qualquer vício de abuso de poder político e econômico, bem como as fraudes que possam macular o certame eleitoral, impedindo que este não traduza o que o Ministro Carlos Mário Velloso denomina de "verdade eleitoral".[1]

Por isso, Joaquim Francisco de Assis Brasil lavrou em seu livro intitulado *Ditadura, Parlamentarismo, Democracia* o seguinte asserto: "Uma boa lei eleitoral não é tudo, mas é muito". Um dos maiores eleitoralistas pátrios defendia que o sucesso de uma eleição não dependia apenas de uma boa lei, mas que estruturas normativas eficientes poderiam contribuir para um bom deslinde do processo eleitoral.[2]

Nesse diapasão, o objetivo do presente artigo é tentar delinear as principais legislações eleitoralistas do Brasil para verificar como elas influenciaram `no sucesso ou insucesso das eleições. Obviamente, não se utilizará o critério cronológico analítico, escolhendo as legislações de acordo com o grau de sua relevância para o ordenamento jurídico.

2 Brasil Colônia

Eleições no Brasil é coisa corriqueira, que começou bem antes de nossa independência. Assim, quando os colonizadores tomaram posse das terras tupiniquins, onde encontraram metais preciosos e outras especiarias de valor elevado, utilizavam-se de "eleições" para a escolha daqueles que iriam ser os tutores ou guardas-mores regentes do Tesouro do Rei, consubstanciando a primazia de verdadeiros administradores dos povoados.[3]

---

[1] VELLOSO, Carlos Mário da Silva. A reforma eleitoral e os rumos da democracia no Brasil. In: ROCHA, Cármen Lúcia Antunes; VELLOSO, Carlos Mário da Silva (Org.). *Direito eleitoral*. Belo Horizonte: Del Rey, 1996, p. 9.

[2] Adiante, prossegue o insigne autor: "Não sou dos que nutrem a ilusão de que basta uma boa lei eleitoral para se obter boa eleição. Mas, também não estou com os céticos, para quem é indiferente que a lei seja boa ou má, seja qual for o grau de rudeza de um povo constitucional, é preciso que ele tenha um regulamento para as eleições, e não é o mesmo que esse regulamento ou lei diga simplesmente que a metade e mais um dos votantes farão a unanimidade, ou que abra uma fácil entrada a representação das minorias. Se a lei o permite, pode, ainda que ocasionalmente, dar-se uma boa eleição, que deixará o estímulo dos bons exemplos; nunca, porém, se a mentira e a fraude estão na própria lei. Povo atrasado, ignorante e pobre não poderá ser sistematicamente bem governado; mas mesmo no ruim há gradações, o dever do estadista é suavizar o mais possível o mal inseparável da sociedade, seja qual for o seu grau de adiantamento" (BRASIL, Joaquim Francisco de Assis. *Ditadura, parlamentarismo, democracia*. Rio de Janeiro, 1927, p. 173).

[3] GOMES, José Jairo. *Direito eleitoral*. 6. ed. rev. atual. ampl. São Paulo: Atlas, 2011, p. 395.

Posteriormente, esse método foi sendo aperfeiçoado, ocorrendo certames eleitorais para e escolha dos componentes das Câmaras Municipais, de forma indireta, ou seja, primeiro eram eleitos os representantes, para somente depois se eleger os membros das respectivas Câmaras Municipais.[4]

O mandato dos "Oficiais da Câmara" era de um ano, mas não se faziam eleições anualmente. No entanto, as eleições eram feitas de três em três anos, ou seja, em um só escrutínio eram eleitos três conselhos, um para cada ano.

Neste período as eleições eram orientadas até então por uma legislação de Portugal, o chamado Livro das Ordenações, que presidiu as eleições para os Conselhos Municipais do Brasil desde o primeiro século até o ano de 1828. Nesse período, o Código Eleitoral estava contido no Livro I, Título 67 das Ordenações.

No entanto, existiram outras leis importantes que ajudaram a disciplinar o Código Eleitoral contido nas Ordenações. Dentre elas pode-se explicitar o Alvará de 12 de novembro de 1611, em que se regulamentou a forma de fazer as eleições de juízes e procuradores, e o Alvará de 5 de abril de 1618, onde foram declaradas as qualidades que deviam ter os cidadãos eleitos para o cargo de Almotacé, ou seja, funcionário que atuava no âmbito das câmaras municipais, supervisionando o mercado e os aspectos construtivos e sanitários das cidades e vilas. Com efeito, ainda existiram outros alvarás, cartas régias e provisões que modificaram substancialmente a execução do código eleitoral da época.

A propagação dos ideais iluministas, na segunda metade do século XIX, já estava ocasionando intensas manifestações, especialmente a Revolução do Porto, em 24 de agosto de 1820.

A partir daí, o anseio pela Constituinte tomou grandes proporções, aportando primeiro no Pará, em sequência na Bahia e por fim no Rio de Janeiro, quando D. Pedro I, perante o povo, leu o decreto no qual D. João VI certificara à população que sancionaria imediatamente a Constituição.

Então, felizmente, em 1821, D. João VI convocou os brasileiros para escolher representantes para compor as Cortes Gerais de

---

[4]   AGRA, Walber de Moura; VELLOSO, Carlos Mário da Silva. *Elementos de direito eleitoral*. 2. ed. rev. atual. São Paulo: Saraiva, 2010, p. 32.

Lisboa, com o intuito de redigirem a primeira Carta Constitucional da Monarquia Portuguesa.

Foi a primeira vez que houve uma votação para cargos gerais, que iria redigir as estruturas normativas essenciais da Metrópole Portuguesa, já que antes as eleições se restringiam à escolha dos membros do Legislativo local, ou seja, das Câmaras Municipais. Por fim, insta salientar que as instruções para as votações supramencionadas eram transcrições da Constituição de Cádiz, de 1812.

2.1 As leis eleitorais no Império

A Carta Constitucional de 1824 teve a incumbência de realizar a emancipação jurídica do Brasil em relação a Portugal, sendo fruto de um reflexo invariável do processo de emancipação política com a Metrópole, que teve como ápice a Proclamação da Independência, em 1822. De tal modo, com a emancipação política brasileira não fazia sentido continuar aplicando a legislação lusitana em território nacional, inclusive na seara eleitoral.

Com efeito, a Carta Imperial dedicava exclusivamente o Capítulo VI para as eleições. Assegurava que as nomeações dos Deputados e Senadores para a Assembleia Geral e dos Membros dos Conselhos Gerais das Províncias seriam feitas por meio de eleições indiretas.

Inicialmente, cumpre-se registrar que o sistema de votação era estabelecido em quatro graus: os cidadãos da província votavam em outros eleitores, os compromissários, que por sua vez elegiam os eleitores de paróquia, que elegiam os eleitores de comarca, os quais, finalmente, elegiam os deputados. Os senadores eram nomeados pelo Imperador, diante de uma lista tríplice escolhida pelos eleitores. Posteriormente, o sistema de votação fora reduzido apenas para dois graus, comportando os eleitores de paróquia e os eleitores de província, até meados de 1891, quando a Lei Saraiva entrou em vigor, introduzindo pela primeira vez o voto direto no Brasil.

Nas eleições primárias (primeiro grau) era garantido o direito de voto aos cidadãos brasileiros que estivessem em gozo de seus direitos políticos e aos estrangeiros desde que devidamente naturalizados. Nesse contexto, eram impedidos de votar nas assembleias paroquiais:

a) menores de vinte e cinco anos, nos quais se não compreendiam os casados, os oficiais militares, que fossem maiores de vinte e um anos, os bacharéis formados e clérigos de ordens sacras;

b) os filhos de famílias que estivessem na companhia de seus pais, salvo se servissem a ofícios públicos;

c) os criados de servir, em cuja classe não entravam os guarda-livros e primeiros caixeiros das casas de comércio, os criados da casa imperial que não fossem de galão branco e os administradores das fazendas rurais e fábricas;

d) os religiosos, quaisquer que vivessem em comunidade claustral e os que não tivessem renda líquida anual de cem mil réis por bens de raiz, indústria, comércio ou empregos.

Tais empecilhos mitigavam a capacidade eleitoral ativa e a passiva das camadas sociais menos favorecidas economicamente, impedindo o exercício de seus direitos políticos.

Assim, os eleitores de paróquia (de primeiro grau) votavam em seus representantes, isto é, os eleitores de província (eleitores de segundo grau), que, por sua vez, elegiam os deputados federais e escolhiam três senadores. Os senadores eram escolhidos pelo Imperador, através de lista tríplice. Os eleitores de província não poderiam ter renda líquida anual inferior a duzentos mil réis por bens de raiz, indústria, comércio ou emprego, nem ser libertos ou criminosos pronunciados em querela ou devassa.[5]

Nesse jaez, apenas eram considerados eleitores, ou seja, detinham a capacidade eleitoral ativa, os homens, maiores de 25 anos, que tivessem uma renda líquida anual de no mínimo 100 mil réis. Para poder ser eleitor de segundo escrutínio, isto é, eleitor de província, o cidadão deveria preencher todos os pressupostos para ser eleitor de paróquia, bem como comprovar renda não inferior a 200 mil réis anuais.

A *Lex Mater* do Império exigia ainda, como condição de elegibilidade, que os aspirantes aos cargos eletivos de deputado deveriam comprovar renda mínima de 400 mil réis por ano e 800 mil réis anuais aos cargos de senador. Os mandatos eletivos

---

[5] BUENO, José Antônio Pimenta. Do direito eleitoral, das eleições diretas, indiretas e da Elegibilidade. In: *Direito Público brasileiro e análise da Constituição do Império*. Rio de Janeiro: Ministério da Justiça e Negócios Interiores, 1958, p. 188-195.

dos deputados eram temporários, ao passo que os dos senadores eram vitalícios.

O Poder Reformador era denominado de Assembleia Geral, sendo composto por duas Casas (Sistema Bicameral) – a dos Deputados e a dos Senadores. O Imperador poderia dissolver a Câmara a seu alvedrio. O Poder Judiciário, ao menos em nível teórico, era independente, formado por juízes e por jurados, mas o Poder Moderador poderia suspender os magistrados de sua função.[6]

No mais, a Constituição Imperial estabelecia uma cláusula aberta, assegurando a necessidade de norma infraconstitucional para regulamentar o modo prático das eleições, bem como o número dos deputados relativamente proporcional à população do Império.

Nesse período várias leis eleitorais foram editadas, denominadas de "instruções", sendo criadas através de decreto sancionado pelo Imperador. A primeira normatização que merece destaque, pois fora oriunda do Poder Legislativo, foi a Lei nº 387, promulgada em 19 de agosto de 1846, que, efetivamente, regulamentou a maneira de proceder às eleições no Império, sendo resultado de um projeto apresentado à Câmara pelos deputados Odorico Mendes e Paulo Barbosa.[7]

Esta lei foi de extrema relevância ao processo eleitoral brasileiro porque acarretou o sepultamento da aplicação das Ordenações do Rei. Passados mais de 20 anos após a emancipação política e jurídica com Portugal, não se justificava manter a aplicação das Ordenações Lusitanas no Estado brasileiro. Igualmente, a Lei nº 387 consubstancia o marco inaugural da história das leis eleitorais no Brasil em razão de ser a primeira genuinamente autóctone, elaborada em consonância com a Carta Magna do império.

Todavia, o processo eleitoral era marcado por fraudes e inverdades porque era o próprio Poder Moderador quem controlava as eleições. Assim, existia uma nítida antinomia entre a vontade popular e os resultados dos certames eleitorais, o que suplantava a legitimação dos representantes políticos e a legalidade das eleições, impedindo que

---

[6] AGRA, Walber de Moura. *Curso de direito constitucional.* 5. ed. Rio de Janeiro: Forense, 2009, p. 58.

[7] FERREIRA, Luiz Pinto. *Código Eleitoral comentado.* 5. ed. São Paulo: Saraiva, 1998, p. 8.

a vontade popular fosse cristalizada. Nas palavras de Frei Caneca, "o Poder Moderador era a chave mestra da opressão da nação brasileira e o garrote mais forte da liberdade dos povos".[8]

2.2 Lei dos Círculos

Em 19 de setembro de 1855, o Imperador D. Pedro II baixou o Decreto nº 942, proveniente do projeto legislativo de autoria do senador Paulo Souza, reformando substancialmente o cenário eleitoral vigente naquela época. A Lei dos Círculos provocava a divisão das províncias em distritos ou círculos eleitorais, em consonância com o número de deputados de cada região, de modo que houvesse apenas um deputado por distrito ou círculo eleitoral.

Consequentemente, tal medida tinha o escopo de estabelecer o voto por círculos eleitorais, em que era escolhido apenas um representante por cada distrito, bem como a escolha de seus suplentes, interiorizando as eleições de acordo com as influências de cada circunscrição, objetivando construir uma forma de voto distrital. Ressalte-se que a Lei dos Círculos também tinha o escopo de solucionar o problema de representação das minorias.

Manoel Rodrigues Ferreira ressalta que a Lei dos Círculos foi inspirada diretamente na Lei eleitoral francesa de 22 de dezembro de 1789, cujo art. 25 estabelecia três escrutínios, exigindo maioria absoluta no primeiro, no segundo e, caso em nenhum houvesse algum candidato obtido *majorité absolute* (maioria absoluta), no terceiro escrutínio disputariam os dois candidatos mais votados na eleição anterior.[9]

O parágrafo 3º da Lei dos Círculos dispunha que as províncias seriam divididas em tantos distritos eleitorais quantos fossem os seus deputados. A divisão era feita pelo governo, ouvidos os presidentes das províncias, e só por lei poderia ser alterada.

Na divisão o governo era obrigado a não seccionar as freguesias, a designar os distritos por números ordinais e a manter, na medida

---

[8] FAORO, Raymundo. *Os donos do poder*: a formação do patronato político brasileiro. Rio de Janeiro: Globo. p. 351.

[9] FERREIRA, Manoel Rodrigues. *A evolução do sistema eleitoral brasileiro*. Brasília: Senado Federal, 2001, p. 191.

do possível, equivalência de pessoas livres entre os distritos. Seria designada cabeça do distrito eleitoral a cidade ou vila mais central.

A eleição continuava a ser indireta e em dois graus: os votantes escolhiam os eleitores de paróquia, e estes escolhiam os votantes das províncias, que tinham a função de escolher os deputados, senadores e membros da Assembleia Provincial. A diferença era, como já fora explanado alhures, que a base territorial da província era dividida em distritos e esses eleitores secundários eram agrupados nos distritos a que pertenciam as suas freguesias, e elegiam um só deputado, votando cada eleitor em cédula não assinada, escrita em papel fornecido pela mesa. Recolhidos os votos, era eleito deputado o cidadão que obtivesse a maioria dos sufrágios. No entanto, a lei previa um segundo ou até um terceiro escrutínio para a hipótese de ninguém atingir a maioria absoluta.

Cinco anos após a promulgação da Lei dos Círculos, foi sancionado o Decreto nº 1.082, de 18 de agosto de 1860, de autoria do deputado Sérgio Macedo, derrogando parcialmente a Lei dos Círculos, estendendo a representação política dos círculos para três deputados (e não apenas um deputado como determinava originariamente). Tal alteração proporcionava ao eleitor o voto em lista fechada. O mencionado decreto também alterou o quórum da eleição de maioria absoluta (anteriormente) para maioria relativa, o que acabava com os sucessivos escrutínios em busca da maioria absoluta.

A mencionada alteração também suprimiu a eleição de suplentes. Sendo assim, no caso de morte do deputado ou perda do cargo por qualquer motivo, haveria outra eleição para o cargo vago. Ademais, insta salientar que a referida lei também alterou o número de membros das assembleias eleitos por cada distrito.

2.3 Lei do Terço

A Lei dos Círculos facilitou em parte o fenômeno de câmaras unânimes, ou seja, com membros de um único partido ou de uma única coligação, retirando a possibilidade de representação política por parte da oposição. Tal fenômeno sensibilizou o Governo, que resolveu sancionar em 20 de outubro de 1875 a popularmente conhecida "Lei do Terço", regulamentada pelo Decreto nº 6.097, de 12 de janeiro de 1876, dividindo os cargos eletivos em dois terços para a maioria e reservando um terço desses cargos para a minoria, prevenindo que esta última ficasse sem representação política. A *mens legis* da Lei do Terço, como é conhecida popularmente, não era estabelecer um sistema eleitoral proporcional propriamente dito, era de apenas garantir que a minoria pudesse obter algum tipo de representação política, impedindo que as Câmaras Municipais e as Assembleias Legislativas fossem compostas por membros de um único partido ou coligação, possibilitando representação dos grupos de oposição.

Destarte, cada eleitor somente podia votar em um número de nomes que fossem os dois terços dos cargos a preencher. Então, de acordo com a referida lei, os eleitores de segundo grau deviam organizar suas chapas com dois terços do número de deputados à Assembleia Geral que a província tinha direito e dois terços de deputados à Assembleia Provincial, respectivamente.

Urge salientar que o partido ou coligação vitoriosa somente poderia preencher os respectivos dois terços dos cargos eletivos. Sendo assim, o terço que faltasse seria preenchido pela minoria, ou seja, o partido ou coligação que tivesse obtido menos votos.

Por último, insta ressaltar que a Lei do Terço não era um processo proporcional, tão somente dividia os cargos eletivos a preencher em dois terços para a maioria e um terço para a minoria, independentemente do número de votos recebidos.

2.4 Lei Saraiva

A Lei Saraiva ou Lei do Censo foi promulgada no dia 9 de janeiro de 1881, através do Decreto nº 3.029, pelo Imperador D. Pedro II. Idealizada pelo jurista e político brasileiro Ruy Barbosa, instituía uma nova roupagem ao sistema eleitoral vigente no Império, tendo reformado toda legislação eleitoral pretérita, modificando substancialmente o processo eleitoral e as eleições brasileiras.

Através da Lei Saraiva foi introduzido pela primeira vez no sistema eleitoral brasileiro o voto direto nas eleições, inclusive nas eleições dos senadores, deputados à Assembleia Geral, membros das assembleias legislativas provinciais, vereadores e juízes de paz, rompendo, inexoravelmente, a tradição de eleições indiretas, proporcionando uma maior identificação do eleitor com o seu representante. Também suplantou o poder arbitrário do Imperador em escolher, diretamente, os senadores. Tal medida possibilitou o livre convencimento dos eleitores, concedendo uma maior legitimidade aos certames eleitorais. Outra importante inovação foi a determinação de realização de eleições de quatro em quatro anos, no primeiro dia útil do mês de dezembro da última legislatura.

O voto continuou censitário, exigindo-se 200 mil réis para o eleitor. O argumento em não tornar o voto universal era de que as pessoas sem renda não estavam capacitadas a participar do processo político, pois, segundo parte da elite brasileira, o povo não detinha capacidade intelectual suficiente para exercer o direito ao voto.[10] Teve ainda o desígnio de proporcionar um censo geral, objetivando o alistamento dos eleitores, instituindo pela primeira vez o título eleitoral.[11] Foi considerada por muitos juristas e políticos, inclusive por Pinto Ferreira e pelo Barão do Rio Branco, como "a melhor reforma da legislação eleitoral do Império".[12]

Como o voto era censitário, ou seja, o seu exercício dependia do patrimônio de cada um, apenas os cidadãos que comprovassem renda líquida anual superior a duzentos mil réis, por bem de raiz, indústria, comércio ou emprego poderiam obter o alistamento eleitoral e consequentemente o direito de votar. Interessante notar que a Lei Saraiva garantia aos analfabetos o direito de voto, desde que, obviamente, tivessem obtido o alistamento eleitoral, ou seja, comprovassem a renda mínima permitida.

No que tange às condições de elegibilidade, a lei determinava que o cidadão que almejasse disputar qualquer dos cargos eletivos deveria ter as qualidades exigidas para ser eleitor e não ter sido pronunciado em nenhum processo criminal. Dessa forma, os

---

[10] CHAIA, Vera. A longa conquista do voto na história política brasileira. Disponível em: <http://www.pucsp.br/fundasp/textos/downloads/O_voto_no_Brasil.pdf>. Acesso em: 01 jan. 2018.

[11] GOMES, José Jairo. *Direito eleitoral*. 6. ed. rev. atual. ampl. São Paulo: Atlas, 2011, p. 395.

[12] FERREIRA, Luiz Pinto. *Código Eleitoral comentado*. 5. ed. São Paulo: Saraiva, 1998, p. 18.

aspirantes ao cargo de senador deveriam ter mais de 40 anos de idade, bem como renda anual não inferior a um milhão e seiscentos mil réis, por bem de raiz, indústria, comércio ou emprego. Para o cargo de deputado à Assembleia Geral (hoje deputado federal), o cidadão deveria possuir renda anual de oitocentos mil réis, por bem de raiz, indústria, comércio ou emprego. Para ser membro da Assembleia Legislativa Provincial, o candidato deveria residir na província há mais de dois anos. Para ser vereador ou juiz de paz, era necessário que o candidato residisse no município ou no distrito de paz por mais de dois anos.

Consagravam-se vencedores do certame eleitoral os candidatos que obtivessem a maioria absoluta dos votos dados na eleição e, caso nenhum candidato alcançasse a maioria absoluta dos votos, deveria haver outra eleição 20 dias após a primeira, na qual concorreriam os dois candidatos mais votados, sendo eleito o que obtivesse a maioria simples dos votos.

A Lei Saraiva também tratava de modo primário dos crimes eleitorais, impondo pena aos candidatos que cometessem algum crime eleitoral, sanções que variavam desde multa até pena privativa de liberdade.

3 História da legislação eleitoral na Primeira República

Com a queda do regime monárquico e o advento da primeira República através da Constituição de 1891, introduziu-se uma nova roupagem ao sistema eleitoral brasileiro. A nova ordem constitucional aboliu o voto censitário e instituiu o sufrágio universal, ou seja, passaram a ser considerados "eleitores", detendo capacidade eleitoral ativa, todos os brasileiros, do sexo masculino, que estavam em gozo de seus direitos civis e políticos, desde que maiores de 21 anos.

De outra sorte, torna-se importante ressaltar que o advento da República aboliu o voto dos analfabetos, condicionando esta prerrogativa apenas para aqueles que estivessem aptos para ler e escrever. Posteriormente, o Decreto nº 5, de 19 de novembro de 1889, outorgou explicitamente o direito de voto somente aos cidadãos alfabetizados.

Vários foram os decretos e leis eleitorais promulgados na Primeira República, como o Decreto nº 200-A, de 8 de fevereiro de 1890, regulando a qualificação eleitoral; o Decreto nº 663, de 14 de agosto de 1890, dispondo sobre a fiscalização dos trabalhos eleitorais; a Lei nº 35, de 26 de janeiro de 1892, que foi a primeira lei eleitoral da República após a promulgação da Constituição de 1891, sancionada por Floriano Peixoto e referendada por José Higino Duarte Pereira; a Lei nº 939, de 20 de dezembro de 1920, sobre a eleição no Distrito Federal, regulando o alistamento e o processo eleitoral; etc. Todavia, merece melhor análise a Lei Rosa e Silva.

3.1 Lei Rosa e Silva

A Lei Rosa e Silva, ou Lei nº 1.269, de 15 de novembro de 1904, foi a norma eleitoral mais importante da Velha República. Ela teve origem em 1902, com um projeto apresentado pelo deputado Anísio de Abreu, encaminhado ao Senado, onde sofreu uma grande reforma por parte do Senador Rosa e Silva, passando a ser conhecida pelo nome do mencionado parlamentar.[13]

Durante o império, somente se falava em "incompatibilidade", sendo comum a confusão entre os impedimentos pretéritos e posteriores ao certame eleitoral. Até mesmo os melhores doutrinadores e juristas, como Pimenta Bueno, confundiam os mencionados institutos. Nesse sentido, somente através da Lei Rosa e Silva consagrou-se a instituição do termo "inelegibilidade", solucionando as discussões até então existentes.

Ela estabelecia ainda, em seu Capítulo IX, as seguintes condições de elegibilidade para os cargos eletivos no Congresso Nacional:

    a) estar na posse dos direitos de cidadão brasileiro e ser alistável como eleitor; para a Câmara dos Deputados, ter mais de quatro anos de cidadão brasileiro e para o Senado mais de seis anos e ser maior de 35 anos de idade;

---

[13] FERREIRA, Luiz Pinto. *Código Eleitoral comentado*. 5. ed. São Paulo: Saraiva, 1998, p. 10.

b) para o cargo de Presidente e Vice-Presidente da República exigia-se ser o candidato brasileiro nato; estar no exercício pleno dos direitos políticos e ser maior de 35 anos (art. 105).

Eram considerados inelegíveis para os cargos do Congresso Nacional:

a) o Presidente da República e o Vice-Presidente;

b) os diretores de suas Secretarias e do Tesouro Federal;

c) os Chefes do Estado-Maior do Exército e do Estado-Maior General da Força Armada;

d) os Magistrados Federais.

Igualmente, em seu Capítulo X, estabelecia as inelegibilidades. Assim, eram considerados inelegíveis para os cargos no Congresso Nacional:

a) o Presidente e o Vice-Presidente da República, os governadores ou presidentes e os vice-governadores ou vice-presidentes dos Estados;

b) os ministros do Presidente da República e os diretores de suas secretarias e do Tesouro Federal;

c) os Chefes do Estado-Maior do Exército e do Estado-Maior General da Armada;

d) os Magistrados Federais;

e) os presidentes ou diretores de banco, companhia ou empresa que gozasse dos seguintes favores do Governo Federal:

I – garantia de juros ou qualquer subvenção;

II – privilégio para emissão de notas ou portador, com lastro em ouro, ou não;

III – isenção ou redução de impostos ou taxas federais, constantes de lei ou de contrato;

IV – privilégio de zona ou de navegação;

V – contratos de tarifas ou concessão de terrenos.

Eram considerados inelegíveis para os cargos de Presidente da República e Vice-Presidente:

a) os parentes consanguíneos e afins de 1° e 2° graus do Presidente e do Vice-Presidente que se achassem em exercício no momento da eleição ou que o tivessem deixado até seis meses antes;

b) os ministros de Estado ou os que tivessem sido até seis meses antes da eleição;

c) o Vice-Presidente que exercesse a presidência no último ano do período presidencial, par ao período seguinte, e o que a estivesse exercendo por ocasião de eleição.

Pela sua extensão pode-se dizer que a Lei Rosa e Silva exerceu a função de um código eleitoral, com 152 artigos e 16 capítulos, que eram os seguintes: I – Dos eleitores; II – Do alistamento; III – Dos recursos; IV – Da revisão do alistamento; V – Dos títulos dos eleitores; VI – Das eleições; VII – Do processo eleitoral; VIII – Da apuração; IX – Da elegibilidade; X – Da inelegibilidade; XI – Da incompatibilidade; XII – Das nulidades; XIII – Das vagas; XIV – Das multas; XV – Disposições penais; XVI – Disposições gerais, reformando toda a legislação pretérita, adotando novas regras para o processo eleitoral.

A Lei Rosa e Silva ainda determinou que cada distrito poderia apresentar até cinco candidatos, podendo três serem eleitos. Ao eleitor era concedido o direito de poder votar três vezes, inclusive a faculdade que os três votos fossem direcionados para o mesmo candidato.[14] A mencionada norma prejudicou de forma nefasta a soberania popular, pois concedeu a prerrogativa de o cidadão votar de maneira aberta, o que possibilitou a realização de grandes fraudes.

3.2 Da Justiça Eleitoral e do Código de 1932

Em meados de 1920 começaram a surgir no cenário brasileiro gritos de indignação contra anomalias que pululavam no sistema eleitoral. O aumento da crise econômica, o crescimento das camadas sociais urbanas, a urbanização exacerbada e o crescimento industrial contribuíram inexoravelmente para o agravamento da crise e o surgimento de movimentos sociais que reivindicassem a participação popular nas decisões políticas, exigindo-se, assim,

---

[14] SOUZA, Cláudio Roberto de. A reforma política, segundo Lima Barreto. Disponível em: <http://luisnassif.com/profiles/blogs/a-reforma-pol-tica-segundo-lima-barreto>. Acesso em: 11 set. 2011.

reformas institucionais e políticas. Foi nesse contexto que surgiu o movimento político e militar intitulado de "tenentismo", liderado por jovens oficiais do Exército brasileiro (a maioria tenente e alguns capitães), sendo consequência inevitável dos problemas políticos e econômicos atravessados pelo Brasil. Nesse sentido o tenentismo tinha o escopo de acabar com a fraude, a corrupção e o coronelismo que assombravam o sistema eleitoral brasileiro.

Nesse contexto, em 1930 houve a Revolução de Trinta, que teve como um dos seus objetivos a moralização do processo eleitoral – na primeira República era normal candidatos serem eleitos e terem sua diplomação negada pelo Poder Legislativo. A criação da Justiça Eleitoral ocorreu em 1932, no governo de Getulio Vargas, sob inspiração do Tribunal Eleitoral Tcheco, de 1920, idealizado por Kelsen, que unificou a legislação eleitoral e concedeu autonomia para que o Poder Judiciário realizasse as eleições.[15]

O primeiro Código Eleitoral brasileiro foi criado em 1932, através da comissão de reforma da legislação eleitoral, durante o governo provisório, consolidando a legislação eleitoral existente. Em seu teor, concedia o voto às mulheres, estabelecia o sufrágio universal e secreto, em dois turnos simultâneos, bem como proporcionava um novo sistema proporcional, que estabelecia uma simbiose entre os aspectos do sistema proporcional e majoritário, objetivando uma maior representação das minorias. O novo Código Eleitoral regulava em todo o território nacional as eleições, federais, estaduais e municipais.

No mais, ainda admitia a possibilidade do uso de uma "máquina de votar" para apuração dos votos. O que de fato representava um grande avanço tecnológico para a época. Porém, mesmo levantando a bandeira dos ideais revolucionários da década de 30, que tinham na luta contra a fraude eleitoral uma questão de honra, a Justiça Eleitoral só veio a utilizar devidamente a "máquina de votar", que hoje conhecemos pelo nome de urna eletrônica, nos anos 90.

Pelo procedimento agasalhado pelo Código de 1932, os nomes dos candidatos deviam ser impressos ou datilografados em uma

---

[15] AGRA, Walber de Moura; VELLOSO, Carlos Mário da Silva. *Elementos de direito eleitoral*. 2. ed. rev. atual. São Paulo: Saraiva, 2010, p. 32.

cédula, podendo-se votar em tantos nomes, independentes dos partidos, quantos fossem as cadeiras do Estado na Câmara dos Deputados mais um. Era um sistema de apuração que privilegiava o primeiro nome da lista, em que os votos dados aos candidatos que encabeçavam cada cédula eram somados para se obter a votação final de cada partido. Cada partido elegia tantas cadeiras quantas vezes atingissem o quociente eleitoral e os candidatos mais votados de cada partido eram eleitos. Os votos para os nomes que não encabeçavam a lista de cada cédula eram somados e os nomes mais votados ficavam com as cadeiras não ocupadas depois da distribuição pelo quociente eleitoral. Essa segunda parte de distribuição de cadeiras recebia o nome de "segundo turno".[16]

Foi diante desse cenário político que o Código Eleitoral de 1932 criou a primeira Justiça Eleitoral brasileira, estabelecendo uma magistratura especial, cujo fito era de julgar todas as questões concernentes ao processo eleitoral, isto é, englobando os casos de alistamento dos eleitores até os casos de impugnação da diplomação dos eleitos.

Além da representação política tradicional, baseada em partidos políticos, o Código Eleitoral de 1932 inovou ao admitir, sob inspiração do fascismo italiano, a representação corporativa, em que os parlamentares eram eleitos pelas organizações profissionais (os agrupamentos profissionais foram divididos em quatro grupos: lavoura e pecuária; indústria; comércio e transporte; profissões liberais e funcionários públicos) e não apenas pela vontade geral da sociedade.[17]

A estruturação dos órgãos da justiça brasileira começa a ser disciplinada em nível constitucional a partir do Texto Constitucional de 1934, que incluiu a Justiça Eleitoral como órgão do Poder Judiciário,[18] com o intuito de garantir a efetiva prática do sistema representativo.[19] Tal inovação foi importante porque a Justiça Eleitoral passou a ostentar nível constitucional, tendo supremacia

---

[16] NICOLAU, Jairo Marconi. *História do voto no Brasil*. Rio de Janeiro: Jorge Zahar, 2002, p. 40.
[17] DALLARI, Dalmo de Abreu. *Elementos de teoria geral do Estado*. 19. ed. São Paulo: Saraiva, 1995, p. 149.
[18] FARIA. *Repertório da Constituição nacional*: Lei de Segurança Nacional, p. 151.
[19] ROCHA. Justiça Eleitoral e representação democrática. In: ROCHA; VELLOSO. *Direito eleitoral*, p. 387.

e supralegalidade. A Constituição de 1934 ainda revogou a representação classista, ou seja, o sufrágio profissional.

3.3 Código de 1935 e Constituição de 1937

Em 1935 foi promulgada a Lei nº 48, contemplando o novo Código Eleitoral, substituindo o Código Eleitoral de 1932, sem modificar substancialmente seu conteúdo, preservando incólume as conquistas e os avanços da legislação eleitoral pretérita. Interessante notar que este Código pela primeira vez trouxe ampla regulamentação das atribuições do Ministério Público, estabelecendo uma seara própria para sua atuação no processo eleitoral. O alistamento eleitoral e o voto passaram a ser obrigatórios para as mulheres que exerciam atividade profissional remunerada.

Porém, a promulgação da Constituição de 1937, que foi oriunda de um golpe de Estado de 1937, realizado por Getulio Vargas, sob a alegação de que poderia haver uma guerra civil entre os integralistas e os comunistas, acabou dissolvendo o Senado e a Câmara dos Deputados, revogando a Constituição de 1934. O ideólogo da nova carta foi Francisco Campos, que tomou como influência a Constituição da Polônia, sendo por isso conhecida como Polaca.[20]

Em decorrência do golpe de Estado, a liberdade política fora abolida, sendo a Justiça Eleitoral considerada inativa. Os partidos políticos foram extintos e as eleições diretas suspensas. As eleições para Presidente da República passaram a ser de modo indireto, com o mandato correspondendo ao lapso temporal de seis anos.

3.4 Código Eleitoral de 1945

Depois da II Guerra Mundial, com a queda das potências do Eixo, Getulio Vargas não teve mais condições de governar de forma ditatorial, anunciando eleições gerais e lançando como candidato o seu então Ministro de Guerra, Eurico Gaspar Dutra.

---

[20] AGRA. *Curso de direito constitucional*, 5. ed., p. 6.

Modificando-se a seara política houve a implementação de um novo código, em 1945, instituído através do Decreto-Lei nº 7.586, de 28.5.1945, de autoria do Ministro da Justiça, Agamenon Magalhães. Ele foi responsável pela recriação da Justiça Eleitoral brasileira, restabelecendo o alistamento eleitoral e as eleições diretas em todo o território nacional.

A partir da nova ordem eleitoral, passou-se a exigir o registro dos partidos políticos perante o Tribunal Superior Eleitoral.[21] Todavia, a grande inovação do Código Eleitoral de 1945 foi conceder exclusividade aos partidos políticos na apresentação dos candidatos aspirantes aos cargos eleitorais, expurgando a possibilidade de candidatura avulsa, que prevalecia anteriormente, o que fortaleceu os partidos políticos.

Com a promulgação da Constituição de 1946, em 18 de setembro de 1946, a Justiça Eleitoral volta a ser regulamentada definitivamente nos mandamentos constitucionais e a Câmara dos Deputados e o Senado Federal passaram a funcionar como Poder Legislativo ordinário.

3.5 Código Eleitoral de 1950

As alterações promovidas pela Constituição de 1946 impuseram a modificação do Código de 1945 e ensejaram a criação do Código de 1950, disciplinando matérias desconhecidas até então, como a garantia do exercício livre da propaganda partidária, abolindo o processo de alistamento eleitoral *ex officio* e estabelecendo o sistema eleitoral hodiernamente em vigor, assegurando as eleições em dois turnos, bem como o voto do analfabeto e o voto dos relativamente incapazes – maiores de 16 anos e menores de 18. Infelizmente ele extinguiu o capítulo destinado ao Ministério Público Eleitoral, deixando sua regulamentação para o nível infraconstitucional.

Em 1955 houve a criação da folha individual de votação (Lei nº 2.550, de 27 de julho), que fixou o eleitor na mesma seção

---

[21] CÂNDIDO, Joel José. *Direito eleitoral brasileiro*. 12. ed. rev. e atual. com a Lei n. 11.300, de 10.5.2006. São Paulo: Edipro, 2006, p. 36.

eleitoral, bem como da cédula oficial de votação – cédula única (Lei nº 2.582, de 30 de agosto). Em 1956 houve o recadastramento eleitoral, encerrado em 1957.

O Código Eleitoral de 1950 teve o condão de unificar toda a legislação eleitoral, possibilitando uma interpretação sistêmica de seu contexto. As inelegibilidades foram explicitamente estatuídas pela Constituição de 1946 e não por lei infraconstitucional.

Em 1963 foi realizada a primeira consulta popular no Brasil. Através de referendo foi escolhido pela sociedade o presidencialismo como sistema de governo, revogando a Emenda Constitucional nº 4, de 2 de setembro de 1961, que instituíra o sistema parlamentarista de governo em vigor.

3.6 Código Eleitoral de 1965

O Código Eleitoral nasce sob a égide do regime de exceção, que teve início em 1964. Com o golpe militar houve a suspensão das eleições para os cargos de chefes do Poder Executivo, a extinção dos partidos políticos e a mitigação de vários direitos fundamentais, inclusive dos direitos políticos de muitos cidadãos. Nesse viés, para Joel José Cândido, nossos Códigos Eleitorais nasceram após movimentos militares de expressão ou após a promulgação de Constituições.[22]

Foi nesse clima que houve a edição do quinto Código Eleitoral brasileiro (atualmente em vigor), Lei nº 4.737, de 15 de julho. Não obstante o clima antidemocrático, o aludido Código inovou ao criar uma Corregedoria eleitoral, como escopo de zelar pela fiscalização e regularidade das eleições. O Código de 65 também outorgou a possibilidade de apuração de prévias do resultado das eleições, pelas próprias mesas receptoras, em determinadas condições, ou até mesmo pelas próprias mesas e juntas, em um mesmo local. Adotou-se uma única cédula oficial para todas as eleições em todo o território nacional. Igualmente, foi concedido voto aos cidadãos brasileiros situados no exterior para Presidente da República.

---

[22] CÂNDIDO, Joel José. *Direito eleitoral brasileiro*. 14. ed. rev. atual. e ampl. São Paulo: Edipro, 2010, p. 41.

Enquanto o Código Eleitoral de 1950 unificava toda a legislação eleitoral, inclusive a matéria sobre inelegibilidade, no Código de 1965 as inelegibilidades foram instituídas pela Constituição e por intermédio de lei complementar, sendo denominadas inelegibilidades infraconstitucionais. Atualmente a Lei Complementar nº 64/90 e a Lei Complementar nº 135/2010 tratam do mencionado assunto.

O Código de 1965 apresentou as regras processuais para o Direito Eleitoral, com determinadas características próprias. Na seara penal, tentou formatar para os crimes eleitorais uma unidade orgânica, sem que, infelizmente, tenha conseguido. Contudo, durante sua longa vigência houve várias alterações, como, por exemplo, a Lei nº 4.961/66, com 61 artigos, incluindo as disposições transitórias; o Decreto-Lei nº 441/69; a Lei das Inelegibilidades, nº 64/90; a Lei Eleitoral, nº 9.504/97; a Lei da Ficha Limpa, nº 135/2010; afora outras disposições de leis diversas que modificaram profundamente seus dispositivos.

O mencionado Código, com seus 383 artigos, dividido em 5 partes, hodiernamente se encontra anacrônico. Há muita legislação esparsa que dificulta a tarefa dos operadores jurídicos. A Lei Eleitoral, por exemplo, modificou muitos artigos do Códex, de forma total ou parcial, e pairam dúvidas se muitos outros artigos se encontram vigentes. Uma das propostas mais debatidas na reforma eleitoral é a codificação da legislação eleitoral, para que esta seja sistematizada em um único dispositivo com a possibilidade de auferir maior consistência e eficácia, outorgando àquela também maior legitimidade. Infelizmente, o Código Eleitoral de 1965 não se configura como alicerce do Direito Eleitoral brasileiro, servindo como recorrência quando há anomias nas demais disposições.

3.7 Lei das Inelegibilidades (LC nº 64/90)

Após a primeira eleição direta que sucedeu o período obscurantista da ditadura de 1964, a sociedade clamava por uma estrutura normativa que pudesse expungir aqueles cidadãos que estavam maculados no seu *jus honorum*. A Norma das

Inelegibilidades, Lei Complementar nº 64, é o desaguadouro dessa premissa acalentada pela sociedade brasileira.

Ela é o diploma legislativo criado para estabelecer hipóteses em que a capacidade eleitoral passiva do cidadão estaria suspensa, bem como indicar os prazos em que esta suspensão cessaria. A Lei das Inelegibilidades surge em virtude de previsão constitucional ínsita no §9º do artigo 14 da Carta Magna, o qual preceitua que lei complementar deve estabelecer outros casos de inelegibilidade e os prazos de sua cessação, com a finalidade de proteger a probidade administrativa e a moralidade para exercício de mandato, sendo considerada a vida pregressa do candidato, a normalidade e a legitimidade do pleito para impedir a influência do poder econômico ou o abuso do exercício de função, cargo ou emprego na administração direta ou indireta.

Depreende-se da leitura desse dispositivo o fato de que, muito embora indique a *Lex Mater* alguns casos de incidência de inelegibilidade, há a premência de se legislar acerca de outras hipóteses.[23] Essa necessidade justifica-se pela própria finalidade que a Constituição imputa a essa norma, qual seja velar pela moralidade dos pleitos eleitorais, suprindo a deficiência de cidadania apresentada pela sociedade. Seria a normaticidade reconstruindo a normalidade, segundo Hesse, para proteger a coisa pública.

Interessante observar que tal redação não estava completa antes da Emenda Constitucional de Revisão nº 4/94, a qual introduziu as expressões "a probidade administrativa, a moralidade para exercício de mandato considerada a vida pregressa do candidato". A inclusão mostrou a necessidade de proteger a probidade administrativa e a moralidade pública, que não estavam delineadas na redação original.

A LC nº 64/90 trata dos casos de inelegibilidade para preservar a moralidade administrativa, define os prazos para a desincompatibilização, estabelece o processo de registro de candidatos e disciplina a investigação judicial eleitoral por abuso do poder econômico ou político.

---

[23] Constituição de 1988, art. 14, §4º: São inelegíveis os inalistáveis e os analfabetos.

A deficiência da mencionada legislação foi, indiscutivelmente, sua baixa concretude normativa. Seja porque não houve vontade política para sua implementação, seja porque as penas aplicadas não eram elevadas, ou ainda porque o Poder Judiciário não ultimava em tempo razoável a prestação jurisdicional. Tal fato forcejou as premissas fáticas para a criação da Lei da Ficha Limpa.

3.8 Lei dos Partidos Políticos (Lei nº 9.096/95)

A denominada lei dos partidos políticos, promulgada no ano de 1995, foi criada para regulamentar os artigos 14, §3º, inciso V, e 17 da Constituição Federal. O escopo foi regulamentar as agremiações políticas que representam estruturas essenciais à democracia porque funcionam como elos intermediários entre os mandatários e a população, facilitando as escolhas políticas de acordo com a ideologia agasalhada pelo partido.

Essa legislação, surgida sete anos após a Lei Maior, não representou, segundo o professor Anis José Leão, nenhuma novidade para o ordenamento, pois, naquilo que não copiou a Constituição Federal de 1988, apenas repetiu a Lei nº 5.682/71 e outras legislações eleitorais.[24] Discorda-se dessa premissa em razão de que foi a Lei nº 9.096 que densificou normativamente o preceito base da liberdade de organização e funcionamento dos partidos políticos, verdadeiro axioma direcionador da vida partidária, que ganhou renovada força, sendo regulamentado de forma plena.

Não obstante sua importância para a vida democrática brasileira, o referido diploma sofreu alterações, principalmente provenientes de decisões judiciais por parte do Supremo Tribunal Federal para que sua interpretação fosse, teoricamente, mais consentânea com a Constituição.

Exemplo dessa mutação por intermédio de decisão judicial ocorreu em seu art. 13, que determinava que ostentasse direito a

---

[24] LEÃO, Anis José. Virtudes e defeitos das novas leis eleitorais. In: ROCHA, Cármen Lúcia Antunes; VELLOSO, Carlos Mário da Silva (Org.). *Direito eleitoral*. Belo Horizonte: Del Rey, 1996, p. 213.

funcionamento parlamentar, em todas as Casas Legislativas, para as quais tenha elegido representante, o partido que, em cada eleição para a Câmara dos Deputados, obtivesse o apoio de, no mínimo, cinco por cento dos votos apurados, não computados os brancos e nulos, distribuídos em pelo menos um terço dos Estados, com um mínimo de dois por cento do total de cada um deles. O Supremo Tribunal Federal, infelizmente, entendeu que a denominada cláusula de barreira feria o princípio do pluralismo político, sendo considerada inconstitucional no julgamento das Ações Declaratórias de Inconstitucionalidade nº 1.351-3 e nº 1.354-8.

Nota-se que a referida lei é deveras importante para a devida condução dos partidos políticos, que são reflexo dos interesses sociais, pois a hostilidade à formação dos partidos serve consciente ou inconscientemente a forças políticas que visam ao domínio absoluto de um só grupo, indo de encontro aos ideais estabelecidos pelo Estado Democrático de Direito. Sendo assim, a Lei dos Partidos Políticos veio para salvaguardar as estruturas inerentes à devida condução da democracia e, por via de consequência, dos ideais democráticos.

Dispõe acerca da filiação partidária, preceito inserto no mencionado inciso V, §3º, do artigo 14 da Constituição, mas também acerca da criação e do registro dos partidos, do funcionamento parlamentar, de seus programas e estatutos, de sua fidelidade e disciplina, de sua fusão, incorporação e extinção. Cria, ainda, normas sobre as finanças e contabilidade dos partidos, como sua prestação de contas e fundo partidário, além de regulamentar o acesso gratuito ao rádio e televisão, estabelecendo seus respectivos horários para veiculação.

A Lei dos Partidos Políticos é importante na seara eleitoralista porque apresenta os *standards* essenciais à formação e funcionamento das agremiações, delegando a esses entes essenciais ao funcionamento da democracia garantias para que eles possam exercer suas funções de forma plena, consentânea com os princípios do regime democrático.

3.9 Lei das Eleições (Lei nº 9.504/97)

A Lei nº 9.504, surgida em 1997, originou-se de uma demanda da sociedade por uma legislação eleitoral que fosse mais perene, que não sofresse modificações em cada pleito de acordo com interesses casuísticos. Antes de sua promulgação, a cada eleição era editada uma lei nova, orientada principalmente para atender aos interesses daqueles que estavam no poder e tencionavam mantê-lo.

Isso ocasionava um acinte aos ideais republicanos, pois a condição imperiosa para a construção de uma sociedade estruturada sobre esses valores é a necessidade de que a atuação política dos cidadãos seja virtuosa, pautada no escopo da obtenção do bem comum ao invés de almejar a realização de interesses privados.[25]

Essa foi visivelmente uma das preocupações do legislador ordinário ao redigir o diploma em questão: consolidar as normas que regem as eleições vindouras de forma mais uniforme. Desde a promulgação da referida lei, é certo, seus dispositivos foram alterados ou interpretados de acordo com as prementes necessidades de aperfeiçoar os procedimentos eleitorais; no entanto, suas bases continuam preservadas, mitigando alterações de cunho casuísta que eram regras anteriormente.

Não se pode dizer que a Lei nº 9.504/97 revolucionou o panorama eleitoral brasileiro. Todavia, sua pretensão a certa perenidade já se configurou em um elemento suficiente para sua aprovação, pois uma lei nova para cada eleição não presta bom serviço. Nesse diapasão, afirmou o Ministro Carlos Velloso que a prática de elaborar uma nova lei a cada eleição permite apenas a consolidação de um entendimento jurisprudencial, ao invés da consolidação de uma robusta doutrina que forneça segurança aos operadores jurídicos.[26]

Outrossim, ao estabelecer critérios extensivos a todos os partidos e candidatos, este simples fato já garante uma isonomia perante a lei, de que nos fala José Afonso da Silva, fazendo com que ela seja um parâmetro basilar para o desenvolvimento de nosso sistema eleitoral.

Concorda-se com os professores Alberto Rollo e Enir Braga quando asseveram que uma lei, para ser boa, deve estabelecer, tanto

---

[25] AGRA, Walber de Moura. *Republicanismo*. Porto Alegre: Livraria do Advogado, 2005, p. 18.

[26] Discurso proferido pelo Ministro Carlos Velloso na solenidade de instalação das comissões temáticas integradas por juristas, cientistas políticos e técnicos em informática, convocados pelo Tribunal Superior Eleitoral, no dia 24.03.1995.

quanto possível, uma condição de igualdade entre os cidadãos, a *pars conditio*, devendo reger a atuação de candidatos e partidos políticos, bem como coibir os excessos da imprensa sem estabelecer censura sobre seus atos.[27]

Foram essas as diretrizes que guiaram a elaboração da Lei das Eleições, a qual pretende tornar os pleitos mais transparentes e organizados, para que seus resultados reflitam efetivamente a vontade soberana da sociedade.

O referido diploma legal regulamentou, preponderantemente, os seguintes assuntos: coligações; convenções; registro de candidatos; prestação de contas; pesquisas e testes pré-eleitorais; propaganda eleitoral na imprensa, no rádio e na televisão; direito de resposta; sistema eletrônico de votação e totalização dos votos; mesas receptoras; fiscalização das eleições; condições vedadas aos agentes públicos em campanhas eleitorais. Desta forma, vê-se que a Lei das Eleições procurou dispor acerca das principais questões envolvidas nas eleições do país.

Importante alteração no tema referente às coligações fora feita pela Emenda à Constituição nº 52/2006, a qual deu nova redação ao artigo 17, §1º, da Constituição, para extinguir a chamada verticalização que determinava a vinculação das candidaturas para todos os níveis de governo (nacional, estadual, distrital e municipal). Tal conceito de verticalização fora criado pelo próprio Tribunal Superior Eleitoral, mas, com a vigência da EC nº 52, extinguiu-se a proibição de celebrar coligações diversas, não havendo obrigatoriedade de vinculação entre as candidaturas em âmbito nacional, estadual, distrital ou municipal.

3.10 Minirreforma Eleitoral (Lei nº 12.034/09)

A Lei nº 12.034, de 2009, fora criada em razão da necessidade de reformar o ordenamento eleitoral, evitando insegurança jurídica em virtude de posicionamentos judiciais divergentes

---

[27] ROLLO, Alberto; BRAGA, Enir. *Comentários à Lei Eleitoral nº 9.504/97*. São Paulo: Fiuza, 1998, p. 19.

e cambiantes. Igualmente teve a finalidade de mitigar o poder regulamentar da Justiça Eleitoral, haja vista que sua função seria apenas esclarecer a aplicação da legislação eleitoral, não podendo servir de função normogenética, atividade esta reservada ao Legislativo.

Denominou-se de Minirreforma Eleitoral justamente em razão de apresentar uma extensão diminuta, sem consolidar a legislação ou alterar pontos essenciais, como o processo eleitoral; não obstante ter ela alterado o Código Eleitoral de 1965 (Lei nº 4.737), a Lei dos Partidos Políticos de 1995 (Lei nº 9.096) e a Lei das Eleições de 1997 (Lei nº 9.504).

O Código Eleitoral, apesar de decrépito, fora o menos alterado. Pela sua relevância, menciona-se a inclusão do artigo 233-A, o qual estabelece que aos eleitores que estejam em outros lugares do território nacional que não o seu domicílio eleitoral será assegurado direito de voto nas eleições presidenciais, através de urnas específicas nas capitais dos estados-membros, conforme regulamentação do TSE.

Com relação à Lei dos Partidos Políticos, houve alteração de diversos artigos. Tais alterações modificaram as normas relacionadas ao programa e estatuto partidários; à filiação; à fusão, incorporação e extinção dos partidos; à prestação de contas; ao fundo partidário e ao acesso gratuito ao rádio e à televisão, representando, assim, uma grande mudança nesse dispositivo normativo.

Dispôs, ainda, sobre a Lei nº 9.504, a qual foi, sem dúvida, a mais alterada pela lei em análise. Dentre as alterações pode-se ressaltar: inelegibilidades supervenientes; julgamento dos pedidos de registro de candidatura; comitês financeiros; doações; debates; representações à Justiça Eleitoral; propaganda eleitoral; legitimidade de partido coligado para atuar de forma isolada no processo eleitoral; quitação eleitoral; diretrizes partidárias; eventos pré-eleitorais; substituição de candidato; propaganda eleitoral na Internet; propaganda no dia da eleição; dentre outras.

Tais modificações na Lei das Eleições importaram em um novo direcionamento da legislação eleitoral, o que alterou questões essenciais dos procedimentos adotados nas eleições, fazendo com que mandamentos normativos estabeleçam vetores que dantes eram indicados por decisões judiciais.

3.11 Lei da Ficha Limpa (LC nº 135/10)

Conforme o parágrafo único do art. 1º da nossa *Lex Mater*, todo o poder emana do povo, sendo exercido diretamente ou por intermédio de representantes eleitos, o que concretiza o princípio da soberania popular. Por sua vez, este princípio retrata uma necessidade inexorável da sociedade, para que ela possa realizar o seu conteúdo comum e a defesa dos interesses inexoráveis da comunidade politicamente organizada.

É nesse viés que o povo brasileiro, exercitando a democracia participativa, consagrada no parágrafo único do artigo supramencionado, subscreveu o Projeto de Lei Complementar de iniciativa popular nº 518. Este projeto, apresentado na Câmara dos Deputados, possuía em sua essência o escopo de considerar inelegível quem tivesse sido condenado em primeira ou única instância ou tivesse contra si denúncia recebida por órgão judicial colegiado.

Ainda é de bom alvitre explicitar que a Lei da Ficha Limpa é a segunda lei de iniciativa popular na seara eleitoral. A primeira foi a Lei nº 9.849/99, que tipificou o crime da compra de votos, consolidado no art. 41-A da Lei nº 9.504/97.

Após forte aprovação nas duas Casas Legislativas, o Projeto de Lei nº 518 transformou-se na Lei Complementar nº 135/10, que introduziu, revogou e alterou dispositivos da Lei das Inelegibilidades, da Lei Eleitoral e do Código Eleitoral.

A referida lei, promulgada em 2010, gerou muita polêmica por ter, preponderantemente, alterado a Lei Complementar nº 64, a qual estabelece as hipóteses de inelegibilidade, tendo por escopo proteger a probidade administrativa e a moralidade no exercício do mandato. Este fim fica evidenciado pela denominação dada à Lei, qual seja, Ficha Limpa. Esta designação refere-se ao clamor popular de retirar da vida pública políticos que possuam a "ficha suja".

A Lei da Ficha Limpa trouxe algumas novas hipóteses de inelegibilidade, como exemplo, a de candidatos que respondam a crimes contra o meio ambiente, a economia popular, a saúde pública, a fé pública, contra o patrimônio privado, o sistema financeiro, o mercado de capitais e os previstos na lei que regula a falência, contra a Administração Pública e o patrimônio público. Também é causa de inelegibilidade o cometimento de crimes eleitorais, para os quais a lei comine pena privativa de liberdade, de abuso de autoridade, quando a condenação for a perda do cargo ou inabilitação para o exercício de função pública, de lavagem ou ocultação de bens, direitos e valores, crimes contra a vida e a dignidade sexual, de tráfico de entorpecentes e drogas afins, de redução à condição análoga à de escravo, racismo, tortura, terrorismo e hediondos, praticados por organização criminosa, quadrilha ou bando.

Credite-se igualmente a ela o aumento no tempo de inelegibilidade para oito anos, a flexibilização do princípio da presunção de inocência; e a previsão de que condutas que maculam o ordenamento eleitoral são peremptoriamente punidas com a inelegibilidade, como as condutas vedadas, o abuso de poder, a improbidade administrativa, a corrupção, o abuso de poder político, etc.

Todavia, em razão de sua incidência, ela fora muito atacada através de ações que questionaram sua constitucionalidade. Em um primeiro julgamento, em 23 de março de 2011, do Recurso Extraordinário nº 63.703, o qual questionava a aplicabilidade da LC nº 135 para o pleito de 2010, o Supremo Tribunal Federal decidiu pela inconstitucionalidade temporal da norma, em maioria apertada de seis votos contra cinco. A justificativa foi o princípio da anterioridade eleitoral, previsto no artigo 16 da Constituição, que restaria afrontado caso a norma fosse aplicada nas eleições de 2010, já que a lei fora promulgada no mesmo ano. Esta decisão repercutiu em diversos casos pendentes do provimento da Corte Máxima.

Houve ainda um segundo julgamento decisivo sobre a referida lei, na data de 16 de fevereiro de 2012. Esse julgamento resolveu conjuntamente as Ações Declaratórias de Constitucionalidade nº 29 e nº 30 e da Ação Direta de Inconstitucionalidade nº 4.578. Ambas as ADCs foram julgadas procedentes, enquanto a Adin fora julgada improcedente. O entendimento do Supremo Tribunal Federal foi o da constitucionalidade da Lei da Ficha Limpa, que será aplicável nas eleições de 2012, alcançando inclusive atos e fatos pretéritos.

3.12 Leis nº 13.487 e nº 13.488/2017

As Leis nº 13.487 e nº 13.488 foram publicadas em 2017 acarretando alterações no Código Eleitoral de 1965 (Lei nº 4.737), na Lei dos Partidos Políticos de 1995 (Lei nº 9.096) e na Lei das Eleições de 1997 (Lei nº 9.504). O Código Eleitoral foi pouco alterado, sendo criado o art. 354- A, que prevê o crime de apropriação indevida dos recursos destinados ao financiamento eleitoral. Além da mudança no §2º do art. 109, sendo autorizado concorrer à distribuição dos lugares todos os partidos e coligações que participaram do pleito.

Pela sua relevância, menciona-se a inclusão do artigo 233-A, o qual estabelece que aos eleitores que estejam em outros lugares do território nacional que não o seu domicílio eleitoral será assegurado direito de voto nas eleições presidenciais, através de urnas específicas nas capitais dos estados-membros, conforme regulamentação do TSE.

Com relação à Lei dos Partidos Políticos, houve três alterações: vedação ao recebimento de auxílio financeiro de determinadas pessoas físicas (que exerçam função ou cargo público de livre nomeação e exoneração, ou cargo ou emprego público temporário, salvo os filiados a partidos políticos) ou jurídicas (pública ou privada de qualquer natureza, salvo as verbas provenientes do FEFC); permissão de criação, por partido políticos, de fundações ou institutos para estudo, pesquisa, doutrinação e educação política e, por fim, foi determinado o fim da propaganda partidária gratuita no rádio e na TV.

Das modificações incorporadas à Lei das Eleições importa consignar:

a) Alteração do tempo de anterioridade do registro partidário: Assim, poderá participar das eleições o partido político que, até seis meses antes do pleito, tenha registrado o seu estatuto perante o Tribunal Superior Eleitoral. Anteriormente, o prazo alçado era de 1 ano.

b) Alteração do tempo de domicílio eleitoral: O domicílio eleitoral na circunscrição do pleito é uma das condições de elegibilidade ditadas na Constituição, nomeadamente, encontra-se previsto no art. 14, §3º, IV. Com a reforma, para concorrer às eleições, o candidato deverá possuir domicílio eleitoral na circunscrição pelo prazo de seis meses, estando, ainda, com filiação partidária deferida em igual período.

c) Parcelamento das multas eleitorais: Das novidades trazidas à lei, restou permitida a possibilidade de parcelamento de multas para pessoas jurídicas. O valor máximo da prestação do parcelamento, efetuado por pessoas físicas, que era estabelecido em 10%, foi reduzido para o índice de 5% dos rendimentos do devedor. Já para as pessoas jurídicas a parcela passou a corresponder ao valor máximo de 2% do faturamento bruto e das parcelas dos débitos, que ficaram limitadas a 2% do valor recebido do fundo partidário. Por fim, foi concedido aos partidos políticos o parcelamento de débitos públicos de natureza não eleitoral.

d) Vedação das candidaturas avulsas: Nesse ponto, cumpre registrar que a candidatura avulsa já não era permitida no Brasil, ao passo que a filiação partidária representa uma das condições de elegibilidade. No mesmo sentido, prevê o Código Eleitoral no art. 87: "Somente podem concorrer às eleições candidatos registrados por partidos". A Lei das Eleições sacramentou a discussão sobre a matéria ditando expressamente a impossibilidade de candidatura avulsa, ainda que o requerente tenha filiação partidária. Tal previsão esclareceu a discussão travada no ARE 1054490, no qual determinado cidadão tentou concorrer, em 2016, à Prefeitura do Rio de Janeiro, sem partido político. O alicerce de sua tese estava pautado no Pacto de San José da Costa Rica, que estabelece como direito do cidadão: "votar e ser eleito em eleições periódicas autênticas, realizadas por sufrágio universal e igual e por voto secreto que garanta a livre expressão da vontade dos eleitores". Assim, o endosso que a Lei das Eleições trouxe à matéria apenas serviu como forma de reafirmar a posição do legislador no que se refere à impossibilidade de candidatura avulsa.

e) Fundo Especial de financiamento de campanha (FEFC): Sem sombra de dúvidas, a criação de um fundo para custear as campanhas eleitorais foi a alteração de maior repercussão das Leis nº 13.487/2017 e nº 13.488/2017. Nas eleições de 2018 a distribuição dos recursos para os partidos políticos tomará como referência o número de representantes na Câmara dos Deputados e no Senado Federal, apurado em 28 de agosto de 2017. Posteriormente, nas eleições seguintes, a apuração ocorrerá até o último dia da sessão legislativa, anterior ao ano eleitoral.

f) Limites de gastos com campanhas: Serão definidos em lei, sendo divulgados pelo Tribunal Superior Eleitoral. Não cabe, portanto, mensuração do TSE como na redação anterior da lei.

g) *Crowdfundin*: Em sintonia com as inovações tecnológicas a lei previu a possibilidade de arrecadação de recursos para campanhas por meio das populares "vaquinhas" na internet. Alguns dos sites especializados no processo de arrecadação são: Kickante, Kickstarter, Indiegogo, StartMeUp etc. Destaca-se que a legislação eleitoral exige a identificação obrigatória do contribuinte, com nome completo e CPF, a fim de estruturar a fiscalização das doações. A arrecadação nessa modalidade poderá ser iniciada a partir do dia 15 de maio do ano eleitoral (fase de pré-candidatura), contudo, a liberação da verba arrecadada fica condicionada ao registro da candidatura, devendo seguir as demais regras e prazos do calendário eleitoral. Não sendo formalizado o registro de candidatura, as doações serão devolvidas.

h) Comercialização de bens e serviços: Restou permitida a arrecadação de recursos por meio de venda de bens e serviços.

i) Doações de valores para campanhas eleitorais: Sobre as regras de doações realizadas por pessoas físicas foram acrescidos os §4º-A e §4º-B. No primeiro, na prestação de contas das "doações mencionadas no §4º art. 23 da Lei nº 9.504/97, será dispensada a apresentação de recibo eleitoral, e sua comprovação deverá ser realizada por meio de documento bancário que identifique o CPF dos doadores". Já o segundo indica que as "doações realizadas por meio das modalidades previstas nos incisos III e IV do §4º devem ser informadas à Justiça Eleitoral pelos candidatos e partidos no prazo previsto em lei, contado a partir do momento em que os recursos arrecadados forem depositados nas contas bancárias dos candidatos, partidos ou coligações". Também foi incluído o §8º no art. 23, permitindo que as doações previstas nos incisos III e IV do §4º do art. 23 sejam feitas em qualquer instituição financeira. Por último, o §8º do mencionado artigo autorizou expressamente a utilização de cartões de débito e de crédito para a instrumentalização das doações.

j) Multa em caso de doações acima dos limites: As doações que ultrapassarem os limites legais sujeita o infrator ao pagamento de multa de até 100% do valor da quantia tida como excessiva.

k) Despesas consideradas gastos eleitorais pertinentes à prestação de contas: Em alguns situações, os gastos com transportes e com deslocamento não serão computados como gastos eleitorais, são elas: combustível e manutenção de veículo automotor usado pelo candidato na campanha; remuneração, alimentação e hospedagem do condutor do veículo a que se refere a alínea "a" deste parágrafo; alimentação e hospedagem própria; uso de linhas telefônicas registradas em seu nome como pessoa física, até o limite de três linhas.

l) Campanhas eleitorais por meio de *posts* impulsionados: Autorizou expressamente a veiculação de propaganda por meio do impulsionamento de conteúdos desde que haja identificação da contratação.

m) Multa em casos de realização de propaganda paga na internet: O divulgador e o beneficiado, se provado seu prévio conhecimento, estarão sujeitos à multa de R$5.000,00 (cinco mil) a R$30.000,00 (trinta mil reais) pela violação à regra que proíbe as propagandas pagas.

n) Especificações sobre a contratação do impulsionamento: Os *posts* só poderão ser utilizados para promover ou beneficiar os candidatos ou suas agremiações, não cabendo sua transmissão para aspectos negativos dos envolvidos.

o) Gastos eleitorais e atos na internet: As despesas com os anúncios veiculados na internet deverão integrar a prestação de contas, por se enquadrarem como gastos eleitorais.

p) Direito de resposta: Em casos de *posts* com impulsionamento de ofensas caberá o direito de resposta.

q) Impulsionamento e publicação de novos conteúdos no dia da eleição: Tais condutas configuram crime.

r) Propagandas na internet: As propagandas realizadas em *blogs*, rede sociais e aplicativos poderão ser realizadas por qualquer pessoa física, todavia, a contratação do impulsionamento apenas será permitida aos candidatos, aos partidos e às coligações; os conteúdos lançados na internet que violem a legislação eleitoral poderão sofrer suspensão de veiculação; o Tribunal Superior Eleitoral é o órgão responsável por regulamentar as regras de propaganda eleitoral pela internet.

s) Propagandas com bandeiras e adesivos: Não é autorizada a veiculação de material de propaganda eleitoral em bens públicos ou particulares, exceto: quando as bandeiras, dispostas nas vias públicas, sejam móveis e não atrapalhem a circulação de pessoas e veículos; e quando o adesivo plástico indexado em automóveis, caminhões, bicicletas, motocicletas e janelas residenciais não exceda a 0,5 m².

t) Propaganda com carro de som e minitrios: Só será permitida em carreatas, caminhadas e passeatas ou durante reuniões e comícios

u) Debates: A modificação provocou uma redução na exigência para participar dos debates. As emissoras são obrigadas a convidar todos os candidatos dos partidos que tenham representação no Congresso Nacional de, ao menos, 5 parlamentares.

v) Redução do tempo de propaganda eleitoral gratuita no segundo turno: Os blocos diários foram reduzidos em 10 minutos; o tempo das inserções diárias também teve redução (no primeiro turno a regra não mudou, no segundo turno o tempo passou a ser de 25 minutos por cada cargo em disputa).

w) Incentivo à participação dos jovens e negros nas políticas: Cabe ao TSE fomentar a participação das mulheres, dos jovens e dos negros na política.

Desta feita, a minirreforma de 2017 promoveu modificações importantes, acarretando novo direcionamento da legislação eleitoral.

Referências

AGRA, Walber de Moura. *Curso de direito constitucional.* 5. ed. Rio de Janeiro: Forense, 2009.

AGRA, Walber de Moura. *Republicanismo.* Porto Alegre: Livraria do Advogado, 2005.

AGRA, Walber de Moura; VELLOSO, Carlos Mário da Silva. *Elementos de direito eleitoral.* 2. ed. rev. atual. São Paulo: Saraiva, 2010.

BRASIL, Joaquim Francisco de Assis. *Ditadura, parlamentarismo, democracia.* Rio de Janeiro, 1927.

BUENO, José Antônio Pimenta. Do direito eleitoral, das eleições diretas, indiretas e da Elegibilidade. In: *Direito Público brasileiro e análise da Constituição do Império.* Rio de Janeiro: Ministério da Justiça e Negócios Interiores, 1958.

CÂNDIDO, Joel José. *Direito eleitoral brasileiro.* 12. ed. rev. e atual. com a Lei n. 11.300, de 10.5.2006. São Paulo: Edipro, 2006.

CÂNDIDO, Joel José. *Direito eleitoral brasileiro*. 14. ed. rev. atual. e ampl. São Paulo: Edipro, 2010.

CHAIA, Vera. A longa conquista do voto na história política brasileira. Disponível em: <http://www.pucsp.br/fundasp/textos/downloads/O_voto_no_Brasil.pdf>. Acesso em: 01 jan. 2018.

DALLARI, Dalmo de Abreu. *Elementos de teoria geral do Estado*. 19. ed. São Paulo: Saraiva, 1995.

FAORO, Raymundo. *Os donos do poder*: a formação do patronato político brasileiro. Rio de Janeiro: Globo.

FARIA, Antônio Bento de. *Repertório da Constituição nacional*: Lei de Segurança Nacional. Rio de Janeiro: F. Briguiet, 1935.

FERREIRA, Luiz Pinto. *Código Eleitoral comentado*. 5. ed. São Paulo: Saraiva, 1998.

FERREIRA, Manoel Rodrigues. *A evolução do sistema eleitoral brasileiro*. Brasília: Senado Federal, 2001.

GOMES, José Jairo. *Direito eleitoral*. 6. ed. rev. atual. ampl. São Paulo: Atlas, 2011.

LEÃO, Anis José. Virtudes e defeitos das novas leis eleitorais. In: ROCHA, Cármen Lúcia Antunes; VELLOSO, Carlos Mário da Silva (Org.). *Direito eleitoral*. Belo Horizonte: Del Rey, 1996.

NICOLAU, Jairo Marconi. *História do voto no Brasil*. Rio de Janeiro: Jorge Zahar, 2002.

ROCHA, Cármen Lúcia Antunes. Justiça Eleitoral e representação democrática. In: ROCHA, Cármen Lúcia Antunes; VELLOSO, Carlos Mário da Silva (Org.). *Direito eleitoral*. Belo Horizonte: Del Rey, 1996.

ROCHA, Cármen Lúcia Antunes; VELLOSO, Carlos Mário da Silva (Org.). *Direito eleitoral*. Belo Horizonte: Del Rey, 1996.

ROLLO, Alberto; BRAGA, Enir. *Comentários à Lei Eleitoral nº 9.504/97*. São Paulo: Fiuza, 1998.

SOUZA, Cláudio Roberto de. A reforma política, segundo Lima Barreto. Disponível em: <http://luisnassif.com/profiles/blogs/a-reforma-pol-tica-segundo-lima-barreto>. Acesso em: 11 set. 2011.

VELLOSO, Carlos Mário da Silva. A reforma eleitoral e os rumos da democracia no Brasil. In: ROCHA, Cármen Lúcia Antunes; VELLOSO, Carlos Mário da Silva (Org.). *Direito eleitoral*. Belo Horizonte: Del Rey, 1996.

A PANACEIA DOS SISTEMAS POLÍTICOS*

1 Democracia

A democracia, como acentuou Churchill, pode não ser o regime mais perfeito do mundo, entretanto, é melhor do que todos os outros, pois permite que uma população possa ser regida por aquelas autoridades que ela mesma escolheu. Como as decisões são formuladas por representantes escolhidos pelo próprio povo, teoricamente as políticas públicas são formuladas em prol do interesse da população.

O regime democrático, em maior ou menor intensidade, é o regime de governo praticado majoritariamente pela maior parte das nações ditas desenvolvidas. Por causa da participação popular, as decisões governamentais alcançam um grau muito maior de legitimidade, permitindo, teoricamente, uma fiscalização dos entes governamentais e uma seara maior de discussão para a tomada de decisões.[1] Dworkin assevera que uma democracia ideal seria aquela em que cada cidadão, de forma geral, tivesse igual influência na legislação produzida em seu país.[2]

Esse regime político possibilita uma zona de interação entre os órgãos de poder e a sociedade.[3] O relacionamento formado por apenas duas vias foi superado, o comportamento do cidadão não

---

* Originalmente publicado em: *Estudos Eleitorais*, v. 6, n. 1, p. 45-63, jan./abr. 2011.
[1] Não há democracia sem participação. De sorte que a participação aponta para as forças sociais que vitalizam a democracia e lhe assinam o grau de eficácia e legitimidade no quadro social das relações de poder, bem como a extensão e abrangência desse fenômeno político numa sociedade repartida em classes ou em distintas esferas e categorias de interesses (DWORKIN, Ronald. *O império do direito*. São Paulo: Martins Fontes, 1999, p. 51).
[2] DWORKIN, Ronald. *O império do direito*. São Paulo: Martins Fontes, 1999, p. 436.
[3] LIMA, Mantônio Mont'Alverne Barreto. Justiça constitucional e democracia: perspectivas para o papel do Poder Judiciário. *Revista da Procuradoria-Geral da República*, São Paulo, n. 8, jan./jun. 1996.

mais se resume a apenas aceitar as ordens estatais ou refutá-las.[4] Há um espaço para a construção conjunta entre os cidadãos e o Estado, que se desenvolve de acordo com a intensidade da evolução do regime democrático.

Norberto Bobbio nos ensina que a democracia deve ser entendida como contraposição a todas as formas de governo autocrático, sendo caracterizada por um conjunto de regras (primárias ou fundamentais) que estabelece quem está autorizado a tomar as decisões coletivas e com quais procedimentos.[5]

Hans Kelsen afirma que a característica essencial da democracia é a interferência popular nas decisões políticas dos governantes. Democracia, segundo o mestre vienense, não representa uma fórmula particular de sociedade ou concreta forma de vida, mas um tipo específico de procedimento em que a ordem social é criada e aplicada pelos que estão sujeitos a essa mesma ordem, com o objetivo de assegurar a liberdade política, entendida como autodeterminação.[6]

Neste ponto, cabe aduzir que, para a democracia ser um regime que corresponda aos anseios sociais, torna-se imperioso o exercício de uma força motriz. Em outras palavras, poderíamos expor que essa força vital é a soberania popular, ou seja, a manifestação de vontade do povo, concretizada na participação dos cidadãos nas decisões políticas de uma determinada sociedade.

Nossa forma de democracia é a indireta, haja vista que vivemos em um país de proporções continentais, com uma densidade populacional razoável. Essa forma de democracia tem como característica o fato de o povo não tomar as decisões políticas: elas são tomadas por representantes eleitos pela sociedade, para em seu nome e em "seu interesse" escolherem os caminhos que serão tomados. Em uma democracia representativa ou indireta existe a necessidade de haver eleições para escolher os mandatários que representarão a sociedade.[7] As eleições podem ser diretas –

---

[4] PRANDSTRALLER, Gran Paolo. *Valori e libertà*. Milano: Edizioni di Comunità, 1966, p. 50.
[5] BOBBIO, Norberto. *O futuro da democracia*: uma defesa das regras do jogo. 6. ed. São Paulo: Paz e Terra, 1994, p. 18.
[6] KELSEN, Hans. *A democracia*. 2. ed. São Paulo: Martins Fontes, 2000, p. 192, p. 192.
[7] SILVA, Luís Virgílio Afonso da. *Sistemas eleitorais*: tipos, efeitos jurídico-políticos e aplicação ao caso brasileiro. São Paulo: Malheiros, 1999, p. 30.

quando o povo escolhe sem intermediação seus representantes – ou indiretas – quando a população escolhe representantes e estes escolhem os mandatários populares.

A democracia semidireta ou participativa se caracteriza por ser uma democracia representativa, mas dotada de institutos jurídicos que permitem ao povo demonstrar seu posicionamento nos assuntos governamentais. No Brasil há instrumentos de democracia semidireta, por meio de institutos como o plebiscito, o referendo e a iniciativa popular, podendo ser utilizados pela União, pelos Estados-membros, pelos municípios e pelo Distrito Federal. As leis continuam a ser feitas pelos representantes, deputados e senadores, mas o povo é chamado a se posicionar acerca do seu apoio a determinada norma, pressionando o Legislativo para acatar a sua decisão.

Infelizmente, os institutos da democracia participativa são pouco utilizados, o que representa uma deficiência do nosso sistema político. A imprescindibilidade de uma reforma política reside no fato de necessitarmos incrementar os mecanismos de aferição da vontade popular, fazendo com que a atuação dos mandatários públicos se torne mais fidedigna com a vontade emergida da sociedade.

2 Reforma política

O étimo da palavra reforma significa as modificações normativas efetuadas em âmbito constitucional e infraconstitucional para se adequar às novas realidades fáticas, sem ensejar a realização de *gaps* entre a seara fática e a seara normativa. Ela se mostra como um instrumento bastante útil para sincronizar as normas jurídicas e atualizá-las conforme as novas demandas sociais, evitando a depreciação de sua eficácia.

Dentre as reformas que são acalentadas há muito tempo pelos legisladores, a política se mostra de uma pertinência inexcedível, pois pode servir como um instrumento propulsor para a consolidação de uma democracia participativa. Os escândalos que ocorreram no âmbito do Congresso Nacional correspondem a uma tradição negativa que vem assolando o parlamento brasileiro, o que faz com que haja uma consolidação da baixa credibilidade da atividade política.[8] Para tentar reverter esse quadro, uma maior participação dos cidadãos nos assuntos coletivos se configura quase como uma panaceia.

A reforma política representa uma das alterações constitucionais mais necessárias e prementes que o legislador ordinário brasileiro urge implementar. A moralização dos costumes políticos, o fortalecimento dos partidos e uma maior fidelidade à vontade popular são três cânones que devem nortear as especificações das alterações constitucionais e infraconstitucionais. Não obstante, ela também é uma das reformas mais difíceis, em razão de interferir no resultado das eleições e, consequentemente, no panorama político estabelecido.

A reforma política abrange todas as modificações realizadas nos institutos que auferem os ditames da soberania popular, reestruturando os seus mecanismos, no que representa muito mais do que uma alteração eleitoral, porque incide nas estruturas da própria representação de poder. Portanto, a reforma eleitoral se enquadra como uma das segmentações da reforma política, indo muito além dos seus limites.

Bobbio ensina que as pessoas são as suas virtudes e os seus defeitos e que nós não podemos achar, simplesmente, que os homens são capazes de resolver todos os problemas, baseados em uma retilineidade moral inexistente. Nem todos os homens são como Péricles, Catão, exemplos de um padrão de moralidade. Mas, por isso mesmo, o que devemos pensar é em fortalecer as instituições, porque os homens passam, mas as instituições ficam. Destarte, o grande desafio da reforma política é o fortalecimento das instituições,[9] retirando-lhe o seu traço personalista e reforçando a essência do Estado de Direito.[10]

Nesse prisma de se tentar modificar as instituições, uma das premências da reforma política é tentar conectar os mandatários à vontade emanada das ruas, isto é, ligar os representantes eleitos aos

---

[8] SANTOS, Antônio Augusto Mayer dos. *Reforma política:* inércia e controvérsias. Porto Alegre: AGE, 2009, p. 33.

[9] BOBBIO, Norberto. *Entre duas repúblicas*: as origens da democracia italiana. Tradução de Mabel Malheiros Bellati. Brasília: UnB, 2001.

[10] CANOTILHO, José Joaquim Gomes. *Estado de direito*. Lisboa: Gradiva, 1999, p. 56.

A PANACEIA DOS SISTEMAS POLÍTICOS | 73

interesses organizados da sociedade, fazendo que a classe política seja representante dos desígnios da população.

Carlos Maximiliano (2005) define o regime representativo como o modelo em que o povo não governa diretamente, como nas democracias gregas, mas delega poderes a representantes seus para fazerem ou executarem as leis. O autor lembra que a outorga de atribuições não é ilimitada e não admite sub-rogações nem substabelecimento.[11] Existem conceitos outros de representação, como o de Hermann Heller, que sustenta um caráter mais personalista e discricionário ao defender que ela representa a unidade de uma conexão de ação em uma pessoa concreta, em que as organizações seriam representadas por meio de cidadãos que personificariam esses órgãos.[12] Todavia, em pleno século XXI tais conceituações encontram-se superadas.

Os representantes devem, antes de qualquer coisa, ser mandados pelo povo no sentido de expor em seu lugar sua vontade. Por terem recebido da população o seu mandato, reside o poder legitimador das decisões, mas também o instrumento para analisar se elas estão em sincronia com a vontade dos representados.[13]

Pressupõe-se que este deve ser o cerne da reforma política, a busca pelo fortalecimento das instituições e não de seus protagonistas, porque estas ficam e os seus agentes se esvaem. O fortalecimento das instituições configura-se um instrumento hábil na luta diuturna pelo aperfeiçoamento da democracia, proporcionando mecanismos eficientes para que todo cidadão possa exercer sua cidadania, decidindo o itinerário político que deva ser percorrido pela *polis*. Assim, para melhor atrelar a vontade dos representantes políticos à população, uma reanálise dos sistemas eleitorais pode entabular algumas diretrizes para o aperfeiçoamento democrático.

Por hipótese alguma seu resultado será nulo na composição das forças políticas. Suas consequências sempre serão marcantes, pois,

---

[11] SANTOS, Carlos Maximiliano Pereira dos. *Comentários à Constituição brasileira de 1891.* Brasília: Senado Federal, 2005, p. 129.

[12] HELLER, Hermann. *Teoría del Estado.* Tradução de Luis Tobio. México: Fundo de Cultura Económica, 1998, p. 359.

[13] ZIPPELIUS, Reinhold. *Teoria geral do Estado.* Tradução de Karin Praefke-Aires Coutinho. 3. ed. Lisboa: Fundação Calouste Gulbenkian, 1997, p. 238.

por exemplo, pode fortalecer as forças majoritárias ou minoritárias, os grandes ou pequenos partidos, restringir o uso do poder econômico, etc. Mais latente ainda serão seus efeitos quando as discussões versarem sobre a mudança do sistema eleitoral, o que enseja uma modificação na forma como os representantes são eleitos. Precisa-se ter bastante atenção para que a reforma política não seja configurada como uma solução miraculosa para os males que afetam o sistema político brasileiro, como se ela pudesse expurgar todas as mazelas políticas e sociais, fazendo com que o abuso dos poderes econômico, político e midiático fosse eliminado da sociedade. Não é nada disso, contudo, ela pode ser um instrumento imprescindível para o aperfeiçoamento das nossas instituições, fazendo com que as políticas públicas realizadas estejam voltadas à maioria da população.

3 Sistema eleitoral

Luís Virgílio Afonso da Silva explica que a problemática em conceituar o sistema eleitoral são as definições muito amplas, provocando a inclusão de todo o Direito Eleitoral no estudo dos sistemas eleitorais. Porém, adverte que problema maior advém de conceituações muito estritas, que ocorrem mais frequentemente e acarretam maiores problemas de compreensão da sistemática eleitoral e, principalmente, de conceituação e avaliação de resultados.[14]

Segundo Pinto Ferreira (1975), sistema eleitoral é o conjunto de processos mediante o qual o povo escolhe os seus governantes.[15] Para Vitali Latov (1975) é o conjunto das modalidades jurídicas que regulamenta a eleição dos órgãos do poder do Estado, a organização e execução do voto e a determinação de seus resultados.[16] Os sistemas eleitorais são conjuntos de leis e regras

---

[14] SILVA, Luís Virgílio Afonso da. *Sistemas eleitorais*: tipos, efeitos jurídico-políticos e aplicação ao caso brasileiro. São Paulo: Malheiros, 1999, p. 35.

[15] FERREIRA, Pinto. *Teoria geral do Estado*. 3. ed. São Paulo: Saraiva, 1975, p. 633.

[16] LATOV, Vitali. *O sistema eleitoral soviético*. Lisboa: Estampa, 1975, p. 31.

A PANACEIA DOS SISTEMAS POLÍTICOS | 75

partidárias que regulam a competição eleitoral entre os partidos e no interior deles, dividindo-se em suas dimensões interpartidária e intrapartidária.[17]

Segundo José Antônio Giusti (1975) sistemas eleitorais são construtos técnico-institucional-legais instrumentalmente subordinados, de um lado, à realização de uma concepção particular da representação política e, de outro, à consecução de propósitos estratégicos específicos, concernentes ao sistema partidário, à competição partidária pela representação parlamentar e pelo governo, à constituição, ao funcionamento, à coerência, à coesão, à estabilidade, à continuidade e à alternância dos governos, ao consenso público e à integração do sistema político.[18]

O sistema eleitoral é uma especificidade da reforma política porque ele enfoca todos os procedimentos voltados para a normatização das eleições, modelando como a manifestação popular traduzida nas votações formará os mandatários públicos. Abrange os procedimentos inerentes às eleições e à formação dos representantes populares. Já a reforma política se configura muito mais ampla porque regulamenta, além das eleições e da composição parlamentar, a estruturação do próprio poder.

A definição de sistema eleitoral se configura muito complexa, em decorrência de sua extensão conceitual, pois institui as maneiras pelas quais a cidadania intervém no poder político, delineando os mecanismos que conduzirão as diretrizes da soberania popular. Ele se configura como o sistema pelo qual a manifestação de vontade dos eleitores será expressa e como os mandatários populares serão escolhidos.

Na realidade brasileira, em que o gerenciamento e a regulamentação prática das eleições se encontram ao alvedrio da Justiça Eleitoral, ele começa com o alistamento, passa pelo registro de candidatos, regulamenta o pleito eleitoral e se estende até a diplomação. Cada uma dessas fases se reveste de grande importância, já que práticas não recomendáveis podem fraudar a vontade popular.

---

[17] KLEIN, Cristian. *O desafio da reforma política*: consequência dos sistemas eleitorais abertas e fechada. Rio de Janeiro: Mauad X, 2007, p. 23-24.

[18] TAVARES, José Antônio Giusti. *Sistemas eleitorais nas democracias contemporâneas*. Rio de Janeiro: Relume-Dumará, 1994, p. 17.

A nitidez que reveste o sistema eleitoral propicia um maior ou menor incentivo às decisões democráticas, podendo, inclusive, servir como instrumento de uma democracia simbólica, em que os donos do poder utilizam as eleições como apanágios para a manutenção do seu poder real na sociedade. Sua utilização tergiversa pode propiciar o *gerrymandering*, em que se distribuem as circunscrições eleitorais com a finalidade exclusiva de se atender a alguns interesses políticos, sem delimitá-las de forma técnica e imparcial.[19] Sua estruturação também pode acarretar o *malapportionment*, que significa a desproporcionalidade de peso entre as diversas circunscrições eleitorais.

A importância direcionada ao sistema eleitoral brasileiro tem as finalidades precípuas de analisar alguns conceitos que a ele são pertinentes e tentar verificar suas consequências à realidade nacional. Neste escopo será analisado o sistema majoritário e o proporcional, bem como algumas derivações deste último.

4 Sistema majoritário

O sistema majoritário é o mais antigo. Nele, será eleito o candidato que obtiver o maior número de votos (maioria simples ou absoluta), ou seja, apenas serão eleitos os candidatos que obtiverem um maior número de votos, sendo um reflexo de sua supremacia eleitoral, o que exclui da representação política aqueles que não angariaram número suficiente de votos, ainda que tenham sido derrotados por uma diferença mínima de votos.[20]

A lógica desse sistema é apenas garantir representação ao partido ou candidato que tenha o maior número de votos, fazendo com que esta expressão popular sintetize a vontade da maioria, sendo o princípio majoritário a base do regime democrático. Nesse diapasão, o mencionado princípio alicerçaria a Constituição, constituindo a ligação com a soberania popular.[21]

---

[19] REDISTRICTING. Disponível em: <http://www.fairvote.org/redistricting>. Acesso em: 1º maio 2011.

[20] MALUF, Sahid. *Teoria geral do Estado*. São Paulo: Saraiva, 1995, p. 219.

[21] TOCQUEVILLE, Alexis. *La democrazia in America*. Milano: Rizzoli, 1999, p. 257.

O sistema majoritário pode ser puro ou simples ou majoritário em dois turnos. No primeiro, o candidato que alcançar o maior número de votos, independentemente de ter conseguido a maioria será eleito. No segundo, apenas será eleito o candidato que alcançar determinado quórum; se ele não conseguir na primeira votação, realizar-se-á outra, com a participação dos dois candidatos mais votados para auferir o vencedor.[22] Ele pode ser realizado igualmente em circunscrições uninominais, em que apenas um candidato pode ser eleito, o que obtiver o maior número de votos, ou em circunscrições plurinominais, em que os candidatos mais votados serão eleitos.

Os defensores do sistema majoritário advogam a tese que ele possui uma maior densidade de legitimação social porque está amparado no princípio majoritário, permitindo que aqueles candidatos que conseguiram galvanizar melhor a atenção dos eleitores consigam sua representação popular, sem permitir que cidadãos que conseguiram um menor número de votos possam exercer mandatos públicos.

A grande crítica que se faz com relação a esse sistema é que os votos dados aos outros candidatos ficam destituídos de importância. Infelizmente, ele deixa sem representação a minoria, que, de forma alguma, pode ser excluída do processo político. Aquelas forças políticas que não obtiveram sucesso no procedimento político não podem ser alijadas das decisões. As minorias exercem um papel imprescindível na vida pública na formação da oposição que deve fiscalizar os atos governamentais e criticar a realização das ações governamentais. A extinção da minoria representa um golpe fatal no regime democrático, que não pode existir sem a dialética das posições políticas.

Outrossim, a representação majoritária obtida, se houver uma eleição com muitos partidos ou candidatos disputando, não seria a emanação da maioria da população, podendo o vencedor ser eleito sem obter a maioria.[23] Para se evitar que uma minoria possa ganhar

---

[22] PEDRA, Adriano Sant'Ana. Sistema eleitoral e democracia representativa. In: AGRA, Walber de Moura; CASTRO, Celso Luiz Braga de; TAVARES, André Ramos. *Constitucionalismo*: os desafios no terceiro milênio. Belo Horizonte: Fórum, 2008, p. 23-25.

[23] DALLARI, Dalmo de Abreu. *Elementos de teoria geral do Estado*. 19. ed. São Paulo: Saraiva, 1995, p. 163.

um pleito dessa forma, sem uma densidade forte, é que se criou o sistema majoritário em duplo turno.

Conceber o princípio majoritário de forma absoluta seria estabelecer a tirania do vulgo ignaro, a supremacia das multidões, no dizer de Alfredo Varela,[24] ou seja, a maioria pode ter sido auferida através da compra de voto dos hipossuficientes, deixando de lado os anseios das parcelas organizadas da sociedade que, infelizmente, são ainda minoria. Também influem para sua flexibilização muitas decisões da jurisdição constitucional, pululantes em diversos países, em que a vontade da maioria cede lugar à proteção dos direitos humanos das minorias.[25]

Como ilação pode-se chegar à constatação de que o princípio majoritário é importante para se aferir a vontade popular, mas não pode ser confundido com o apogeu do regime democrático.

5 Sistema proporcional

Em solo europeu, o sistema proporcional foi estabelecido na Bélgica, em 1899, depois na Suécia e na Bulgária, em 1909. Tornou-se o sistema prevalecente na maioria dos países da Europa Ocidental depois da I Guerra Mundial.[26] Parte-se do fator teleológico de se estabelecer um elo de sincronia entre os candidatos eleitos, possibilitando que cada grupo social tenha uma devida representação conforme sua força política. Segundo Pinto Ferreira o sistema de representação proporcional tem a missão de assegurar aos diferentes partidos no Parlamento uma representação correspondente à força

---

[24] VARELA, Alfredo. *Direito constitucional brasileiro*. Brasília: Senado Federal, 2002, p. 154.

[25] "A relação do princípio da maioria com o princípio da constitucionalidade é essencialmente ambivalente. Por um lado, o princípio da inconstitucionalidade é, obviamente, um limite do princípio da maioria, isto é, da maioria legiferante ordinária; por outro lado, porém, o princípio da constitucionalidade também é ele mesmo expressão do princípio da maioria, ou seja, da maioria fundante e constituinte da comunidade política. Daí que a função da jurisdição constitucional de fazer prevalecer a Constituição contra a maioria legiferante arranca essencialmente da consideração de que a justiça constitucional visa adjudicar o conflito entre duas legitimidades, de um lado, a legitimidade prioritária da lei fundamental e, do outro lado, a legitimidade derivada do legislador ordinário" (VITAL MOREIRA. Princípio da maioria e princípio da constitucionalidade: legitimidade e limites da justiça constitucional. In: *Legitimidade e legitimação da justiça constitucional*, p. 192-193).

[26] PAUPÉRIO, A. Machado. *Teoria geral do Estado*. Rio de Janeiro: Forense, 1979, p. 237.

numérica de cada um, objetivando fazer desse órgão legislativo um espelho tão fiel quanto possível do colorido partidário nacional.[27] Esse sistema possibilita que o número de vagas da representação popular seja preenchido de acordo com o número de votos recebidos pelos candidatos ou partidos através da aferição de determinados quocientes. Dessa forma, as minorias podem ter representação no parlamento em razão de que não são os candidatos mais votados que assumem mandatos, mas sim aqueles que atingem quocientes estipulados.[28]

A *Lex Mater* assegurou que as eleições dos deputados federais, dos deputados estaduais e dos vereadores efetivar-se-ão pelo critério proporcional. Por outro lado, as eleições dos chefes do Executivo e do Senado Federal realizar-se-ão pelo sistema majoritário.

Ele pode ser especificado de várias maneiras, dependendo do contexto político.[29] O sistema proporcional pode ser distrital puro ou misto, realizado em lista aberta ou fechada, etc.

O principal objetivo do sistema proporcional, independentemente da maneira como ele tenha sido implementado, configura-se em refletir, por intermédio de representação parlamentar, todos os interesses grassantes na sociedade, representando no parlamento todas as colorações políticas da sociedade. É o sistema em que há uma possibilidade maior de fragmentação de poder, permitindo a representação das mais variadas forças políticas, desde que elas obtenham um número mínimo de voto.

Esse contexto forcejado pelo sistema proporcional o leva a ser alvo de críticas. Um sistema eleitoral que tenha como condição para eleição dos mandatários a quantidade de votos dados aos candidatos, com a quantidade de votos dados ao partido, certamente acarretará o surgimento de vários partidos, sem se importar com o respeito de determinada ideologia política.[30] Também lhe

---

[27] FERREIRA, Pinto. *Código Eleitoral comentado*. 4. ed. São Paulo: Saraiva, 1997, p. 169.

[28] Interessante que a regulamentação do art. 34, da Constituição de 1891, que dentre seus múltiplos conteúdos tratava da eleição para cargos federais, mencionava expressamente o direito de representação das minorias (CAVALCANTI, João Barbalho Uchôa. *Constituição Federal brasileira de 1891 comentada*. Brasília: Senado Federal, 2002, p. 105).

[29] MALUF, Sahid. *Teoria geral do Estado*. São Paulo: Saraiva, 1995, p. 220.

[30] KNOERR, Fernando Gustavo. *Bases e perspectivas da reforma política brasileira*. Belo Horizonte: Fórum, 2009, p. 139.

imputa a alegação de que dilui a responsabilidade governamental e produz uma redução em sua competência pela divisão partidária, em virtude da composição bastante fragmentária das diversas forças políticas.[31]

Por outro lado, dependendo da delimitação das circunscrições eleitorais, podem-se privilegiar determinadas forças políticas em detrimento de outras. A circunscrição eleitoral designa uma zona ou certa etnia populacional que comina quantos serão os mandatários eleitos e quantos votos serão necessários para esta eleição.

A priori, pode-se afirmar que o sistema proporcional é mais benéfico porque facilita a representação da minoria, todavia, suas consequências, em decorrência da realidade enfocada, podem ser perniciosas.

6 Sistema de voto distrital

O sistema do voto distrital misto tem um maior reflexo por ter sido implantado na Alemanha, após o término da II Guerra Mundial. A experiência brasileira com o voto distrital aconteceu durante o Império, através da Lei nº 842, conhecida como "Lei dos Círculos". Nessa época, a legislação pátria dividia as províncias do império em denominados círculos eleitorais. Cada círculo poderia eleger apenas um candidato.[32]

A segunda experiência ocorreu durante a República Velha, em 1904, através da Lei Rosa e Silva, onde devido às inúmeras fraudes e corriqueiras denúncias, cada província ou distrito passou a poder dispor de até cinco candidatos e até três poderiam ser eleitos.

Esse sistema persistiu até a Revolução de 1930, liderada por Getúlio Vargas, que pôs fim à República Velha, instituindo o governo provisório e alterando invariavelmente todo o sistema eleitoral. Nesse passo, em 1932, com o surgimento do primeiro Código Eleitoral Brasileiro, instaurou-se novamente o voto proporcional.

---

[31] DALLARI, Dalmo de Abreu. *Elementos de teoria geral do Estado*. 19. ed. São Paulo: Saraiva, 1995, p. 163-164.

[32] BONAVOLONTÁ, Marcos. Voto distrital no Brasil. *Jus Navigandi*, Teresina, ano 15, n. 2517, 23 maio 2010. Disponível em: <http://jus.uol.com.br/revista/texto/14909>. Acesso em: 12 abr. 2011.

O sistema distrital pode ser puro ou misto. O primeiro acontece quando o cidadão vota em apenas um candidato de sua circunscrição. O segundo ocorre quando cada eleitor vota em um candidato de sua circunscrição e em outro que represente uma abrangência maior. Apesar de o sistema distrital fortalecer o elo entre governantes e governados, ele configura-se como um óbice para a densificação da consciência sociopolítica, estimulando a prática do clientelismo e a compra de votos, ao passo que as ações do "candidato eleito" são direcionadas apenas ao grupo social que o elegeu, fortalecendo uma política extremamente regionalista, desigualitária e estimulando a permanência de coronéis locais, tornando as eleições uma verdadeira mercancia de votos, onde o interesse público é apenas um arcabouço retórico.

Partindo dessas premissas, pode-se asseverar, tendo em consideração o hodierno estágio de desenvolvimento econômico e político do Brasil, que talvez o voto distrital não contribua para o fortalecimento da democracia. De modo que poderá ser instrumento para o aumento das desigualdades locais, uma vez que elites mais atrasadas assumiriam o controle dos recursos públicos, sem a intenção de estabelecer políticas de desenvolvimento em razão de que essas ações diminuiriam o clientelismo e, em decorrência, o poder das elites locais.

Em um mundo globalizado não se justifica mais o voto distrital, já que as peculiaridades locais devem ceder espaço às premissas genéricas da sociedade. Em comunidades que anseiam cada vez mais por políticas públicas que acabem com os desníveis regionais e em espaços geográficos que são cada vez mais encurtados pelo desenvolvimento dos meios de transportes, falar em voto distrital chega a ser um anacronismo.

7 Voto proporcional em lista fechada *versus* lista aberta

O modelo brasileiro agasalhou desde 1946 o sistema de representação proporcional de lista aberta para eleger deputados e vereadores.[33]

---

[33] FLEISCHER, David. Análise política das perspectivas da reforma política no Brasil, 2005-2006. In: *Reforma política*: agora vai? Rio de Janeiro: Fundação Konrad Adenauer, 2005, p. 15.

O modelo de voto em lista fechada, por sua vez, é acolhido na maior parte dos países que têm o parlamentarismo como forma de governo. Nesse modelo, os partidos políticos deliberam anteriormente às eleições uma lista fechada de candidatos, escalonados em certa sequência, restando ao eleitorado votar na legenda do partido e não diretamente em seu candidato.

O modelo de voto proporcional com lista fechada é uma modalidade para eleições de parlamentares (deputados estaduais, federais e vereadores), sendo despiciendo imaginá-lo como modelo no sistema eleitoral majoritário em virtude de não haver uma multiplicidade de candidatos de um mesmo partido ou coligação. Ele possibilita uma maior identificação do eleitor ao partido, mitigando o excesso de individualismo nas eleições, reforçando o papel que a ideologia partidária deve ocupar nas estruturas associativas.

Já no modelo de voto em lista aberta, os partidos deliberam os nomes dos candidatos e o eleitor tem maior poder de decisão porque poderá votar tanto diretamente no seu candidato específico quanto na legenda do partido propriamente dita.

Nesse modelo, o eleitorado possui maior poder discricionário de escolha, posto que a ordem dos candidatos é determinada pelos próprios eleitores e não pelo partido, ou seja, os candidatos que receberem mais votos "individualmente" serão os primeiros da lista de cada partido e terão mais possibilidades de serem eleitos. Os votos recebidos por todos os candidatos das listas serão somados para definição dos quocientes exigidos.

A desvantagem desse modelo é que ele forceja uma disputa entre os candidatos de um mesmo partido, sem contribuir para a sedimentação dos programas partidários. Por conseguinte, os eleitores que desconhecem o sistema eleitoral nacional votam diretamente naquela celebridade, por tudo que ela representa ou representou, dando ensejo ao voto por base na afinidade ou simpatia, valorizando o voto pessoal e depreciando as instituições políticas. O sistema proporcional em lista aberta estimula a prática do clientelismo e da mercancia de votos, permitindo que candidatos sem vivência partidária, apenas por terem obtido certa notoriedade, possam ser eleitos, até mesmo realizando uma concorrência desleal com candidatos de seu próprio partido.

A vantagem do sistema de lista fechada é que ele propicia, inexoravelmente, um fortalecimento dos partidos políticos, diminuindo o personalismo e reforçando a vida partidária. A desvantagem é que esse fortalecimento partidário pode ensejar uma "ditadura partidária", retirando o poder de escolha dos cidadãos e colocando-o nas mãos das instâncias partidárias. Algumas perguntas revelam problemas contundentes desse sistema: quem elaborará as mencionadas listas? Quais métodos serão utilizados? Haverá uma renovação dos candidatos ou ocorrerá um fortalecimento dos velhos caciques de nossa história política?

Conclusão

Sem sombra de dúvida que a reforma política se constitui em uma tarefa urgente da sociedade brasileira. Com efeito, a coletividade tem que aprimorar os mecanismos de escolha, representação e realização de políticas públicas se quiser ultrapassar a infâmia da pobreza absoluta que ainda assola muitos concidadãos. Infelizmente, sob pena de sua instrumentalização retórica, pode-se lhe imputar o imaginário do nirvana transcendental. Enquanto muitos cidadãos permanecerem na miséria, sem escolaridade, emprego ou condições condignas de sobrevivência, a utilização do abuso do poder político e econômico será uma constante. Não há sistemas eleitorais perfeitos. A sublimação moral da cidadania apenas pode ser aprimorada com a mitigação do analfabetismo político, que, segundo Bertolt Brecht, não ouve, não sente e não vê absolutamente nada.

Referências

BOBBIO, Norberto. *Entre duas repúblicas*: as origens da democracia italiana. Tradução de Mabel Malheiros Bellati. Brasília: UnB, 2001.

BOBBIO, Norberto. *O futuro da democracia*: uma defesa das regras do jogo. 6. ed. São Paulo: Paz e Terra, 1994.

BONAVIDES, Paulo. *Teoria constitucional da democracia participativa*. São Paulo: Malheiros, 2001.

BONAVOLONTÁ, Marcos. Voto distrital no Brasil. *Jus Navigandi*, Teresina, ano 15, n. 2517, 23 maio 2010. Disponível em: <http://jus.uol.com.br/revista/texto/14909>. Acesso em: 12 abr. 2011.

CANOTILHO, José Joaquim Gomes. *Estado de direito*. Lisboa: Gradiva, 1999.

CAVALCANTI, João Barbalho Uchôa. *Constituição Federal brasileira de 1891 comentada*. Brasília: Senado Federal, 2002.

DALLARI, Dalmo de Abreu. *Elementos de teoria geral do Estado*. 19. ed. São Paulo: Saraiva, 1995.

DWORKIN, Ronald. *O império do direito*. São Paulo: Martins Fontes, 1999.

FERREIRA, Pinto. *Código Eleitoral comentado*. 4. ed. São Paulo: Saraiva, 1997.

FERREIRA, Pinto. *Teoria geral do Estado*. 3. ed. São Paulo: Saraiva, 1975.

FLEISCHER, David. Análise política das perspectivas da reforma política no Brasil, 2005-2006. In: *Reforma política*: agora vai? Rio de Janeiro: Fundação Konrad Adenauer, 2005.

HELLER, Hermann. *Teoría del Estado*. Tradução de Luis Tobio. México: Fundo de Cultura Económica, 1998.

KELSEN, Hans. *A democracia*. 2. ed. São Paulo: Martins Fontes, 2000, p. 192.

KLEIN, Cristian. *O desafio da reforma política*: consequência dos sistemas eleitorais abertas e fechada. Rio de Janeiro: Mauad X, 2007.

KNOERR, Fernando Gustavo. *Bases e perspectivas da reforma política brasileira*. Belo Horizonte: Fórum, 2009.

LATOV, Vitali. *O sistema eleitoral soviético*. Lisboa: Estampa, 1975.

LIMA, Mantônio Mont'Alverne Barreto. justiça constitucional e democracia: perspectivas para o papel do Poder Judiciário. *Revista da Procuradoria-Geral da República*, São Paulo, n. 8, jan./jun. 1996.

MALUF, Sahid. *Teoria geral do Estado*. São Paulo: Saraiva, 1995.

MOREIRA, Vital. Princípio da maioria e princípio da constitucionalidade: legitimidade e limites da justiça constitucional. In: *Legitimidade e legitimação da justiça constitucional*. Coimbra: Coimbra Ed., 1995.

PAUPÉRIO, A. Machado. *Teoria geral do Estado*. Rio de Janeiro: Forense, 1979.

PEDRA, Adriano Sant'Ana. Sistema eleitoral e democracia representativa. In: AGRA, Walber de Moura; CASTRO, Celso Luiz Braga de; TAVARES, André Ramos. *Constitucionalismo*: os desafios no terceiro milênio. Belo Horizonte: Fórum, 2008.

PRANDSTRALLER, Gran Paolo. *Valori e libertà*. Milano: Edizioni di Comunità, 1966.

REDISTRICTING. Disponível em: <http://www.fairvote.org/redistricting>. Acesso em: 1º maio 2011.

SANTOS, Antônio Augusto Mayer dos. *Reforma política*: inércia e controvérsias. Porto Alegre: AGE, 2009.

SANTOS, Carlos Maximiliano Pereira dos. *Comentários à Constituição brasileira de 1891*. Brasília: Senado Federal, 2005.

SILVA, Luís Virgílio Afonso da. *Sistemas eleitorais*: tipos, efeitos jurídico-políticos e aplicação ao caso brasileiro. São Paulo: Malheiros, 1999.

A PANACEIA DOS SISTEMAS POLÍTICOS | 85

TAVARES, José Antônio Giusti. *Sistemas eleitorais nas democracias contemporâneas*. Rio de Janeiro: Relume-Dumará, 1994.

TOCQUEVILLE, Alexis. *La democrazia in America*. Milano: Rizzoli, 1999.

VARELA, Alfredo. *Direito constitucional brasileiro*. Brasília: Senado Federal, 2002.

VITAL MOREIRA. Princípio da maioria e princípio da constitucionalidade: legitimidade e limites da justiça constitucional. In: *Legitimidade e legitimação da justiça constitucional*, p. 192-193.

ZIPPELIUS, Reinhold. *Teoria geral do Estado*. Tradução de Karin Praefke-Aires Coutinho. 3. ed. Lisboa: Fundação Calouste Gulbenkian, 1997.

FINANCIAMENTO DE CAMPANHA E PRESTAÇÃO DE CONTAS[*]

1 Financiamento de campanha. Doações e contribuições de campanha.

O financiamento de campanha se configura um tema candente na maioria dos regimes democráticos, consistindo no debate sobre quais são as fontes financeiras possíveis de suportar os gastos dos pleitos eleitorais. Os custos de uma campanha são deveras altos, e aumentam com a elevação do número de eleitores.

A predominância do sistema de financiamento privado, principalmente por pessoas jurídicas, até 2015 fez com que os detentores do poder econômico tivessem vantagem nas eleições, tornando o sistema eleitoral extremamente desigual, haja vista ter privilegiado os cidadãos que dispõem de fontes de financiamento em detrimento daqueles que não possuem condições financeiras suficientes.

A utilização do fundo partidário, em que foi constituída uma receita para o financiamento dos partidos políticos, não supre as necessidades básicas de manutenção financeira dos partidos e muito menos possibilita suportar os gastos de campanha. Setores da sociedade clamam para o financiamento estatal das eleições, enquanto outros afirmam que se configura um custo muito alto, havendo outras obrigações prementes para os órgãos estatais se preocuparem.

Para evitar a influência deletéria das fontes de financiamento das campanhas eleitorais, o legislador instituiu algumas disposições normativas com o escopo de dar maior transparência à sua prestação.

---

[*] Versão atualizada do artigo originalmente publicado em: *Estudos Eleitorais*, v. 5, n. 2, p. 9-24, maio/ago. 2010.

Assim, os recursos para o financiamento das campanhas políticas podem provir das seguintes fontes (art. 17 da Resolução de nº 23.553/2018):

I – recursos próprios dos candidatos;

II – doações financeiras ou estimáveis em dinheiro de pessoas físicas;

III–doações de outros partidos políticos e de outros candidatos;

IV–comercialização de bens e/ou serviços ou promoção de eventos de arrecadação realizados diretamente pelo candidato ou pelo partido político;

V – recursos próprios dos partidos políticos, desde que identificada a sua origem;

VI–rendimentos gerados pela aplicação de suas disponibilidades.

Com efeito, é necessário que esses recursos próprios dos partidos políticos sejam provenientes do Fundo Especial de Financiamento de Campanhas (FECF), específico para financiar as atividades das campanhas eleitorais, constituído em ano eleitoral por dotações orçamentárias da União;[1] do Fundo Partidário; das doações de pessoas físicas efetuadas aos partidos políticos; das contribuições dos seus filiados; da comercialização de bens, serviços ou promoção de eventos de arrecadação; de rendimentos decorrentes da locação de bens próprios dos partidos políticos.

Da mesma forma, é bom recordar que a partir da Reforma Eleitoral de 2017 foram permitidas doações que possam ser feitas por meio de instituições que promovam técnicas e serviços de financiamento coletivo por meio de sítios na internet, aplicativos eletrônicos e outros recursos similares, o chamado *Crowdfunding* ou "Vaquinhas".[2]

---

[1] Art. 16-C da Lei nº 9.504/97: O Fundo Especial de Financiamento de Campanha (FEFC) é constituído por dotações orçamentárias da União em ano eleitoral, em valor ao menos equivalente: I – ao definido pelo Tribunal Superior Eleitoral, a cada eleição, com base nos parâmetros definidos em lei; II – a 30% (trinta por cento) dos recursos da reserva específica de que trata o inciso II do §3º do art. 12 da Lei nº 13.473, de 8 de agosto de 2017.

[2] Art. 23 da Lei nº 9.504/97, §4º: As doações de recursos financeiros somente poderão ser efetuadas (...) por meio de: IV – instituições que promovam técnicas e serviços de financiamento coletivo por meio de sítios na internet, aplicativos eletrônicos e outros recursos similares, que deverão atender aos seguintes requisitos: b) identificação

Importa registrar que as doações de pessoas físicas e a utilização de recursos próprios somente poderão ser realizadas, inclusive, pela internet, por meio de transação bancária na qual o CPF do doador seja obrigatoriamente identificado. No mesmo sentido, a doação ou cessão temporária de bens e/ou serviços estimáveis em dinheiro deverá ser feita com a demonstração de que o doador é proprietário do bem ou é o responsável direto pela prestação de serviços.

Outrossim, as doações de pessoas físicas também poderão acontecer por meio de instituições que promovam técnicas e serviços de financiamento coletivo por meio de sítios da internet, aplicativos eletrônicos e outros recursos similares. No entanto, não foi permitido o uso de moedas virtuais para o recebimento de doações financeiras.

Destaca-se que as doações de recursos financeiros, dentre outras possibilidades, também poderão ser feitas por meio de mecanismo disponível em sítio do candidato, partido ou coligação na internet, permitindo inclusive o uso de cartão de crédito, e que deverá atender aos seguintes requisitos: identificação do doador e emissão obrigatória de recibo eleitoral para cada doação realizada.[3]

Na hipótese de doações realizadas por meio da internet, as fraudes ou erros cometidos pelo doador sem conhecimento dos candidatos, partidos ou coligações não ensejam a responsabilidade destes nem a rejeição de suas contas eleitorais. Essa especificação protege os candidatos e os partidos contra possíveis fraudes praticadas por terceiros, com o intuito de lhes prejudicar, inclusive provocando a rejeição de suas contas eleitorais. Assim, somente são por elas responsabilizados os doadores que as realizaram. Os candidatos e partidos políticos só são responsabilizados se participaram de alguma forma, ou delas tiveram conhecimento.

No tocante ao estabelecimento de contornos para o quantitativo doado, tem-se que o limite máximo previsto para contribuição de pessoa física é de dez por cento dos rendimentos brutos, auferidos no ano anterior ao da eleição. No entanto, esse limite não se aplica caso o valor da doação seja relativa à utilização

---

obrigatória, com o nome completo e o número de inscrição no Cadastro de Pessoas Físicas (CPF) de cada um dos doadores e das quantias doadas (...).

[3] Art. 23, III, da Lei nº 9.504/97.

de bens móveis ou imóveis – de propriedade do doador – desde que não ultrapasse quarenta mil reais.

Em suma, esse caso não possui como parâmetro o valor de dez por cento dos rendimentos brutos. Ao acrescentar essa nova regra, o legislador cometeu um equívoco, quando se referiu ao valor da doação, que não deveria ultrapassar R$40.000,00 (quarenta mil reais), porque, em verdade, não se trata do instituto jurídico da doação, mas sim de comodato não oneroso, haja vista que se refere ao uso de propriedade móvel ou imóvel do doador, e que depois lhe será devolvida.

As doações estimáveis em dinheiro a candidato específico, comitê ou partido deverão ser feitas mediante recibo, assinado pelo doador, exceto a cessão de bens móveis, limitada ao valor de R$ 4.000,00 (quatro mil reais) por pessoa cedente; doações estimáveis em dinheiro entre candidatos ou partidos, decorrentes do uso comum tanto de sedes quanto de materiais de propaganda eleitoral, cujo gasto deverá ser registrado na prestação de contas do responsável pelo pagamento da despesa; a cessão de automóvel de propriedade do candidato, do cônjuge e de seus parentes até o terceiro grau para seu uso pessoal durante a campanha.[4]Como forma de fiscalização dos recursos de campanha, os candidatos deverão imprimir recibos eleitorais diretamente do Sistema de Prestação de Contas Eleitorais (SPCE) (art. 9º, §2º, da Resolução de nº 23.553/2018). O Tribunal Superior Eleitoral cuidou ainda de fixar período determinado para arrecadação das doações até a data das eleições, inclusive no caso de segundo turno (art. 35, Resolução nº 23.533/2018).

Todavia, permite a arrecadação de recurso após o término das eleições exclusivamente para a quitação de despesas já contraídas e não pagas até o dia da eleição, as quais deverão estar integralmente quitadas até a data da entrega da prestação de contas à Justiça Eleitoral (art. 35, §1º, Resolução nº 23.533/2018).

Sob pena de desaprovação das contas, a arrecadação de recursos e a realização de gastos eleitorais por candidatos, inclusive de seus vices e de seus suplentes, e partidos políticos, ainda que

---

[4] Art. 23, §2º, da Lei nº 9.540/97: As doações estimáveis em dinheiro a candidato específico, comitê ou partido deverão ser feitas mediante recibo, assinado pelo doador, exceto na hipótese prevista no §6º do art. 28.

estimáveis em dinheiro, só poderão ocorrer com o requerimento do registro de candidatura; inscrição no Cadastro Nacional da Pessoa Jurídica (CNPJ) e abertura de conta bancária específica destinada a registrar a movimentação financeira de campanha (art. 3º, Resolução nº 23.533/2018).

2 Limite de gastos

Os limites de gastos para cada eleição compreendem os gastos realizados pelo candidato e os efetuados por partido político que possam ser individualizados. A Lei nº 13.488 de 2017 estabeleceu que os limites de gastos de campanha serão definidos em lei e divulgados pelo Tribunal Superior Eleitoral. Então, a Resolução nº 23.533/2018 delineou o limite de gastos para cada cargo, com base, inclusive, no número de eleitores.

No caso de Presidente da República, por exemplo, em 2018, o limite de gastos de campanha de cada candidato será de R$70.000.000,00 (setenta milhões de reais). Na campanha para o segundo turno, se houver, o limite de gastos de cada candidato será de 50% (cinquenta por cento) desse valor.

Gastar recursos além dos limites estabelecidos sujeita os responsáveis ao pagamento de multa no valor equivalente a 100% (cem por cento) da quantia que exceder o limite estabelecido, a qual deverá ser recolhida no prazo de cinco dias úteis contados da intimação da decisão judicial, podendo os responsáveis responder ainda por abuso do poder econômico, na forma do art. 22 da Lei Complementar nº 64/1990, sem prejuízo de outras sanções cabíveis (Lei nº 9.504/1997, art. 18-B).

Importa lembrar que a qualquer pessoa é facultado realizar gastos em apoio a candidato de sua preferência, até o valor de R$1.064,10 (mil e sessenta e quatro reais e dez centavos), não sujeitos à contabilização, desde que não reembolsados.

Ficam vedadas quaisquer doações em dinheiro, bem como de troféus, prêmios, ajudas de qualquer espécie feitas por candidato, entre o registro e a eleição, a pessoas físicas ou jurídicas (art. 23, §5º, LE). Quis-se obstaculizar que o candidato pudesse utilizar essas retribuições para a obtenção de recursos ou como ardil para burlar as normas pertinentes à prestação de contas. Essa restrição abrange relação com pessoas físicas ou jurídicas.

Nesse mesmo sentido, a Lei Eleitoral resolveu proibir o partido ou o candidato de receber direta ou indiretamente doação em dinheiro ou estimável em dinheiro, inclusive por meio de publicidade de qualquer espécie, procedente de:

I – entidade ou governo estrangeiro;

II – órgão da administração pública direta e indireta ou fundação mantida com recursos provenientes do Poder Público;

III – concessionário ou permissionário de serviço público;

IV – entidade de direito privado que receba, na condição de beneficiária, contribuição compulsória em virtude de disposição legal;

V – entidade de utilidade pública;

VI – entidade de classe ou sindical;

VII – pessoa jurídica sem fins lucrativos que receba recursos do exterior.

VIII – entidades beneficentes e religiosas;

IX – entidades esportivas;

X – organizações não governamentais que recebam recursos públicos;

XI – organizações da sociedade civil de interesse público (art. 24, LE).

Tentou a Lei Eleitoral, ao excluir esses órgãos ou entidades, preservar o pleito eleitoral de sua influência que, pelo vulto dos interesses que personifica, podem desequilibrar a campanha em favor daqueles aquinhoados com sua preferência. Outrossim, busca-se impedir que entidades públicas, de caráter público ou que possuam vínculos estreitos com órgãos governamentais, possam exercer suas funções com desvio de finalidade para sustentar as preferências partidárias escolhidas.

Particularizando a modificação consubstanciada pela Lei nº 12.034/2009, considera-se vedado a partido e candidato o recebimento, direto ou indireto, de doação em dinheiro ou estimável em dinheiro, seja ela concedida por meio de qualquer espécie de publicidade, de entidades esportivas, independentemente do motivo, conforme nova redação do inciso IX do art. 24 da Lei nº 9.504/97. Um dos problemas mais complexos relativos à disciplina das eleições se refere à questão do financiamento de campanha, motivado pela influência do poder econômico, cuja consequência mais notória é a quebra do equilíbrio eleitoral. Com o objetivo de evitar, pelo menos em tese, que esse equilíbrio eleitoral venha a soçobrar, foi acrescentada a vedação ao recebimento de doações de entidades esportivas para partidos políticos e candidatos. A redação anterior dispunha que era vedado a partido e a candidato receber, direta ou indiretamente, doação em dinheiro ou estimável em dinheiro, inclusive por meio de publicidade de qualquer espécie, procedente de entidades esportivas que recebiam dinheiro público, ou seja, a vedação era apenas para entidades esportivas que movimentavam dinheiro público.

Com a nova redação em termos tão amplos e como não há referência a alguma ressalva, essa vedação compreende qualquer modalidade de entidade esportiva, movimentando ou não verbas públicas. A intenção foi impedir que as entidades desportivas, principalmente as ligadas ao âmbito futebolista, financiassem ex-dirigentes em campanhas políticas.

São considerados gastos eleitorais sujeitos inexoravelmente a registro e aos limites fixados:

I – confecção de material impresso de qualquer natureza, observado o tamanho fixado no §2º do art. 37 e nos §§3º e 4º do art. 38 da Lei nº 9.504/1997;

II – propaganda e publicidade direta ou indireta, por qualquer meio de divulgação;

III – aluguel de locais para a promoção de atos de campanha eleitoral;

IV – despesas com transporte ou deslocamento de candidato e de pessoal a serviço das candidaturas;

V – correspondências e despesas postais;

VI – despesas de instalação, organização e funcionamento de comitês de campanha e serviços necessários às eleições,

VII – remuneração ou gratificação de qualquer espécie paga a quem preste serviço a candidatos e a partidos políticos;

VIII – montagem e operação de carros de som, de propaganda e de assemelhados;

IX – realização de comícios ou eventos destinados à promoção de candidatura;

X – produção de programas de rádio, televisão ou vídeo, inclusive os destinados à propaganda gratuita;

XI – realização de pesquisas ou testes pré-eleitorais;

XII – custos com a criação e inclusão de páginas na internet e com o impulsionamento de conteúdos contratados diretamente de provedor da aplicação de internet com sede e foro no País;

XIII –multas aplicadas, até as eleições, aos candidatos e partidos políticos por infração do disposto na legislação eleitoral;

XIV – doações para outros partidos políticos ou outros candidatos;

XV – produção de *jingles*, vinhetas e *slogans* para propaganda eleitoral.

Lembrando que esse impulsionamento de que fala o inciso XII trata-se da priorização paga de conteúdos resultantes de aplicações de busca na internet.

Com essa extensa regulamentação, tencionou a Lei Eleitoral expressamente elencar todos os gastos necessários de campanha que devem constar na prestação de contas. Defende-se que, apesar de ser numerosa, essa lista ostenta caráter exemplificativo porque, na contabilidade final da campanha, é preciso que todos os gastos estejam numerados, mesmo os que foram excluídos da elencação apresentada.

A priori pode-se pensar que há quebra do princípio da legalidade, contudo, pela velocidade do perpassar da seara normativa, em que a cada dia surgem mais mecanismos de campanha eleitoral, aprisionar os gastos aos expressamente mencionados seria insuflar inflação legislativa e ceifar a *intentio legis* que impregnou a criação do instituto.

4 Fundo Especial de Financiamento de Campanha (FEFC)

A Lei nº 13.487/2017 acrescentou o art. 16-C à Lei nº 9.504/97, instituindo o Fundo Especial de Financiamento de Campanhas (FECF) com o intuito específico de financiar as atividades das campanhas eleitorais, constituído em ano eleitoral por dotações orçamentárias da União.[5] O montante será definido pelo Tribunal Superior Eleitoral (TSE), a cada eleição, com base nos parâmetros definidos em lei, que corresponde à somatória da compensação fiscal que as emissoras comerciais de rádio e televisão receberam pela divulgação da propaganda partidária efetuada nos anos de 2016 e 2017.[6] Assim como por pelo menos 30% (trinta por cento) dos recursos da reserva específica para as emendas de bancada de execução obrigatórias, as chamadas emendas impositivas.

É importante mencionar, no entanto, que a instituição do FECF não extingue o Fundo Partidário citado. Os valores arrecadados no Fundo Especial se destinam exclusivamente aos gastos em pleitos eleitorais. É tanto que as dotações orçamentárias que o constituirão serão baseadas no ano eleitoral.

Os valores apurados para o ano de 2018, com relação à compensação fiscal das emissoras de rádio e TV nos anos de 2016 e 2017, serão atualizados pelo Índice Nacional de Preços ao Consumidor (INPC), da Fundação Instituto Brasileiro de Geografia e Estatística (IBGE), ou por índice que o substituir (art. 3º, Lei nº 13.477/2016), mantendo assim a atualização dos valores.

Assim como o Fundo Partidário, os repasses do novo FEFC serão gerenciados pelo TSE, a partir de depósitos que serão realizados em conta especial pelo Tesouro Nacional até o primeiro dia útil do mês de junho do ano eleitoral.[7]

---

[5] Art. 16-C. O Fundo Especial de Financiamento de Campanha (FEFC) é constituído por dotações orçamentárias da União em ano eleitoral, em valor ao menos equivalente: I – ao definido pelo Tribunal Superior Eleitoral, a cada eleição, com base nos parâmetros definidos em lei; II – a 30% (trinta por cento) dos recursos da reserva específica de que trata o inciso II do §3º do art. 12 da Lei nº 13.473, de 8 de agosto de 2017.

[6] Art. 3º da Lei nº 13.487/2017. O valor a ser definido pelo Tribunal Superior Eleitoral, para os fins do disposto no inciso I do caput do art. 16-C da Lei nº 9.504, de 30 de setembro de 1997, será equivalente à somatória da compensação fiscal que as emissoras comerciais de rádio e televisão receberam pela divulgação da propaganda partidária efetuada no ano da publicação desta Lei e no ano imediatamente anterior, atualizada monetariamente, a cada eleição, pelo Índice Nacional de Preços ao Consumidor (INPC), da Fundação Instituto Brasileiro de Geografia e Estatística (IBGE), ou por índice que o substituir.

[7] Art. 16-C, §2º: O Tesouro Nacional depositará os recursos no Banco do Brasil, em conta especial à disposição do Tribunal Superior Eleitoral, até o primeiro dia útil do mês de junho do ano do pleito.

Da mesma forma, a fiscalização do uso dos recursos cabe ao TSE, que regulamentou a utilização de tais recursos incluindo na resolução que trata da arrecadação e gastos de recursos e prestação de contas referentes às eleições gerais do ano de 2018.[8]

Uma vez que o FEFC é destinado especificamente a campanhas eleitorais, se não houver candidatura própria ou em coligação, é vedada a distribuição dos recursos do Fundo Especial de Financiamento de Campanha para outros partidos políticos ou candidaturas desses mesmos partidos.

No mesmo sentido, os recursos provenientes do Fundo Especial de Financiamento de Campanha que não forem utilizados nas campanhas eleitorais deverão ser devolvidos ao Tesouro Nacional, integralmente, por meio de Guia de Recolhimento da União (GRU), no momento da apresentação da respectiva prestação de contas.

A distribuição dos recursos aos partidos políticos será realizada pelo TSE, antes do primeiro turno das eleições, com base nos critérios definidos no art. 16-D da Lei das Eleições. São eles: I – 2% (dois por cento), divididos igualitariamente entre todos os partidos com estatutos registrados no Tribunal Superior Eleitoral; II – 35% (trinta e cinco por cento), divididos entre os partidos que tenham pelo menos um representante na Câmara dos Deputados, na proporção do percentual de votos por eles obtidos na última eleição geral para a Câmara dos Deputados; III – 48% (quarenta e oito por cento), divididos entre os partidos, na proporção do número de representantes na Câmara dos Deputados, consideradas as legendas dos titulares; IV – 15% (quinze por cento), divididos entre os partidos, na proporção do número de representantes no Senado Federal, consideradas as legendas dos titulares.

Os percentuais de representantes na Câmara dos Deputados e no Senado Federal de cada partido serão apurados, no ano de 2018, com base no número de representantes de cada partido no dia 28 de agosto de 2017, e, nas eleições subsequentes, apurado no último dia da sessão legislativa imediatamente anterior ao ano eleitoral, conforme o art. 4º, Lei nº 13.488/2017.

---

[8] Art. 19 da Resolução de nº 23.553/2018: O Fundo Especial de Financiamento de Campanha (FEFC) será disponibilizado pelo Tesouro Nacional ao Tribunal Superior Eleitoral e distribuído aos diretórios nacionais dos partidos políticos na forma de resolução específica (art. 16-C, §2º, da Lei nº 9.504/1997).

5 Crowdfunding

Uma das grandes modificações trazidas pela reforma política de 2017 foi a possibilidade de que doações possam ser feitas por meio de instituições que promovam técnicas e serviços de financiamento coletivo por meio de sítios na internet, aplicativos eletrônicos e outros recursos similares, o chamado *Crowdfunding* ou "Vaquinhas".

É bom recordar que em 2014 o TSE, em uma consulta formulada pelo Deputado Federal, respondeu que a arrecadação de recursos para campanhas eleitorais através de *websites* de financiamento coletivo não era permitida porque tais doações seriam concentradas em uma única pessoa, que repassaria ao candidato como se fosse uma única doação, ou seja, não haveria como individualizar os doadores.

A Lei nº 13.488/2017 ultrapassou tal preocupação ao permitir essa modalidade de financiamento em campanhas eleitorais exigindo a "identificação obrigatória, com o nome completo e o número de inscrição no Cadastro de Pessoas Físicas (CPF) de cada um dos doadores e das quantias doadas".[9]

Nesse caso a arrecadação de recursos pode começar desde o dia 15 de maio do ano eleitoral. No entanto, nesse período do calendário eleitoral somente existem pré-candidatos, uma vez que as convenções partidárias ainda não aconteceram. Dessa forma, a partir de 15 de maio os pré-candidatos podem iniciar a arrecadação prévia de recursos por meio do *Crowdfunding*, mas a liberação de recursos por parte das entidades arrecadadoras fica condicionada ao registro da candidatura, e a realização de despesas de campanha deverá observar o calendário eleitoral. Se o registro da candidatura não for efetivado, as entidades arrecadadoras deverão devolver os valores arrecadados aos doadores.[10]

---

[9] Art. 23 da Lei nº 9.504/97, §4º: As doações de recursos financeiros somente poderão ser efetuadas (...) por meio de: IV – instituições que promovam técnicas e serviços de financiamento coletivo por meio de sítios na internet, aplicativos eletrônicos e outros recursos similares, que deverão atender aos seguintes requisitos: b) identificação obrigatória, com o nome completo e o número de inscrição no Cadastro de Pessoas Físicas (CPF) de cada um dos doadores e das quantias doadas (...).

[10] Art. 22-A. da Lei nº 9.504/97 Os candidatos estão obrigados à inscrição no Cadastro Nacional da Pessoa Jurídica – CNPJ: §3º Desde o dia 15 de maio do ano eleitoral, é facultada aos pré-candidatos a arrecadação prévia de recursos na modalidade prevista no inciso IV do §4º do art. 23 desta Lei, mas a liberação de recursos por parte das entidades

6 Prestação de contas do candidato

A prestação de contas se configura procedimento, previsto em lei, para vislumbrar a origem dos recursos eleitorais e a forma como foram efetivados seus gastos, possuindo o fator teleológico de impedir o abuso do poder econômico e assegurar paridade para que todos os cidadãos tenham condições de disputar os pleitos eleitorais. Com efeito, ela é necessária tanto no caso de eleições majoritárias como na hipótese de eleições proporcionais. Essa obrigação se estende aos dois casos porque não há diferenças essenciais que possam amparar a exigibilidade para um caso e a ausência no outro. Inclusive, em alguns Estados, como São Paulo, o custo de campanhas proporcionais pode ser mais elevado do que o de candidatos majoritários em pequenas unidades federativas.

Devem prestar contas à Justiça Eleitoral o candidato e os órgãos partidários, ainda que constituídos sob forma provisória. Sem prejuízo da prestação de contas anual prevista na Lei nº 9.096/1995 para os órgãos partidários.

A partir da Minirreforma Eleitoral de 2015 as prestações de contas dos candidatos às eleições majoritárias serão feitas pelo próprio candidato, devendo ser acompanhadas dos extratos das contas bancárias referentes à movimentação dos recursos financeiros usados na campanha e da relação dos cheques recebidos, com a indicação dos respectivos números, valores e emitentes. Da mesma forma, as prestações de contas dos candidatos às eleições proporcionais serão feitas pelo próprio candidato

Além disso, os partidos políticos, as coligações e os candidatos são obrigados, durante as campanhas eleitorais, a divulgar em sítio criado pela Justiça Eleitoral para esse fim na internet os recursos em dinheiro recebidos para financiamento de sua campanha eleitoral, em até 72 (setenta e duas) horas de seu recebimento. Assim como no dia 15 de setembro deve ser divulgado relatório discriminando

---

arrecadadoras fica condicionada ao registro da candidatura, e a realização de despesas de campanha deverá observar o calendário eleitoral. §4º Na hipótese prevista no §3º deste artigo, se não for efetivado o registro da candidatura, as entidades arrecadadoras deverão devolver os valores arrecadados aos doadores.

as transferências do Fundo Partidário, os recursos em dinheiro e os estimáveis em dinheiro recebidos, bem como os gastos realizados

7 Exame da prestação de contas pela Justiça Eleitoral

Para efetuar o exame das contas, a Justiça Eleitoral pode requisitar técnicos do Tribunal de Contas da União, dos Estados e dos tribunais e conselhos de contas dos Municípios, pelo tempo que for necessário, bem como servidores ou empregados públicos do Município, ou nele lotados, ou ainda pessoas idôneas da comunidade, devendo a escolha recair preferencialmente naqueles que tenham formação técnica compatível, dando ampla e imediata publicidade de cada requisição.

A Justiça Eleitoral verificará a regularidade das contas de campanha, decidindo:

a) pela aprovação, quando estiverem regulares;

b) pela aprovação com ressalvas, quando verificadas falhas que não lhes comprometam a regularidade;

c) pela desaprovação, quando verificadas falhas que lhes comprometam a regularidade;

d) pela não prestação, quando não apresentadas as contas após a notificação emitida pela Justiça Eleitoral, na qual constará a obrigação expressa de prestar as suas contas no prazo de setenta e duas horas.

Esse exame é de mérito, aprovando ou rejeitando a prestação de contas, de acordo com o material apresentado. Por isso, a doutrina reclamava a substituição do termo "regularidade", porque essa denominação sugere que esse exame seja realizado apenas sob o aspecto formal. A redação anterior desse dispositivo dispunha que, examinando a prestação de contas e conhecendo-a, a Justiça Eleitoral decidirá sobre sua regularidade.

Outrossim, ao determinar que a Justiça Eleitoral verificará a regularidade das contas de campanha, manteve-se o termo "regularidade"; no entanto, deve-se assentar que não fica a apreciação de contas reduzida tão só ao caráter formal, adentrando em aspectos materiais que se relacionam de forma direta com o princípio da moralidade. De toda sorte, a decisão sobre a apreciação das contas pode determinar níveis de aprovação, desaprovação ou requisição de apresentação das contas. Com relação aos níveis de aprovação, as contas podem ser aprovadas totalmente, ou com ressalvas, caso em que contém vícios que não comprometem sua validade. A desaprovação deve ser total e não graduada, como acontece com a aprovação: havendo vício que lhe comprometa a regularidade, procede-se a sua desaprovação.

A decisão sobre elas tem o prazo de até três dias antes da diplomação para ser publicada. Havendo causa maior, pode ser postergada, desde que não traga prejuízo aos candidatos eleitos, principalmente se não pairar nenhuma diligência para análise das informações prestadas.

A aferição realizada pela Justiça Eleitoral se classifica como eminentemente técnica, balizando-se pelos parâmetros normativos e pela jurisprudência assentada a respeito. Não pode o magistrado tirar ilações de onde nem ao menos existe presunção ou mandamento implícito que o ampare. A parêmia do legalismo jurídico permeia suas atividades. Não obstante, o vislumbre de presunção de ilicitude o autoriza a dissecar os cálculos apresentados, utilizando-se de todas as diligências e perícias que se fizerem prementes. Como se trata de questão contábil, o magistrado não pode chegar a certo posicionamento sem arrimo em fundamento fático, exercendo a teoria dos motivos determinantes um forte balizamento meritório de suas sentenças.

Sendo um trabalho contábil complexo, erros formais ou materiais, de pequena monta, que forem corrigidos não autorizam a rejeição das contas e a cominação de sanção a candidato ou partido. Esses erros são os que não observaram os padrões atinentes à aritmética ou que apresentem equívocos crassos, que são reconhecidos de forma tautológica. Como não provocam prejuízos a quaisquer das partes envolvidas ou à lisura da eleição, bem como se perfilham no sentido de tornar exequível um procedimento célere e eficiente, o magistrado, *sponte propria*, pode mandar suprir esses pecadilhos.

Em se detectando indício de irregularidade na prestação de contas, a Justiça Eleitoral pode requisitar diretamente do candidato informações adicionais necessárias, bem como determinar diligências para a complementação dos dados ou saneamento das falhas. A solicitação de diligência é uma competência concorrente do Ministério Público, dos partidos políticos, coligações ou candidatos. Ressalte-se que nada impede que ela possa ser realizada *ex officio* pelo magistrado, em razão da premência do interesse público enfocado.

Da decisão que julgar as contas prestadas pelos candidatos caberá recurso ao órgão superior da Justiça Eleitoral, no prazo de três dias, a contar da publicação no *Diário Oficial*. Esse tipo de recurso é o inominado. A novidade trazida é o prazo de três dias, contados a partir da publicação da decisão, no órgão de publicação oficial.

O disposto nesse artigo aplica-se aos processos judiciais pendentes. Com o acréscimo desse parágrafo, determinou-se expressamente que esses procedimentos se aplicam aos processos judiciais de prestação de contas que ainda estejam em curso.

Essa ação de investigação judicial eleitoral não se configura como único remédio para tipificar um erro na prestação de contas. Se essa ofensa caracterizar corrupção, por exemplo, faculta-se a impetração da ação de impugnação de mandato eletivo ou outra medida. Está livre a parte que sofreu o agravo para impetrar até mesmo reclamação em razão do acinte à Lei Eleitoral. Todavia, em razão de seu exíguo procedimento, de melhor valia seria mesmo a interposição da Ação de Investigação Judicial Eleitoral que permite maior âmbito de produção probatória.

Se, ao final da campanha, ocorrer sobra de recursos financeiros, esta deve ser declarada na prestação de contas e, após julgados todos os recursos, transferida ao partido. No caso de candidato a Prefeito, Vice-Prefeito e Vereador, esses recursos deverão ser transferidos para o órgão diretivo municipal do partido na cidade onde ocorreu a eleição, o qual será responsável exclusivo pela identificação desses recursos, sua utilização, contabilização e respectiva prestação de contas perante o juízo eleitoral correspondente.

Já no caso de candidato a Governador, Vice-Governador, Senador, Deputado Federal e Deputado Estadual ou Distrital, esses recursos deverão ser transferidos para o órgão diretivo regional do partido no Estado onde ocorreu a eleição ou no Distrito Federal, se for o caso, o qual será responsável exclusivo pela identificação desses recursos, sua utilização, contabilização e respectiva prestação de contas perante o Tribunal Regional Eleitoral correspondente. Enquanto que no caso de candidato a Presidente e Vice-Presidente da República, esses recursos deverão ser transferidos para o órgão diretivo nacional do partido, o qual será responsável exclusivo pela identificação desses recursos, sua utilização, contabilização e respectiva prestação de contas perante o Tribunal Superior Eleitoral.

As sobras de recursos financeiros de campanha serão utilizadas pelos partidos políticos, devendo tais valores ser declarados em suas prestações de contas perante a Justiça Eleitoral, com a identificação dos candidatos. Houve um retrocesso na modificação do parágrafo único desse artigo, pois a redação anterior afirmava que as sobras deveriam ser destinadas integral e exclusivamente para criação e manutenção de institutos ou fundação de pesquisa e de doutrinação política. Agora, a nova redação do parágrafo único estabelece apenas que as eventuais sobras de recursos financeiros de campanha serão utilizadas pelos partidos políticos, devendo tais valores ser declarados em suas prestações de contas perante a Justiça Eleitoral, com a identificação dos candidatos, sem fazer qualquer menção à destinação de sua utilização.

O Ministério Público exerce papel de grande magnitude na fiscalização da prestação de contas do pleito eleitoral. Por se tratar de interesse indisponível, defesa da ordem jurídica e do regime democrático, há o preenchimento de todos os requisitos que outorgam a sua atuação. Cabe-lhe desempenhar um papel proativo, fiscalizando toda a documentação expedida pelos candidatos, as fontes de receitas e os gastos. Constatada qualquer irregularidade ou tipificação de ilícito, exige-se, sob as penas da lei, que ele tome as medidas cabíveis para a punição dos responsáveis.

Os documentos inerentes ao gasto de campanha necessitam ser conservados até cento e oitenta dias após a diplomação. Se estiver pendente qualquer processo de julgamento relativo às contas, a documentação a elas concernente deve ser conservada até decisão final.

A conservação exigida se mostra imperiosa para fornecer elementos fáticos às ações de investigação judicial eleitoral, que é um dos meios para a atestação da lisura do financiamento eleitoral. O prazo de cento e oitenta dias é relativo se houver processos atinentes à prestação de contas tramitando na esfera judicial.

8 Rejeição de contas

A falta de apresentação das contas partidárias impede o candidato de obter a certidão de quitação eleitoral até o final da legislatura, persistindo os efeitos da restrição após esse período até a efetiva apresentação das contas. Portanto, como consequência da ilação anterior, o candidato que não apresentou sua conta partidária não pode se candidatar.

Nesse ínterim, frisa-se que a sanção para os candidatos que descumprirem as normas pertinentes à prestação de contas é a rejeição de suas contas. Comprovando-se que houve captação de recursos ou gastos ilícitos na campanha por intermédio de ação judicial de investigação eleitoral, caracterizando abuso de poder econômico, há pena e o candidato terá a perda do registro de candidatura ou de seu diploma, se este já fora outorgado. Para tanto, exige-se impetração da Ação de Investigação Judicial Eleitoral e que ela se pronuncie pela ocorrência de abuso de poder econômico. Caso tal ação não seja impetrada, a simples rejeição de contas não deve provocar a cassação do diploma ou a perda de registro de candidatura.

O que significa que a rejeição de contas, por captação de recursos ou gastos ilícitos, foi de tal monta que provocou abuso do poder econômico, lesando o erário público e ferindo gravemente os princípios constitucionais de moralidade na administração pública.

O partido que descumpre os mandamentos expostos neste artigo se sujeita a perder a cota do fundo partidário do ano seguinte, sem prejuízo de responderem os candidatos beneficiados por abuso do poder econômico. O lapso temporal que atinge as agremiações políticas é a perda da cota do fundo partidário respectivo pelo ano seguinte, não atingindo períodos posteriores, e apenas atinge a instância partidária que cometeu a infração, restando as demais incólumes.

A sanção de suspensão do repasse de novas quotas do Fundo Partidário, por desaprovação total ou parcial da prestação de contas do candidato, deverá ser aplicada de forma proporcional e razoável, no ano seguinte ao do trânsito em julgado da decisão que desaprovar as contas do partido político ou do candidato.

A perda do direito ao recebimento da quota do Fundo Partidário ou o desconto no repasse de quotas resultante da aplicação da sanção será suspenso durante o segundo semestre do ano eleitoral. Essas sanções previstas não são aplicáveis no caso de desaprovação de prestação de contas de candidato, salvo quando ficar comprovada a efetiva participação do partido político nas infrações que acarretarem a rejeição das contas e, nessa hipótese, tiver sido assegurado o direito de defesa ao órgão partidário.

Houve também o disciplinamento no modo de aplicação da sanção imposta ao partido que descumprir as normas referentes à aplicação e arrecadação de recursos. A primeira determinação à aplicação da sanção é a obediência ao princípio da proporcionalidade e da razoabilidade, que já era cobrada pela doutrina. A segunda determinação se refere ao prazo de duração da sanção de suspensão: de um a doze meses; assim, a determinação do tempo da suspensão não fica ao puro alvedrio do magistrado, que deve se ater aos limites impostos.

Ao invés de se determinar a suspensão por determinado período, o magistrado também pode aplicar sanção de desconto da importância devida sobre o valor a ser repassado ao partido. Por fim, determinou-se a impossibilidade de aplicação de qualquer destas sanções quando a prestação de contas não for julgada, pelo juízo ou tribunal competente, após cinco anos de sua apresentação.

Interessante destacar que a sanção imposta pela rejeição de financiamento das contas da campanha não implica necessariamente caracterização do abuso de poder econômico. Para a tipificação do abuso de poder econômico faz-se necessário um montante financeiro que destoe da média do valor aplicado nas demais campanhas. Outrossim, as contas podem ser rejeitadas pela ausência de formalidades consideradas essenciais, mas que não importam valores vultosos.

DO DIREITO DOS PARTIDOS À VAGA DOS SUPLENTES*

1 Da importância dos partidos políticos no Brasil

De forma incontroversa, a Constituição Federal de 1988 consigna o instituto da representação política como instrumento imprescindível no processo de formação da vontade política do povo, assegurando, através da soberania e do pluralismo político, a relação direta entre o Estado Democrático Social de Direito e a vontade pululante da sociedade. Neste sentido, dispõe a *Lex Mater* que o exercício do Poder emana absolutamente do povo, de forma direta ou por intermédio de seus representantes.

Para Cretella Júnior (1989), os partidos políticos constituem organizações destinadas a congregar eleitores que participam dos mesmos interesses ou das mesmas ideologias, ou ainda da mesma orientação política, sendo definidos como associações de cidadãos homens e mulheres, maiores ou não, unidos por um *idem sentire et velle* político geral, que desenvolvem atividades contínuas, externas e públicas dirigidas ao escopo de exercer influências sobre decisões políticas.[1] Constitui, portanto, uma entidade formada pela livre associação de pessoas, cujas finalidades são assegurar, no interesse do regime democrático, a autenticidade do sistema representativo e defender os direitos humanos fundamentais.[2]

Segundo Kelsen (2000), as agremiações partidárias constituem formações que agrupam os homens da mesma opinião para assegurar-lhes uma influência verdadeira na gestão dos assuntos

---

* Originalmente publicado em: *Estudos Eleitorais*, v. 5, n. 3, p. 167-191, set./dez. 2010.
[1] CRETELLA JÚNIOR, José. *Comentários à Constituição brasileira de 1988*. Rio de Janeiro: Forense Universitária, 1989. v. 2, p. 703-1103.
[2] GOMES, José Jairo. *Direito eleitoral*. Belo Horizonte: Del Rey, 2008, p. 77.

políticos e públicos.[3] Na mesma linha de raciocínio, para Bobbio enquadram-se na noção de partido todas as organizações da sociedade civil organizadas no momento em que se reconhece teórica ou praticamente ao povo o direito de participar da gestão do poder político. É com este fim que ele se associa, cria instrumentos de organização e atua. Defende que o nascimento e o desenvolvimento dos partidos estão ligados ao problema da participação, ou seja, ao progressivo aumento da demanda de participação no processo de formação das decisões políticas, por parte de classes e estratos diversos da sociedade. Tal demanda de participação se apresenta de modo mais intenso nos momentos das grandes transformações econômicas e sociais, quando emergem grupos que se propõem a agir em prol de uma ampliação da gestão do poder político a setores da sociedade que dela ficavam excluídos.[4]

Palhares Moreira Reis (1999) define partido político como uma associação de pessoas, organizadas com o objetivo de participar do funcionamento das instituições e buscar acesso ao Poder, ou ao menos influenciar no seu exercício, para fazer prevalecer as ideias e os interesses de seus membros. Essas ideias agasalhadas pelos cidadãos que formam os partidos, com a chegada ao Poder, serão convertidas em programas de governo ou serão incorporadas ao ordenamento jurídico.[5]

Pode-se dizer que quem mais contribuiu para o seu aparecimento foram Lenin e Max Weber.[6] O primeiro via o partido como uma forma de a classe trabalhadora se organizar e tomar o Poder e, depois, seria o partido político o instrumento fundamental para que se chegasse a uma sociedade sem classes sociais. O

---

[3] KELSEN, Hans. *Teoria geral do Estado*. São Paulo: Martins Fontes, 2000, p. 19.

[4] BOBBIO, Norberto; MATTEUCCI, Nicola. *Dicionário de política*. 4. ed. Brasília: UnB, 1992. v. 2, p. 899.

[5] REIS, Palhares Moreira. *Cinco estudos sobre partidos políticos*. Recife: Universitária – UFPE, 1999, p. 19.

[6] Sobre a importância do partido comunista, doutrina Lenin: "Negar a necessidade do partido e a disciplina de partido, aí está o resultado a que chegou a oposição. E isto equivale a desarmar por completo o proletariado em proveito da burguesia... Para fazer frente a isso, para permitir que o proletariado exerça acertada, eficaz e vitoriosamente o seu papel organizador (e este é o seu papel principal), são necessárias uma centralização e uma disciplina severíssima dentro do partido político do proletariado". LENIN, Vladimir Ilitch. *A doença infantil do esquerdismo no comunismo*. Lisboa: Avante, 1986, v. 1 (Obras Escolhidas), p. 106-107.

segundo via as agremiações como ferramentas que as classes dominantes utilizavam para conseguir ocupar os órgãos públicos. Hodiernamente, a chegada ao Poder passa a não ser o principal escopo de muitos partidos, a simples participação nas estruturas governamentais pode se configurar como principal objetivo, fazendo com que as agremiações políticas sejam simples instrumentos de patrimonialismo da coisa pública.

A Constituição Cidadã em vários momentos evidencia a importância dos partidos políticos em nível constitucional e metajurídico.

De acordo com o dispositivo constitucional insculpido no art. 14, §3º, constitui um dos requisitos para a candidatura aos pleitos eleitorais – condição de elegibilidade – a filiação partidária, cabendo, portanto, aos partidos políticos um papel indelével na representação política no Brasil. Ademais, o art. 17 da Carta Magna estabeleceu a liberdade de criação e de autodeterminação dos partidos, somada às garantias de organização e funcionamento, além de lhes estabelecer alguns limites e obrigações. O Estado está, portanto, constitucionalmente vetado de neles interferir de forma arbitrária, para controlá-los ou extingui-los.

No tocante à sua existência, cumpre frisar que, mesmo com a taxionomia de direito privado, com o ato constitutivo realizado no Registro Civil das Pessoas Jurídicas, o partido político apenas pode participar do processo eleitoral, ter acesso ao rádio, televisão e ao fundo partidário quando seu estatuto for registrado no Tribunal Superior Eleitoral, o que comprova sua relevância, pois depende da chancela do pretório excelso da seara eleitoral para ter existência plena.[7]

Nessa esteira, estatui, por sua vez, o art. 1º da Lei nº 9.096/95, apresentando definição legal ao conceito de partido político, cuja natureza jurídica é de pessoa jurídica de direito privado, destinada a assegurar, no interesse do regime democrático, a autenticidade do sistema representativo e a defender os direitos fundamentais definidos na Constituição Federal.

---

[7] PINTO, Djalma. *Direito eleitoral*: improbidade administrativa e responsabilidade fiscal. 4. ed. rev. e atual. São Paulo: Atlas, 2008, p. 105-106.

Diante do exposto, percebe-se nitidamente a relevância outorgada a esses entes políticos pela Constituição e sua importância pragmática na vida da cidadania. Quanto maior for sua consistência como invariável axiológica na sociedade, maior funcionalidade terão os mecanismos de aferimento da vontade popular. Sua função é organizar a vontade popular e exprimi-la na busca do Poder, visando à aplicação de seus programas de governo. Em razão de sua estatura constitucional, eles devem assegurar o regime democrático e o pluripartidarismo, a autenticidade do sistema representativo e defender os direitos fundamentais da pessoa humana.

2 Os partidos políticos e a soberania popular

De forma bastante simplista, a soberania popular pode ser conceituada como o regime político em que a titularidade do Poder pertence aos cidadãos, sendo o povo o seu único e verdadeiro titular, exercendo o papel principal no direcionamento de políticas públicas. Explana José Jairo Gomes (2008) que a soberania popular se revela no poder incontrastável de decidir, sendo através dela conferida legitimidade ao exercício das funções públicas. Tal legitimidade somente é alcançada pelo consenso expresso na escolha feita nas urnas, visto que o poder soberano emana do povo, que o exerce por meio de representantes eleitos ou diretamente, através dos instrumentos da democracia participativa.[8]

A soberania popular significa que a fonte de legitimação do poder é o povo, devendo ser ele quem decidirá as diretrizes adotadas pelo Estado. Ao longo da história tem variado muito a forma de legitimação dos governos. Nas monarquias absolutistas, a fonte de legitimação era de natureza teocrática, a inspiração de Deus guiaria as ações dos reis; na Revolução Francesa era a nação, elemento despersonificado que poderia legitimar o poder de qualquer governante; com a tomada do poder pela burguesia, passou a ser o povo. Contudo, o conceito de povo empregado

---

[8] GOMES, José Jairo. *Direito eleitoral*. Belo Horizonte: Del Rey, 2008, p. 32.

DO DIREITO DOS PARTIDOS À VAGA DOS SUPLENTES | 109

inicialmente pela burguesia apenas englobava aqueles cidadãos que tinham determinada renda, já que o voto era censitário.[9]

Com efeito, a forma por que a soberania popular tem concretização é o sufrágio universal, realizado pelo voto direto e secreto. Sufrágio é a manifestação da vontade do povo para a escolha dos mandatários da vontade política, realizada mediante o voto, que é o instrumento hábil para que o povo possa escolher seus representantes. O voto é a realização do sufrágio. A universalidade do sufrágio indica que todos os cidadãos que preencham os requisitos legais têm a obrigação de votar, sem distinção de renda, grau de escolaridade, etc., vigorando o princípio "um homem, um voto" (*one man, one vote*). Sua importância é tão imprescindível ao ordenamento jurídico que os Constituintes outorgaram-lhe a proteção de cláusula pétrea.[10]

Dada a definição de soberania popular, inclusive pelo disposto na Carta Magna, resta clara a ligação direta existente entre esta e os partidos políticos, na medida em que tais grupos politicamente organizados constituem o meio através do qual é possível o seu exercício, participando ativamente na escolha dos representantes que deverão definir os rumos das estruturas políticas organizadas. Cabe, portanto, a esses grupos políticos estabelecer a ligação imprescindível entre o governo e a sociedade, visto que os escolhidos para exercer o poder político provêm do corpo de cidadãos para integrar os quadros partidários, constituindo função de tais agremiações o relevante encargo de velar pela moralidade no trato com a coisa pública, mantendo incólumes os princípios pertinentes ao republicanismo.

Por conseguinte, no trajeto que vem sendo percorrido para a construção da história política brasileira, os partidos políticos possuem um papel inquestionável, dir-se-ia central. Neste processo, as organizações políticas não podem se omitir nem ser negligenciadas, pois, de acordo com o dispositivo constitucional de que toda atividade de representação passa obrigatoriamente por essas agremiações

---

[9] AGRA, Walber de Moura. *Curso de direito constitucional*. 6. ed. Rio de Janeiro: Forense, 2010, p. 189.

[10] SILVA, Gustavo Just Costa e. *Os limites da reforma constitucional*. Rio de Janeiro: Renovar, 2000, p. 96.

políticas, cabe a elas, indubitavelmente, a função de aglutinar as vozes individuais e transportá-las para a esfera do espaço público e, finalmente, para a estrutura do Estado.[11]

No sentido da argumentação exposta, observou com maestria o ministro Celso de Mello ser extremamente significativa a participação dos partidos políticos no processo de poder. As agremiações políticas, cuja institucionalização jurídica é historicamente recente, atuam como corpos intermediários, posicionando-se entre a sociedade civil e a sociedade política. Os partidos políticos não são órgãos do Estado e nem se acham incorporados ao aparelho estatal. Constituem, no entanto, entidades revestidas de caráter institucional, absolutamente indispensáveis à dinâmica do processo governamental na medida em que consoante registram a experiência constitucional comparada e concorrem para a formação da vontade política.[12]

Cumpre a esses grupos políticos estabelecer a ligação imprescindível entre o governo e a sociedade, visto que os escolhidos para exercer o poder político saem da própria sociedade para integrar os quadros partidários. Constitui-se, assim, função de tais agremiações o relevante encargo de manter vigilância permanente sobre os seus membros, principalmente quando investidos no Poder.

No tocante às coligações, estas não representam os conectores da vontade popular, muito pelo contrário, são instituições transitórias e mesmo despiciendas à democracia. Na verdade, são responsáveis por uma deformação do processo político brasileiro ao permitir que partidos sem nenhum tipo de legitimidade no seio da sociedade possam sobreviver participando secundariamente da partilha do poder institucionalizado.

3 Bloco de constitucionalidade

Bloco de constitucionalidade são princípios, contidos ou não na Carta Magna, que compartilham a mesma ideia de Constituição

---

[11] GONÇALVES, Guilherme de Salles; PEREIRA, Luiz Fernando Casagrande; STRAPAZZON, Carlos Luiz (Coord.). *Direito eleitoral contemporâneo*. Belo Horizonte: Fórum, 2008, p. 45-60.

[12] ADIN nº 1.096, rel. Min. Celso de Mello.

material, unidos por um mesmo núcleo valorativo, agasalhando a percepção de ordem constitucional global. Os franceses o denominam de *bloc de constitutionnalité*; os espanhóis, de *bloque de la constitucionalidad*; e os americanos, de *block of constitutionality*. A ideia de bloco de constitucionalidade representa sentido de unidade, mesmo sem estar contido expressamente na Lei Maior, o que provoca extensão da incidência do controle de constitucionalidade, haja vista que novos parâmetros normativos serão considerados como constitucionais. Ultrapassa os limites postos pelo formalismo jurídico de que as normas constitucionais são apenas aquelas contidas na Carta Magna, asseverando que existem outros dispositivos de valor constitucional que não estão contidos de forma explícita em seu texto formal, no que atesta, assim, a existência de princípios implícitos. Dessa forma, mandamentos não contidos na Constituição passam a ser vetores de controle de constitucionalidade.[13]

A concepção de bloco de constitucionalidade parte do pressuposto de que existem princípios que mesmo não contidos na Constituição são materialmente constitucionais porque ostentam valores profundamente arraigados na sociedade, representando a Constituição como realidade social.[14] Destarte, uma consequência do caráter aberto das normas constitucionais, dialógico, é a existência destes princípios, que, mesmo não estando contidos em seu texto, apresentam natureza constitucional em seu aspecto material, ou seja, detêm supremacia, supralegalidade e imutabilidade relativa, não do ponto de vista formal, mas porque foram absorvidos pela sociedade com um grau intenso de legitimidade. Qualquer mandamento infraconstitucional que lhes afronte o sentido deve ser retirado do ordenamento jurídico, haja vista serem dotados de supremacia que assegura a supralegalidade. Portanto, o bloco de constitucionalidade é formado pelos princípios e pelas regras de valor constitucional.[15]

---

[13] JOSINO NETO, Miguel. O bloco de constitucionalidade como fator determinante para a expansão dos direitos fundamentais da pessoa humana. *Jus Navigandi*, Teresina, ano 8, n. 61, 1º jan. 2003. Disponível em: <http://jus.com.br/revista/texto/3619>. Acesso em: 02 jan. 2003

[14] HERAS, Jorge Xifra. *Curso de Derecho Constitucional*. Barcelona: Bosch Casa Editorial, 1957. t. I, p. 47.

[15] FAVOREAU, Louis; LLORENTE, Francisco Rubio. *El bloque de la Constitucionalidad*. Madrid: Civitas, 1991, p. 19.

Decorrente dessa concepção, a Lei Maior é tomada como texto aberto e incompleto, norma dialógica, permitindo o contato da seara fática com a normativa. Como a maior parte das normas constitucionais é abstrata, o que permite calibrações em sua esfera de incidência, a Constituição sofre maior influência de injunções extradogmáticas, o que resulta na necessidade de se manter fina sincronia com o desenvolvimento das forças sociais. Devido a essa cláusula de abertura, há sincronia entre as modificações da seara fática e da jurídica, impedindo o aparecimento de fossos normativos, em que as normas envelhecem e não acompanham as modificações produzidas pela sociedade.

Dessa ideia o que se traz como ilação é que o bloco de constitucionalidade perpassa as normas contidas na Carta Magna, acarretando extensão de seus dispositivos. Assim, fazem parte do seu núcleo princípios que densificam as normas contidas na Constituição, mantendo com ela um forte vínculo, resguardando seu caráter sistêmico. Como exemplos, podem ser mencionados o duplo grau de jurisdição, o direito de resistência, etc.

Nesse ínterim, destaca-se que o bloco de constitucionalidade assume importância capital no fortalecimento de direitos e garantias fundamentais, que mesmo não disciplinados na Constituição assumem papel relevante no ordenamento jurídico. Ele funciona no sentido de expandir os direitos e garantias constitucionais, ultrapassando o sentido da constituição formal, para garantir valores sedimentados na sociedade.

Pelo fato de a interpretação dos princípios componentes do bloco de constitucionalidade exigir constante elaboração, a função do Supremo Tribunal Federal assume maior relevo. A ele cabe definir os princípios que o compõem, bem como seu alcance. Por isso, o STF funciona como uma instância de mediação entre os valores sedimentados na Constituição e o sentido das normas constitucionais, ganhando maior relevância suas decisões quando houver maior sincronia entre a norma e os fatos sociais. O que sinaliza mais uma motivação para o fortalecimento de sua legitimidade.

O Supremo Tribunal Federal, em alguns julgados, vem se posicionando pela existência do bloco de constitucionalidade, distanciando-se das exigências do positivismo jurídico, no que concebe a Carta Magna muito mais que o conjunto de normas e princípios nela formalmente positivados, entendendo-a em função do próprio espírito que a anima, afastando-se, desse modo, de uma concepção impregnada de evidente minimalismo conceitual.[16] Depreende-se, então, que o bloco de constitucionalidade auferido da Carta Cidadã de 1988 permite afirmar que os partidos políticos, além de serem cláusulas pétreas, são uma instituição imprescindível ao desenvolvimento do regime democrático, não podendo ser obnubilado por instituições temporárias, como as coligações, que ainda colaboram para fraudar a vontade da população.

4 Da possibilidade de mutabilidade das decisões do Poder Judiciário

Pensar como Parmênides que a constância da matéria se configura como um de seus predicativos principais não representa um vetor intelectivo razoável para analisar as relações desenvolvidas em uma sociedade pós-moderna, cuja fluidez de suas estruturas reluz em todos os aspectos. Todas as vezes que o normativo se distancia do fático há a formação de vários *gaps*, fazendo com que as normas não cumpram sua função social.

Para enfrentar essa assaz modificação da realidade, as estruturas legais têm que se adequar, seja através de princípios que possibilitam uma maior modulação de seu conteúdo, seja através de técnicas mais ágeis de adaptação dos parâmetros jurídicos. Essa modificação pode ocorrer através de procedimentos formais, como emendas, ou através de procedimentos informais, como as mutações normativas, jurisprudenciais ou interpretativas.

Com efeito, mutação se configura em modificações operadas nas estruturas normativas, na jurisprudência e no processo hermenêutico, gradualmente no tempo, de modo informal, sem a necessidade de emendas ou revisão, ou seja, sem atuação do Poder Reformador, mediante procedimentos jurídicos.

---

[16] RTJ 71/289, 292 – RTJ 77/657 e ADIN nº 2.010-2, rel. Ministro Celso de Mello.

Entende Maurício Ribeiro Lopes (1993) que a mutação representa uma mudança do texto jurídico por processos não previstos nas normas jurídicas.[17] Raul Machado Horta (1995) explica que ela, por seus predicativos, finda obnubilando a norma constitucional escrita, fragilizando a segurança do seu texto; contudo, adquire relevo proeminente nas Constituições consuetudinárias.[18] Afirma Loewenstein (1970) que a mutação, por outro lado, produz uma transformação na realidade de atuação do poder político, na estrutura social e no equilíbrio de interesses, sem que haja uma atualização nas estruturas normativas.[19]

A norma jurídica tem que se adequar às exigências da comunidade e, para cumprir essa finalidade, deve estar em simetria com o progresso social. Assim, as Constituições, em seus textos, preveem o procedimento de emenda ou revisão. A mutação também tem a finalidade de atualizar os preceitos legais, mas cumpre sua missão de modo informal, através de procedimentos não previstos em lei. Ela remodela a literalidade do texto até então apresentado, quer pela interpretação, quer por meio de construção jurídica, quer por práticas ou por usos e costumes.

As mutações ocorrem de modo difuso, não existindo órgão próprio que tenha como função sua criação; podem ser oriundas da interpretação dos tribunais, dos usos e costumes, da construção judicial, da influência dos grupos de pressão, dentre outros fatores. Carecem de marco cronológico, nascem paulatinamente, de forma silenciosa, quase despercebida, espontânea, sem previsibilidade, só se fazendo sentir quando já estão com plena eficácia. Por serem lentas e graduais, não acarretam rupturas ou tensões no ordenamento jurídico, contribuindo assim para sua maior eficácia.

A doutrina não definiu, com parâmetros claros, o limite para a concretização das mutações. Entretanto, a maioria dos autores entende que seu limite deve ser o das cláusulas pétreas implícitas e explícitas, em zelo ao primado da segurança jurídica. Se o

---

[17] LOPES, Maurício Antônio Ribeiro. *Poder constituinte reformador*: limites e possibilidades da revisão constitucional brasileira. São Paulo: Revista dos Tribunais, 1993, p. 128.

[18] HORTA, Raul Machado. *Estudos de direito constitucional*. Belo Horizonte: Del Rey, 1995, p. 114.

[19] LOEWENSTEIN, Karl. *Teoría de la constitución*. Tradução de Alfredo Ballego Anabitarte. Barcelona: Ariel, 1970, p. 165.

DO DIREITO DOS PARTIDOS À VAGA DOS SUPLENTES | 115

"cerne inalterável" da Constituição não é passível de modificação pelo processo de reforma, impossível será sua modificação pelo procedimento de mutação constitucional, que não encontra respaldo em cominações legais.

5 Natureza da coligação

A coligação partidária é a junção de partidos, formada por no mínimo duas agremiações, de forma provisória, visando ao objetivo de alcançar êxito na disputa de um pleito eleitoral. Ela é uma faculdade atribuída aos partidos conforme suas disposições, devendo, ao menos em tese, ser feita entre partidos que tenham afinidade ideológica. Frise-se que a coligação regulamentada pela legislação eleitoral é apenas a referente aos períodos eleitorais.[20]

Djalma Pinto (2008) define a coligação como uma reunião de partidos, em determinado pleito, para buscarem juntos a conquista do poder político.[21] Ensina Lourival Serejo (2006) que, ao se coligarem, os partidos abdicam de sua individualidade para formarem uma nova entidade, mesmo que transitória, para que reunindo forças possam atingir seus objetivos. Segundo o citado professor a temporalidade é a característica maior das coligações.[22]

A Lei nº 9.504/97, quanto à existência e validade da coligação, prevê a faculdade para que os partidos políticos, dentro da mesma circunscrição, celebrem coligações para eleição majoritária, proporcional, ou para ambas, podendo, neste último caso, formar-se mais de uma para a eleição proporcional dentre os partidos que integram a coligação para o pleito majoritário (art. 6º da Lei nº 9.504/97).

Para tanto, uma vez concebida, a coligação terá denominação própria, a qual poderá ser a junção de todas as siglas dos partidos que a integram, atribuindo-se a ela as prerrogativas e obrigações de partido político no que se refere ao processo eleitoral, funcionando

---

[20] AGRA, Walber de Moura; VELLOSO, Carlos Mario da Silva. *Elementos de direito eleitoral*. 2. ed. São Paulo: Saraiva, 2010., p. 58.

[21] PINTO, Djalma. *Direito eleitoral*: improbidade administrativa e responsabilidade fiscal. 4. ed. rev. e atual. São Paulo: Atlas, 2008, p. 125.

[22] SEREJO, Lourival. *Programa de direito eleitoral*. Belo Horizonte: Del Rey, 2006, p. 128.

como tal para com a Justiça Eleitoral e no trato dos interesses interpartidários (art. 6º, §1º, Lei nº 9.504/97).

Dentre as benesses da coligação está a de maior tempo de inserção de propaganda eleitoral gratuita em mídia eletrônica, no rádio e na televisão. Sem falar que é uma força política que atua com maior presença no quantitativo de participantes do pleito, proporcionando maior possibilidade de atrair votos e, consequentemente, maior número de eleitos por aquela junção de agremiações políticas. Uma vez formada a coligação partidária, sua existência está adstrita ao processo eleitoral. Ela é um ente jurídico com direitos e obrigações apenas durante o processo eleitoral, objetivando unir forças em favor de um objetivo comum. Após, finalizada a eleição, não existe mais coligação, já que estão satisfeitos os interesses dos partidos coligados.

Nesse sentido, embora não tenha personalidade jurídica, a coligação adquire, na verdade, no período da eleição que concorre, *status* de partido político transitório, ou seja, tem vida delimitada para atingir um determinado objetivo, que, uma vez alcançado, porá fim à sua validade normativa. Sua existência tem, portanto, um termo preciso no mundo jurídico – convenção partidária – e um termo mais preciso ainda para seu desaparecimento – o término das eleições.

Numa ligeira dedução, podemos aferir que na qualidade de pessoa jurídica *pro tempore* (art. 6º, §1º, Lei nº 9.504/97), não se pode confundir esta com o partido político, que não apresenta validade determinada no tempo e se constitui em elemento imprescindível à democracia, assegurando o monopólio absoluto das candidaturas, segundo Maurice Duveger (1970).[23] A coligação, ao atingir o objetivo para o qual foi criada, deixa de existir.

É de se verificar que a coligação, quando constituída, assume, para o pleito do qual participa, todas as obrigações e direitos inerentes a uma agremiação política, verdade que apenas transitoriamente, e, ressalve-se, sem olvidar as prerrogativas constitucionais dos partidos. E essa situação, segundo tem sido entendido pelo Tribunal Superior Eleitoral, somente é válida durante o processo eleitoral entre a fase das convenções até a realização das eleições.

---

[23] DUVERGER, Maurice. *Os partidos políticos*. Rio de Janeiro: Zahar, 1970, p. 388.

DO DIREITO DOS PARTIDOS À VAGA DOS SUPLENTES | 117

Não se precisa uma análise mais acurada para se depreender que a coligação é um ente com seu tempo de vida delimitado, sendo seu tempo de vida útil adstrito até a apuração das urnas. Posteriormente, findo o processo eleitoral, perde sua validade e se desfaz instantaneamente após as eleições. É mister entender que não mais existirá esse ente provisório denominado coligação, como de fato vem sendo decidido e doutrinado em todos os rincões do país. Tal afirmativa encontra guarida nas leis eleitorais já referenciadas.

Portanto, é salutar consubstanciar que sempre prevalecerá o partido político para o qual o candidato fora eleito, até porque, após as eleições, não mais existe, de modo peremptório, a figura jurídica da coligação.

Nesse mesmo sentido foi o posicionamento do Ministro Luiz Carlos Madeira, para quem as coligações partidárias constituem-se por interesse comum para finalidade determinada – disputar eleição específica, configurando-se como pessoa jurídica *pro tempore* (Ac. nº 24.531, de 25.11.2004, rel. Ministro Luiz Carlos Madeira).

De forma pragmática, a importância da coligação é obnubilada após a realização das eleições, mormente quando esta tem êxito em sua finalidade comum – eleger representantes dos partidos que a integram. Assim sendo, perde ou mesmo deixa de ter qualquer significado a coligação partidária criada.

Enfim, uma vez definida a coligação, atingindo-se ou não o objetivo de conquista dos cargos almejados, terminada a eleição, igualmente estará sepultada a coligação, sem possibilidade de produção de qualquer efeito jurídico. Malgrado a tese agasalhada pelo Supremo Tribunal Federal de que a vaga deixada é da coligação, postula-se que essa decisão apresenta graves equívocos, já que o conceito de coligação é bem claro e definido. Tem vida acessória à atividade partidária e ainda assim em caráter transitório. Deflui-se que outra ilação não pode haver a não ser garantir-se que a vaga pertence ao partido.

6 Atestação que a vaga pertence ao partido político

Luís Virgílio Afonso da Silva (1999), mesmo atestando que o sistema proporcional e o majoritário têm fundamentos diversos, defende que este se configura quando é considerado eleito o candidato que obtiver a maioria de votos, relativa ou absoluta, dependendo da variante em questão, enquanto aquele ocorre quando propiciar uma divisão dos mandatos para que cada partido receba uma parte do todo correspondente a sua força eleitoral.[24]

Como bem assinala o professor Virgílio, o sistema proporcional seria aquele que propicia uma divisão dos mandatos de forma que cada partido receba uma parte do todo correspondente à sua força eleitoral. Note-se que inexiste menção ou desiderato do fortalecimento da coligação, mas apenas afere-se a força dos partidos políticos.

Por derradeiro, frisa-se que o sistema proporcional pode ser uninominal e plurinominal. O primeiro ocorre quando o eleitor faz apenas uma opção, enquanto no segundo possibilitam-se várias opções. Para Meirelles Teixeira (1991), no sistema proporcional plurinominal o cidadão não apoia apenas um candidato, mas certo número, contidos em uma lista, donde provém a denominação de 'escrutínio de lista' que às vezes impropriamente recebe.[25]

O constitucionalista Paulo Bonavides (2005) alerta para a importância do pluralismo político que existe pela adoção do sistema proporcional, sendo por sua própria natureza um sistema aberto e flexível, no que estimula a consolidação de novos partidos, incentivando a difusão e circulação de ideias e opiniões, impedindo uma rápida e eventual esclerose do sistema partidário.[26]

Aspecto relevante no sistema proporcional é no sentido da distribuição mais equilibrada e igualitária entre os votos e as vagas disputadas pelas agremiações políticas, gerando a possibilidade das minorias ou grupos sociais terem as suas representações efetivas neste sistema eleitoral, apesar de existirem outros fatores que também influenciam a proporcionalidade.

Através da adoção do sistema proporcional, com fundamento no art. 45 do Texto Constitucional, assegura-se, sobretudo em relação ao Poder Legislativo, a fidelidade da representação àquela pluralidade de ideias que compõe a sociedade brasileira,

---

[24] SILVA, Luís Virgílio Afonso da. *Sistemas eleitorais*. São Paulo: Malheiros, 1999, p. 67-68.

[25] TEIXEIRA, José Horácio Meirelles. *Curso de direito constitucional*. Rio de Janeiro: Forense Universitária, 1991, p. 523.

[26] BONAVIDES, Paulo. *Ciência política*. 11. ed. São Paulo: Malheiros, 2005, p. 251.

representando as agremiações vetores para que os cidadãos possam canalizar sua opção ideológica.

Ainda no que se refere ao sistema proporcional, importa frisar que, não obstante a Constituição Cidadã tenha sido omissa quanto a uma definição precisa de sua estruturação, não há motivos para refutar sua preponderância no ordenamento jurídico, uma vez que, em uma perspectiva sistêmica, em razão da imprescindibilidade dos partidos, estes se tornam pedra angular no bloco de constitucionalidade

Ademais, O Código Eleitoral, em seu art. 84, dispõe que a Câmara dos Deputados, Assembleias Legislativas e Câmaras Municipais seguem o princípio da representação proporcional, sendo sua regulamentação realizada por intermédio de lei infraconstitucional. Aqui, importa observar que igualmente não fora realizada nenhuma menção à coligação ou muito menos à sua importância na disputa eleitoral.

Como se pode notar, esta fórmula é a que se apresenta com maior perspectiva de representação dos grupos da sociedade, entretanto pode gerar maiores distorções e dificuldades de compreensão do sistema por parte dos eleitores. Atribuindo-se primazia às coligações em detrimentos dos partidos, privilegiam-se aquelas "siglas de aluguéis", que não têm respaldo em linha ideológica sólida e tencionam a luta pelo poder de forma descompromissada com os interesses sociais.

Se não houver o fortalecimento dos partidos, como se pode tentar fortalecer o pluralismo político? Sabe-se que as coligações se formam poucos meses antes das eleições e, posteriormente, são dissolvidas. Há compatibilidade em um fortalecimento duradouro das instituições democráticas quando a representatividade alicerça-se em órgãos transitórios?

O que se sustenta é que a regulamentação do sistema proporcional, quer seja no âmbito constitucional ou em sede infraconstitucional, não agasalha em nenhum momento a tese de que a vaga aberta da representação popular pertença à coligação e não às agremiações. Muito pelo contrário, a análise realizada permite uma ilação contrária, asseverando de forma clara e límpida que o mandato pertence aos partidos políticos. Sustentar o contrário seria defender o pluripartidarismo anacrônico, em detrimento do pluralismo político.

7 Da pertinência do mandato ao partido

Para a realização da ilação de que o mandato pertence aos partidos não se precisa de análises *zetéticas* ou diatribes hermenêuticas. Basta analisar a Constituição, o Código Eleitoral e as leis referentes à temática para se concluir que os votos dados a determinado candidato pertencem ao partido político.

Por oportuno, observa-se que A *Lex Excelsa* exige como condição de elegibilidade, além dos demais requisitos ali insertos, que o cidadão esteja filiado a partido político (art. 14, §3º, V). Destarte, no sistema eleitoral brasileiro não se admite a candidatura avulsa, de modo que sem o partido o candidato não pode concorrer nem se eleger. Caracterizado está, portanto, que em nenhum momento há exigência de formação de coligação como condição de elegibilidade, o que denota sua irrelevância em relação à estatura constitucional dos partidos políticos.

Com efeito, o ápice da regulamentação constitucional que corrobora a constatação anterior aconteceu quando houve a prescrição de outorgar aos partidos políticos liberdade de criação e autonomia, inclusive podendo seu estatuto estabelecer normas de disciplina e fidelidade partidária (art. 17 e seu §1º). Este dimensionamento constitucional assegurou aos partidos políticos uma supremacia jurídica e sociológica a qual as coligações não podem se contrapor, cabendo à teorética jurídica enquadrá-la devidamente como um ente efêmero do processo de aferição da vontade da população, até que venha a ser extinta, para cargos proporcionais, pela nova reforma eleitoral.

O Código Eleitoral não destoa desse diapasão, exalando em vários de seus dispositivos que o mandato pertence ao partido, mostrando a relevância desse ente, mesmo quando são realizadas coligações. Assim, por exemplo, quando houver necessidade de votação por cédulas, nas eleições proporcionais haverá espaço para que o eleitor escreva o nome ou o número do candidato de sua preferência e indique a sigla do partido, o que mostra, mesmo em havendo coligação, a imperiosidade dos partidos (art. 104, §5º, do CE). Ainda nas votações manuais, mesmo em eleições proporcionais, quando o eleitor escrever apenas a sigla partidária, não indicando o candidato de sua preferência, os votos devem ser contados para a agremiação escolhida, fortalecendo o liame entre o cidadão e a vertente política escolhida (art. 176, I, do CE).

Ainda nesse sentido, em seu art. 112, o Códex Eleitoral assevera que os suplentes são aqueles cidadãos da representação partidária, no que demonstra que o mandato pertence às agremiações políticas e não às coligações. Ademais, em seu inciso I, apesar da falta de consistência técnica, afirma-se que os suplentes serão os mais votados da legenda, desde que não tenham sido eleitos nas listas respectivas.

A Lei Eleitoral, com a nova redação de 2009, também deixa bem sinalizada a preponderância dos partidos em relação às coligações quando afirma que, se a convenção partidária de nível inferior se opuser, na deliberação sobre coligações, às diretrizes legitimamente estabelecidas pelo órgão de direção nacional partidária, poderá esse órgão anular a deliberação e os atos dela decorrentes (art. 7º, §2º, da LE).

Observa-se que entre os interesses locais para a formação de coligações e a vontade partidária, exteriorizada pela sua direção nacional, prevalecem as decisões desta, o que demonstra o caráter de precariedade na formação das coligações e sua subordinação aos ditames da vida associativa política.

Por derradeiro, frisa-se ainda a norma dos partidos políticos, a Lei nº 9.096/95, a qual dispõe que a responsabilidade por violação dos deveres partidários deve ser apurada e punida pelo competente órgão, na conformidade do que disponha o estatuto de cada partido (art. 23 da LPP). Nota-se que não houve atribuição às coligações para tratarem do assunto, e outra não poderia ser a diretriz, haja vista a taxionomia transitória que permeia a essência desses entes aglutinatórios.

Na jurisprudência, a prevalência dos partidos em detrimento das coligações foi sendo cristalizada há um bom tempo, o que indicava um nítido desenvolvimento de nossa democracia.

Hodiernamente, com a decisão do STF, em sede do Mandado de Segurança nº 30.272, pelo estrondoso quórum de 10 x 1, houve uma nítida ruptura inopinada em toda construção lógico-jurisprudencial consagrada ao longo dos anos pela Suprema Corte e pela Corte Eleitoral, de sorte que este processo de aperfeiçoamento da democracia e fortalecimento das instituições republicanas fora interrompido.

A Ministra Cármen Lúcia (2008) advogava de forma lapidar que é direito do partido político manter o número de cadeiras obtidas nas eleições proporcionais.[27] No mesmo sentido, o Ministro Eros Grau entende que a permanência do parlamentar no partido político pelo qual se elegeu é imprescindível para a manutenção da representatividade partidária do próprio mandato.[28]

No Mandado de Segurança nº 26.604, do Distrito Federal, cuja relatoria pertenceu à Ministra Cármen Lúcia, atestou-se que o eleitor é vinculado necessariamente a um determinado partido político e tem em seu programa e ideário o norte de sua atuação. Mais uma vez não se menciona a ligação entre o eleitor e a coligação porque simplesmente ela não existe. A imprescindibilidade para o desenvolvimento da democracia reside nos partidos políticos, sem necessidade de vínculos mais robustos com a coligação.

De maneira bastante enfática, o Ministro Gilmar Ferreira Mendes sustentou que há algum tempo a jurisprudência, tanto do TSE quanto do STF, posiciona-se no sentido de que o mandato parlamentar conquistado pertence ao partido político. Sustentava seu ponto de vista asseverando que as coligações são pessoas jurídicas *pro tempore*, cuja formação e existência ocorrem apenas com a finalidade de vencer determinadas eleições, desfazendo-se, inexoravelmente, após o pleito eleitoral. Para o Min. Gilmar, mesmo o reconhecimento da justa causa para a desfiliação partidária não teria a prerrogativa de permitir transferência a novo partido e o direito à manutenção da vaga, mas somente afastar a pecha de infidelidade partidária e a continuidade do exercício do mandato.[29]

Não se pode tentar equiparar a taxonomia dos partidos políticos com as coligações, seja na seara normativa, seja na seara fática, como sustentou o Ministro Luiz Fux.[30] Na seara normativa, eles foram regulamentados em nível constitucional, garantindo supremacia e imutabilidade relativa, fazendo assim que suas disposições normativas tenham uma maior concretude. Na seara fática, as agremiações

---

[27] MS 26.604/DF, rel. Min. Cármen Lúcia, DJ. 03.10.2008.
[28] MS 26.602/DF, rel. Min. Eros Grau.
[29] MS 29.988-MC/DF, rel. Min. Gilmar Mendes, 9.12.2010.
[30] MS 30.272/MG. Relator (a): Min. Cármen Lúcia. Julgamento: 17.03.2011.

políticas não têm uma existência predeterminada, existindo por período indeterminado, algumas com existência quase secular. São consideradas imprescindíveis porque as ações desenvolvidas são legitimadas por ideais políticos preconcebidos.

Na Resolução nº 22.610/2007, do Tribunal Superior Eleitoral, em que se reverberou que o mandato pertence ao partido, perde seu *munus* público o parlamentar que mudar de agremiação sem justa causa, ainda que para legenda integrante da mesma coligação pela qual foi eleito. Dessa forma, sinalizou a mencionada resolução que o mandato pertence ao partido e não à coligação, pois restou bem clara a proibição de parlamentar deixar sua legenda sem justa causa, mesmo que seja para uma legenda que participou da coligação que o elegeu.

Se o mandato pertencesse à coligação, a mencionada resolução, bem como todo o bloco constitucional e infraconstitucional, teria sinalizado nesse sentido, permitindo-a receber o parlamentar trânsfuga e dando a ela um *status* jurídico superior ao dos partidos em toda sua dimensão.

Portanto, com base no que foi exposto, acredita-se que vagando o cargo de parlamentar, seja de forma provisória, seja de forma definitiva, a vaga deve ser preenchida pelo suplente do partido ao qual pertencia o antigo titular, e não pela coligação, posto que assim estar-se-á respeitando os mais lídimos princípios constitucionais e infraconstitucionais.

8 Análise dos Mandados de Segurança nº 30.260 e nº 30.272 pelo STF: mutação constitucional ou ativismo judicial?

Em várias decisões pretéritas houve posicionamentos judiciais no sentido de que a vaga deixada pelo parlamentar eleito pertencia ao suplente do partido político ao qual pertencia a vaga, e não à coligação. Tanto é que o Tribunal Superior Eleitoral, em atenção ao disposto no inciso XVIII do artigo 23 do Código Eleitoral e após as decisões do Supremo Tribunal Federal, no julgamento dos Mandados de Segurança nº 26.602, nº 26.603 e nº 26.604, editou a

Resolução nº 22.610, disciplinando o processo de perda de cargo eletivo em razão de desfiliação partidária sem justa causa.

A mencionada resolução corroborou o entendimento acerca da imprescindibilidade da manutenção dos mandatários nas agremiações partidárias nas quais foram originalmente eleitos, sob pena dos trânsfugas perderem o mandato.

Todavia, em uma decisão que surpreendeu o mundo jurídico, o Supremo Tribunal Federal, na análise dos Mandados de Segurança nº 30.260 e nº 30.272, modificou entendimento consagrado, passando a entender que as vagas decorrentes de vacância parlamentar devem ser ocupadas. por suplente das coligações e não dos partidos políticos. A surpresa ocorreu em razão de que houve uma mudança brusca de um entendimento que estava sendo consolidado paulatinamente, sem uma fundamentação mais robusta e contrária ao aperfeiçoamento de um dos pilares do regime democrático.

Os motivos utilizados pelo Pretório Excelso para tomar essa decisão, por esmagadora maioria de 10 x 1, de forma perfunctória, foram no sentido de que as coligações, na duração de sua existência, apresentariam os mesmos apanágios pertencentes aos partidos políticos.

O Supremo Tribunal Federal partiu da concepção que as coligações consubstanciam instituições jurídicas autônomas – distintas dos partidos que a compõem e a eles sobrepondo-se temporariamente – com previsão constitucional e com capacidade jurídica. Defende-se que o §1º do art. 6º da Lei nº 9.504/97 equipararia as coligações aos partidos políticos – sobre elas incidindo os preceitos do art. 17 da CF – lhe atribuindo por tempo determinado prerrogativas e obrigações partidárias, tornando-as aptas a lançarem candidatos às eleições. Dessa forma, as coligações passariam a funcionar como uma espécie de superpartido e superlegenda até o fim das eleições, haja vista que consubstanciam uma combinação ideológica e de projetos que se fundiriam na campanha para potencializar a competitividade dos partidos políticos na luta eleitoral.[31]

Não se pode considerar que a decisão do Supremo Tribunal Federal sirva de parâmetro para exemplificação do fenômeno da mutação constitucional, pelos seguintes motivos:

---

[31] MS 30.272/MG, rel. Min. Cármen Lúcia, 27.4.2011.

DO DIREITO DOS PARTIDOS À VAGA DOS SUPLENTES | 125

a) não foi uma mudança hermenêutica lenta e gradual, mas sim repentina e brusca;
b) não teve o objetivo de se adequar a uma nova realidade fática ou aprimorar o funcionamento das instituições;
c) calcada em uma forte influência política;
d) atinge o rol das cláusulas pétreas e o bloco de constitucionalidade, uma vez que enfraquece os partidos e estes consubstanciam o principal mecanismo para o exercício dos direitos políticos;
e) alimenta o espectro da insegurança jurídica;
f) não contribui para a criação de uma teorética robusta que alicerce as decisões eleitoralistas.

Conjecturas políticas não justificam autofagias judiciais, que ultrajem os limites materiais da Constituição, no que contribuiu para o enfraquecimento dos partidos políticos, que consubstanciam o primado do pluralismo político e da representação popular. Essa modificação é inexoravelmente inconstitucional e acintosa ao processo democrático, pois de forma concomitante serve como deturpações na aferição da vontade popular.

Partindo da concepção de bloco de constitucionalidade exposto alhures, pode-se dizer que houve uma decisão *contra legem*, que feriu o núcleo sistêmico material da Constituição, no que relegou uma construção doutrinária e jurisprudencial que estava sendo incorporada ao imaginário coletivo político paulatinamente. Não houve o cuidado com a densificação da teorética eleitoral porque os argumentos esposados foram frágeis e contradiziam posicionamentos anteriores. Pressões alopoiéticas proporcionaram um pronunciamento do Pretório Excelso teratológico, hipertrofiando a força institucional histórica dos partidos políticos brasileiros, arrefecendo a vontade popular, primado inexorável de um regime democrático.

Conclusão

Das ilações que foram expostas, depreende-se que há uma necessidade de fortalecimento dos partidos brasileiros, impedindo-se, com a fragilização das coligações, uma proliferação de agremiações que apenas servem para incentivar práticas não recomendadas ao processo eleitoral.

Dessa forma, infere-se que a decisão do Supremo Tribunal Federal, na análise dos Mandados de Segurança nº 30.260 e nº 30.272, acarretou um retrocesso no desenvolvimento de nossas estruturas políticas, o que arrefeceu a força normativa da Constituição e o bloco de constitucionalidade, para fortalecer instituições jurídicas de caráter transitório, desprovidas de qualquer conotação ideológica que as justifiquem.

Referências

AGRA, Walber de Moura. *Curso de direito constitucional*. 6. ed. Rio de Janeiro: Forense, 2010.

AGRA, Walber de Moura; VELLOSO, Carlos Mario da Silva. *Elementos de direito eleitoral*. 2. ed. São Paulo: Saraiva, 2010.

ALEXY, Robert. *Concetto e validità del diritto*. Tradução de Fabio Fiore. Torino: Einaudi, 1997.

BOBBIO, Norberto; MATTEUCCI, Nicola. *Dicionário de política*. 4. ed. Brasília: UnB, 1992. v. 2.

BONAVIDES, Paulo. *Ciência política*. 11. ed. São Paulo: Malheiros, 2005.

CANARIS, Claus Wilhelm. *Pensamento sistemático e conceito de sistema na ciência do Direito*. 2. ed. Tradução de A. Menezes Cordeiro. Lisboa: Fundação Calouste Gulbenkian, 1996.

CRETELLA JÚNIOR, José. *Comentários à Constituição brasileira de 1988*. Rio de Janeiro: Forense Universitária, 1989. v. 2.

DUVERGER, Maurice. *Os partidos políticos*. Rio de Janeiro: Zahar, 1970.

FAVOREAU, Louis; LLORENTE, Francisco Rubio. *El bloque de la Constitucionalidad*. Madrid: Civitas, 1991.

GOMES, José Jairo. *Direito eleitoral*. Belo Horizonte: Del Rey, 2008.

GONÇALVES, Guilherme de Salles; PEREIRA, Luiz Fernando Casagrande; STRAPAZZON, Carlos Luiz (Coord.). *Direito eleitoral contemporâneo*. Belo Horizonte: Fórum, 2008.

GUERRA FILHO, Willis Santiago. *Autopoiese do direito na sociedade pós-moderna*: introdução a uma teoria social sistêmica. Porto Alegre: Livraria do Advogado, 1997.

HERAS, Jorge Xifra. *Curso de Derecho Constitucional*. Barcelona: Bosch Casa Editorial, 1957. t. I.

HORTA, Raul Machado. *Estudos de direito constitucional*. Belo Horizonte: Del Rey, 1995.

JOSINO NETO, Miguel. O bloco de constitucionalidade como fator determinante para a expansão dos direitos fundamentais da pessoa humana. *Jus Navigandi*, Teresina, ano 8, n. 61, 1º jan. 2003. Disponível em: <http://jus.com.br/revista/texto/3619>. Acesso em: 02 jan. 2003.

KELSEN, Hans. *Teoria geral do Estado*. São Paulo: Martins Fontes, 2000.

LENIN, Vladimir Ilitch. *A doença infantil do esquerdismo no comunismo*. Lisboa: Avante, 1986, v. 1 (Obras Escolhidas).

LOEWENSTEIN, Karl. *Teoría de la constitución*. Tradução de Alfredo Ballego Anabitarte. Barcelona: Ariel, 1970.

LOPES, Maurício Antônio Ribeiro. *Poder constituinte reformador*: limites e possibilidades da revisão constitucional brasileira. São Paulo: Revista dos Tribunais, 1993.

PINTO, Djalma. *Direito eleitoral*: improbidade administrativa e responsabilidade fiscal. 4. ed. rev. e atual. São Paulo: Atlas, 2008.

RÊGO, George Browne. Os princípios fundamentais e sua natureza estruturante na Constituição de 1988. In: *Anuário dos cursos de Pós-Graduação em Direito*, Recife, n. 8, 1997.

REIS, Palhares Moreira. *Cinco estudos sobre partidos políticos*. Recife: Universitária – UFPE, 1999.

SEREJO, Lourival. *Programa de direito eleitoral*. Belo Horizonte: Del Rey, 2006.

SILVA, Gustavo Just Costa e. *Os limites da reforma constitucional*. Rio de Janeiro: Renovar, 2000.

SILVA, Luís Virgílio Afonso da. *Sistemas eleitorais*. São Paulo: Malheiros, 1999.

TEIXEIRA, José Horácio Meirelles. *Curso de direito constitucional*. Rio de Janeiro: Forense Universitária, 1991.

CAPTAÇÃO ILÍCITA DE ARRECADAÇÃO E GASTOS

ANÁLISE DO ART. 30-A DA LEI ELEITORAL*

1 Origem do art. 30-A

O art. 30-A foi inserido na legislação eleitoral pela Lei nº 11.300/2006. Ele surgiu diante do clamor da sociedade por instrumentos jurídicos que pudessem atacar o problema de "caixa dois de campanha". Tinha a seguinte redação:

> Qualquer partido político ou coligação poderá representar à justiça eleitoral, relatando fatos e indicando provas, e pedir a abertura de investigação judicial para apurar condutas em desacordo com as normas desta Lei, relativas à arrecadação e gastos de recursos.

Posteriormente, a Lei nº 12.034/2009 alterou o art. 30-A, limitando a extensão de sua impetração para até quinze dias da diplomação:

> Qualquer partido político ou coligação poderá representar à justiça eleitoral, no prazo de quinze dias da diplomação, relatando fatos e indicando provas, e postular a abertura de investigação judicial para apurar condutas em desacordo com as normas desta Lei, relativas à arrecadação e gastos de recursos.

O que a alteração de 2006 almejou criar foi uma ação sem prazo determinado para seu ajuizamento, impedindo o registro ou a outorga da diplomação.[1] Seu intento principal constituiu-se

---

* Originalmente publicado na *Revista Brasileira de Direito Eleitoral – RBDE*, Belo Horizonte, ano 3, n. 4, p. 203-215, jan./jun. 2011.

[1] A representação é cabível para a preservação da competência e garantia da autoridade das decisões eleitorais (JARDIM, Torquato. *Direito eleitoral positivo*. 2. ed. Brasília: Brasília Jurídica, 1998, p. 188).

em ser um instrumento de punição para quando a evidenciação de afronta às regras vigentes de arrecadação e gastos ocorresse tempo depois da eleição, quando os prazos para as ações e recursos eleitorais já tivessem sido exauridos. Não se pode negar que, na redação originária desse dispositivo, houve uma preocupação com a higidez do processo eleitoral, no que se refere, principalmente, a arrecadação e gastos.[2] Todavia, com a modificação implementada pela Lei nº 12.034, impediu-se que essa ação fosse intentada a qualquer momento, impondo um lapso temporal intransponível de quinze dias, "não se admitindo que entre os fatos questionados e a propositura da demanda haja lapso temporal injustificável".[3] Parte da doutrina já vinha reclamando a instituição de um termo determinado para a impetração dessa ação específica. Agora, com a nova redação desse dispositivo, estabeleceu-se prazo decadencial de quinze dias, contados da diplomação – o mesmo prazo decadencial para a Ação de Impugnação de Mandato Eletivo (AIME). Nesse sentido, com a inclusão no dispositivo de prazo para sua propositura, todas as discussões a respeito do tema restaram sepultadas.

Tal modificação vai exigir dos participantes do pleito eleitoral uma maior acuidade na fiscalização das eleições, demandando que a constatação de acintes contra a lisura da arrecadação e gastos eleitorais seja evidenciada em tempo hábil, caso contrário, opera-se a incidência da decadência.

Pode-se objetar que as evidências de utilização de "caixa dois", por exemplo, auferidas em um lapso mais longo, deixarão os infratores sem nenhuma punição na seara eleitoral. Isso é uma verdade, como, por exemplo, no notório escândalo investigado pela CPMI dos Correios, que evidenciou a aplicação de recursos ilícitos aplicados nas campanhas presidenciais, depois de longos dois anos

---

[2] ZILIO, Rodrigo López. *Direito Eleitoral*. 3. ed. Porto Alegre: Verbo Jurídico, 2012. p. 567.

[3] "A jurisprudência em matéria eleitoral, visando conferir efetividade ao processo eleitoral e adequá-lo aos cânones e aos princípios que o informam, foi e vem sendo renovada de forma salutar e dinâmica. De fato, é sentimento de todos os órgãos do Poder Judiciário Eleitoral que as demandas eleitorais não podem eternizar-se. Elas devem confinar-se no tempo, não se admitindo que entre os fatos questionados e a propositura da demanda haja lapso temporal injustificável" (SILVEIRA, Hélio Freitas de Carvalho; ANDRADE, Marcelo Santiago de Paula. Investigação Judicial Eleitoral do art. 30-A da Lei 9.504/97. *Revista do advogado*, n. 109, p. 38, ago. 2010).

após o prélio, sem que houvesse qualquer medida judicial aplicável para atacar o diploma dos candidatos envolvidos Destaca-se também o notório escândalo da operação "Lava Jato", que investiga uma rede de corrupção e pagamento de propinas realizada no âmbito da Petrobras, cujas investigações ainda perduram.

Contudo, em contraposição às impunidades que possam vir a acontecer pela delimitação temporal, está a segurança jurídica, um dos pilares do Direito, o qual, reflexamente, determina que o resultado da eleição não pode ser enodoado por suspeitas *ad infinitum* da ocorrência de condutas ilícitas de financiamento.[4] Nesse sentido, a segurança está ligada à ordem em uma organização social. Assim, no que se refere à segurança na seara jurídica, o objetivo principal é a busca de estabilidade nas relações regidas por meio do Direito, como a manutenção da ordem pública.[5] Nas lições de André Ramos Tavares existe, portanto, uma projeção da segurança jurídica para o futuro, no sentido de uma necessidade de uma imperturbabilidade mínima dos institutos jurídicos que possuem uma finalidade específica.[6]

Alguns doutrinadores vociferam contra a inclusão do citado artigo e também contra sua modificação. Joel Cândido afirma que a sua criação fora inútil, haja vista ainda ser aplicável o art. 22 da LC nº 64/90.[7] Já Alexandre Luis Mendonça Rollo critica sua modificação, asseverando que houve a mera repetição de instrumento idêntico, dispondo o ordenamento jurídico de estrutura normativa para coibir tais práticas.[8] Pode-se, de forma hipotética, argumentar que o prazo para a implementação dessa ação poderia ser mais elástico, contudo, não é de bom alvitre deixar um fato jurídico passível de impugnação por tempo indeterminado, mormente quando ele é consectário de uma expressão da soberania popular.

---

[4] AGRA, Walber de Moura; CAVALCANTI, Francisco Queiroz. *Comentários à nova Lei Eleitoral.* Rio de Janeiro: Forense, 2010, p. 48.

[5] SILVA, José Afonso da. *Curso de Direito Constitucional Positivo.* 9. ed. São Paulo: Malheiros Editores, 1993. p. 378-379.

[6] TAVARES, André Ramos. *Curso de Direito Constitucional.* 7. ed. São Paulo: Saraiva, 2009. p. 728-733.

[7] CÂNDIDO, José Joel. *Direito eleitoral brasileiro.* 13. ed. Bauru: Edipro, 2008 , p. 468.

[8] CARVALHO. Desvios na arrecadação e nos gastos de recursos nas campanhas eleitorais: a representação do art. 30-A. In: ROLLO (Org.). *Eleições no direito brasileiro*: atualizado com a Lei nº 12.034-09, p. 120.

WALBER DE MOURA AGRA
TEMAS POLÊMICOS DO DIREITO ELEITORAL

2 Questões processuais

Sua taxionomia é de uma ação de conhecimento, sem que se possa confundi-la com uma representação ou reclamação em virtude de ostentarem procedimentos diversos. Ela não pode ser classificada como uma prestação jurisdicional de natureza penal, haja vista não produzir os efeitos apanágios dessa seara. Configura-se como uma ação de natureza cível, modulando-se pelos procedimentos inerentes à LC nº 64/90 e subsidiariamente ao Código de Processo Civil.

Ostenta partido político, legalmente constituído, ou coligação a prerrogativa de apresentar à Justiça Eleitoral, no prazo peremptório de quinze dias da diplomação, com a especificação dos fatos e a indicação das provas, a abertura de investigação judicial para apurar condutas em desacordo com as normas relativas à arrecadação e gastos de recursos eleitorais (art. 30-A, *caput*, da Lei nº 9.504/97). Contudo, se os partidos políticos realizarem coligação em determinada eleição, isoladamente, somente possuem legitimidade, durante a fase eleitoral, para questionar a validade da própria coligação. Nos demais casos, a legitimidade passa a ser da coligação (art. 6º, §4º, da LE). Com efeito, importa destacar que teoricamente o prazo é até quinze dias após a diplomação, contudo, não há nenhum impedimento para que elas ocorram antes da eleição.[9]

Como exposto *a priori*, a legitimidade ativa para se ingressar com a referida ação pertence ao partido político ou à coligação. Excluiu-se dessa prerrogativa os candidatos e os cidadãos, não se podendo dar interpretação extensiva ao art. 22 da LC nº 64/90 para incluí-los.[10] Restringiu-se essa legitimação porque, teoricamente, os

---

[9] "[...] O Plenário do Tribunal Superior Eleitoral, por unanimidade, entendeu que a representação prevista no art. 30-A da Lei nº 9.504/1997 pode ser proposta antes da diplomação do candidato, sendo o termo final para seu ajuizamento o transcurso do prazo de 15 dias previsto no mencionado artigo". Recurso Especial Eleitoral nº 1348-04, rel. Min. Luciana Lóssio, em 15.12.2015.

[10] "Representação. Arrecadação e gastos de campanha. Ilegitimidade ativa. – A jurisprudência do Tribunal é firme no sentido de que o candidato não é parte legítima para propor representação com base no art. 30-A da Lei nº 9.504/1997, tendo em vista que a referida norma legal somente se refere a partido ou coligação. [...]". (Ac. de 9.10.2012 no AgR-AC nº 31658, rel. Min. Fernando Gonçalves).
Ac.-TSE, de 19.8.2014, no AgR-AInº 69590 (partido coligado, após a realização das eleições); Ac.-TSE, de 13.10.2011, no AgR-REspe nº 3776232: (coligação, mesmo após a realização das eleições).

partidos e as coligações dispõem de maiores condições de analisar as prestações de contas dos candidatos de forma abrangente, identificando possíveis infrações.[11]

O Ministério Público, mesmo sem indicação legal, também possui legitimidade, em razão de que se encontra em seu mister velar pela ordem jurídica e pelo regime democrático, sendo essas atribuições cominações constitucionais, previstas no art. 127, *caput* da CRFB, que não podem ser mitigadas por mandamentos infraconstitucionais; além de todo corpo legal edificado na Lei Complementar nº 75/93, especificamente no art. 5º, I, "b"; art. 6º, XIV, "a" e art. 72.[12] A sua esfera de incidência abrange a arrecadação e gastos provenientes da campanha eleitoral, descartando todas as demais matérias fáticas. Mesmo assim, seu alcance se configura bastante amplo, atingindo toda a arrecadação, em suas múltiplas formas, e todos os gastos, nas mais variadas modalidades. Entrelaça-se, umbilicalmente, como o financiamento das campanhas eleitorais, tema que sucinta amplos debates em todo o mundo.

Sua finalidade é impedir a utilização de meios que possam desnivelar os candidatos em disputa, privilegiando uns em detrimento de outros, ou seja, o caixa dois. A arrecadação e o gasto de campanha se revelam no ponto fulcral do Direito Eleitoral, sendo essas ações mais uma possibilidade de velar pela lisura e legitimidade dos pleitos.

Para a caracterização da captação ilícita de arrecadação e gastos de campanha, previsto no artigo supracitado, é indispensável a presença de provas contundentes dos atos praticados. Necessita-se, de forma cabal, provar a gravidade dos fatos imputados, deixando nítida a caracterização de que o financiamento de campanha não obedeceu aos parâmetros previstos. Não pode ser admitida a referida ação se os vícios apontados forem de natureza formal ou

---

[11] Ac.-TSE, de 19.3.2009, no RO nº 1498 (ilegitimidade de candidato).

[12] "Não há como apartar o Ministério Público dessa atuação em defesa da democracia representativa – que se desdobra por eleições, votos, captação de recursos, prestação de contas. Porque tudo se reflete na legitimidade da investidura dos representantes do povo, nos cargos de chefia executiva e nos cargos de natureza parlamentar" (RO nº 1.596/MG – DJe 16.3.2009, p. 26-27. Ministro Carlos Ayres Britto) Ac.-TSE, de 12.2.2009, no RO nº 1596: (Ministério Público Eleitoral).

insignificantes diante do montante arrecadado.[13] Portanto, para a cassação do diploma importa, "além do juízo de proporcionalidade, que os recursos e gastos de campanha sejam ilícitos".[14] A conduta praticada em desacordo com a Lei Eleitoral deve ser dolosa, com a firme e deliberada vontade de infringir os parâmetros legais estabelecidos. As condutas culposas não tipificam o acinte narrado, pois fogem do tipo delineado normativamente. Se de forma clara não houve intenção de realizar a conduta, em razão de escusa substancial, não se pode aplicar a reprimenda prevista por ausência de tipificação.[15]

Zaffaroni e Pierangeli lecionam que dolo é uma vontade individualizada em tipo que obriga o reconhecimento de sua estrutura em dois aspectos: o reconhecimento pressuposto ao querer e o próprio querer.[16] Destarte, o dolo é a vontade livre e consciente, direcionada à realização de conduta prevista do tipo. Se as provas acarreadas aos autos não certificarem a existência do elemento subjetivo em apreço, traduzido na vontade consciente de burlar as cominações inerentes, à arrecadação e os gastos de campanha, não se pode concluir pela cominação do art. 30-A do Código Eleitoral.

---

[13] ELEIÇÕES 2016. RECURSO ELEITORAL. REPRESENTAÇÃO. ART. 30-A. LEI Nº 9.504/1997. ILEGITIMIDADE ATIVA DO CANDIDATO. PRELIMINAR ACOLHIDA. MÉRITO. DOAÇÕES. CAMPANHA. DEPÓSITOS REALIZADOS NA BOCA DO CAIXA. ART. 18, §1º, DA RESOLUÇÃO/TSE Nº 23.463/2015. INFRINGÊNCIA. IRREGULARIDADE FORMAL. ILICITUDE ORIGINÁRIA NÃO DEMONSTRADA. ARRECADAÇÃO IRREGULAR DOS RECURSOS OU A SUA OMISSÃO (CAIXA DOIS). NÃO COMPROVAÇÃO. AUSÊNCIA DE PROVAS. DESPROVIMENTO DO RECURSO. (...). 5. O que ensejou a desaprovação das contas dos recorridos foi tão somente uma irregularidade na forma como depositadas as doações, gerando uma fragilidade na respectiva confiabilidade. Não houve qualquer prova de que tais depósitos decorreram de fatos ilícitos ou de fontes vedadas. 6. Não se comprovando origem ilícita, tampouco os recorrentes podem alegar omissão na identificação dos depositantes, devidamente apontados nos autos. 7. Na representação instituída pelo art. 30-A da Lei nº 9.504/97 deve-se comprovar a existência de ilícitos que extrapolem o universo contábil e possuam relevância jurídica para comprometer a moralidade da eleição, o que não ocorreu na presente espécie. 8. Não há nos autos prova inequívoca e robusta a demonstrar a prática da conduta do art. 30-A da Lei das Eleições. 9. Não provimento do recurso (RE nº 1-93, Ac. de 21.08.2017, Relator Desembargador Eleitoral Júlio Alcino de Oliveira Neto).

[14] Ac.-TSE, de 2.2.2017, no RO nº 262247.

[15] Ac.-TSE, de 17.11.2016, no AgR-REspe nº 172: a tipificação deste dispositivo exige a ilegalidade na forma de arrecadação e gasto de campanha, marcada pela má-fé do candidato, suficiente para macular a lisura do pleito.

[16] ZAFFARONI, Eugenio Raúl; PIERANGELI, José Henrique. *Manual de direito penal brasileiro*: parte geral. São Paulo: Revista dos Tribunais, p. 481.

A captação ilícita de arrecadação e gastos eleitorais apenas pode ser realizada pelo candidato (ou suplente), eleito ou não eleito,[17] ou por pessoa por ele designada, em regra, o administrador financeiro (art. 20 da Lei nº 9.504/97).[18] Ambos são solidariamente responsáveis pela veracidade das informações financeiras e contábeis da campanha (art. 21 da Lei nº 9.504/97).

Todavia, mesmo a conduta podendo ser realizada pelo candidato, pelo administrador por ele determinado ou por terceiro, a sanção de perda do registro ou do diploma incide apenas com relação ao candidato. Contudo, a inelegibilidade de oito anos contados da eleição em que os fatos imputados ocorreram atinge a todos os implicados, pode incidir tanto ao administrador ou ao terceiro que realizou a arrecadação ou gasto ilícito.

A possibilidade de ser manejada contra suplentes baseia-se no fato de que eles podem entrar com a referida ação contra o candidato eleito, assumindo o posto, caso sua demanda obtenha sucesso, mesmo tendo cometido infrações mais graves à regulamentação do financiamento de campanhas eleitorais. Se não se pudesse entrar contra suplentes, eles poderiam se utilizar de caixa dois e, posteriormente, tentar impugnar o mandato dos candidatos eleitos.[19]

A competência para o exame dessas representações é determinada consonante a esfera de abrangência dos órgãos eleitorais. Será competente o juiz eleitoral para as infrações nos pleitos municipais; os Tribunais Regionais Eleitorais, nas eleições estaduais, e o Tribunal Superior Eleitoral, nas eleições nacionais.

Comprovando-se a captação ou gastos ilícitos de recursos para fins eleitorais, atestando-se sua gravidade a normalidade do pleito eleitoral, cominou-se a sanção de perda do registro, ou, o

---

[17] Ac.-TSE, de 28.4.2009, no RO nº 1540: legitimidade passiva do candidato não eleito na eleição proporcional, e diplomado suplente.

[18] "[...] 5. A ação de investigação judicial com fulcro no art. 30-A pode ser proposta em desfavor do candidato não eleito, uma vez que o bem jurídico tutelado pela norma é a moralidade das eleições, não havendo falar na capacidade de influenciar no resultado do pleito. No caso, a sanção de negativa de outorga do diploma ou sua cassação prevista no § 2º do art. 30-A também alcança o recorrente na sua condição de suplente. [...]" (Ac. de 28.4.2009 no RO nº 1.540, rel. Min. Felix Fischer).

[19] [TSE – Ag. no 1.130/SP – DJ 12.2.1999 e TSE – RO 1054/ PI, j. sessão de 5.9.2013].

que é mais comumente pelo seu prazo final, perda do diploma outorgado (art. 30-A, §2º, da LE).[20] Dantes não havia a possibilidade de imposição de pena de inelegibilidade porque tanto a criação quanto a alteração do art. 30-A tinham sido realizadas por leis ordinárias e a aplicação desta reprimenda apenas pode ser imputada por lei complementar.[21] Com a promulgação da "Lei da Ficha Limpa", Lei Complementar nº 135/2010, os que forem condenados, em decisão transitada em julgado ou proferida por órgão colegiado da Justiça Eleitoral, por captação ilícita de recursos ou gastos ilícitos de campanha serão inelegíveis pelos próximos oito anos a contar da eleição.

Assim, com a promulgação da "Lei da Ficha Limpa", a sanção se configura na perda do registro ou do diploma, bem como a condenação de inelegibilidade pelo prazo de oito anos a contar da eleição em que houve constatação de captação ilícita de arrecadação e gasto de campanha.

Até a implementação da Lei nº 12.034/2009, o prazo para a interposição dos recursos nas ações ajuizadas com base no art. 30-A era de vinte e quatro horas, nos termos do art. 96, §8º, da Lei Eleitoral.[22] Seguia o rito sólito das representações, sem nenhum prazo diferenciado.[23] Agora, o interstício fora aumentado para três dias, o que possibilita maior elastério para a utilização da esfera recursal (art. 30-A, §3º, da Lei nº 9.504/1997).[24]

As alterações promovidas na prestação de contas pacificaram o entendimento de que o processo de prestação de contas tem índole jurídica, sem que se possa imputar que se caracteriza como um processo de natureza administrativa. Em decorrência das alterações realizadas pela Lei nº 12.034/2009, o prazo recursal é de três dias, a contar da publicação no Diário Oficial. Conclui-se

---

[20] Ac.-TSE, de 1º.3.2011, no AgR-AC nº 427889: efeito imediato da decisão que cassa diploma em representação fundada neste artigo.

[21] TOZZI, Leonel. *Direito eleitoral*: aspectos práticos. 2. ed. Porto Alegre: Verbo Jurídico, 2006, p. 15.

[22] AgR-AI – Agravo Regimental em Agravo de Instrumento nº 11.957 – São João Batista/SC; Relator (a) Min. Aldir Guimarães Passarinho Junior; Acórdão de 27.04.2010.

[23] BARRETTO, Lauro. *Das representações no direito processual eleitoral*. São Paulo: Edipro, 2006 p. 119.

[24] Parágrafo 3º acrescido pelo art. 3º da Lei nº 12.034/2009.

que essa decisão é um ato jurídico, pois apenas de uma decisão judicial pode-se impetrar recurso.

Com fundamento no art. 30-A não é possível a propositura de recurso contra expedição de diploma porque as hipóteses de cabimento não incluem arrecadação e gastos eleitorais, sendo a possibilidade de impetração *numerus clausus*, o que impede o elatério de suas hipóteses por via doutrinária ou administrativa, ante o apego ao princípio da taxatividade.[25] Contudo, por meio de alteração legislativa, o recurso contra expedição de diploma pode ser impetrado no caso de captação ilícita de sufrágio.

3 Proporcionalidade e as sanções previstas no art. 30-A

Qualquer acinte às disposições contidas na Lei nº 9.504/1997 é suficiente para aplicação da reprimenda prevista no art. 30-A? A rejeição de contas, por si só, representa motivo para evidenciar conduta que macule os dispositivos normativos sobre arrecadação e gastos eleitorais?

Parte-se do pressuposto de que não é qualquer mácula às normatizações que regulamentam a arrecadação e gastos eleitorais ou a mera rejeição de contas que possibilitam a impetração da ação ora mencionada. Constitui-se em presunção *juris tantum* que necessita ser depreendida dentro do contexto no qual está inserida. Resta clarividente que, na hipótese de descumprimento das regras acerca da arrecadação e gastos eleitorais, outras infrações podem ser configuradas reflexamente, como captação ilícita de sufrágio, abuso de poder econômico e político, rejeição das contas, perda do fundo partidário, etc. Contudo, a sanção prevista no artigo 30-A apenas

---

[25] Art. 262. O recurso contra expedição de diploma caberá somente nos seguintes casos: I – inelegibilidade ou incompatibilidade de candidato; II – errônea interpretação da lei quanto à aplicação do sistema de representação proporcional; III – erro de direito ou de fato na apuração final, quanto à determinação do quociente eleitoral ou partidário, contagem de votos e classificação de candidato, ou a sua contemplação sob determinada legenda; IV – concessão ou denegação do diploma em manifesta contradição com a prova dos autos, nas hipóteses do art. 222 desta Lei, e do art. 41-A da Lei nº 9.504, de 30 de setembro de 1997.

permite a imposição da perda do registro ou do diploma, bem como a declaração de inelegibilidade pelo lapso temporal de 8 anos.

Portanto, dentro de uma análise sistêmica, qualquer uma das sanções mencionadas somente pode ser aplicada se houver antes um prévio juízo de proporcionalidade, analisando-se se a mácula praticada enseja, de forma racional, a imposição de uma dessas duas medidas extremadas.[26]

Da mesma maneira o Ministro do Supremo Tribunal Federal, Luís Roberto Barroso, orienta para a percepção de que o princípio da proporcionalidade deve ser como um parâmetro hermenêutico, edificando toda a base para que uma norma jurídica seja interpretada e aplicada no caso concreto.[27]

O princípio da proporcionalidade, na terminologia alemã, ou princípio da razoabilidade, na terminologia anglo-americana, exerce uma importante função no sentido de limitar e delimitar o exercício dos direitos fundamentais. Ele é um instrumento imprescindível para a aplicação dos direitos fundamentais diante de casos concretos. Originariamente utilizado no Direito Administrativo, foi trasladado para o Direito Constitucional e obteve grande desenvolvimento principalmente na Alemanha, pela jurisprudência do Tribunal Constitucional alemão. De uma forma bastante sintética podemos defini-lo como um princípio que tem o objetivo de evitar o excesso, impedindo a desproporção entre os meios e os fins a serem alcançados.[28]

Para tanto, parte-se de três elementos básicos: o objetivo almejado deve ser condizente com a ordem constitucional e moralmente defensável; os meios escolhidos devem ser adequados para a execução do objeto, proporcionando uma simetria entre ele

---

[26] 2. A aplicação da sanção da cassação de diploma do art. 30-A, da Lei nº 9.504, não impõe dúvida quanto à aplicabilidade do princípio da proporcionalidade, tendo em vista que o bem jurídico atingido – o direito de ser votado – configura-se como direito fundamental. Portanto, a ausência de trânsito de recursos pela conta corrente específica e as eventuais omissões de contabilização de despesas são irregularidades que podem empenhara desaprovação das contas; a sanção de cassação de diploma, todavia, deve observar a relação de proporcionalidade entre a gravidade da conduta irregular e a lesão ocasionada ao bem jurídico tutelado (RE 1446 MT. Rel. Rui Ramos Ribeiro).

[27] BARROSO. *Interpretação e aplicação da Constituição*. São Paulo: Saraiva, 2002. p. 213.

[28] GUERRA FILHO, Willis Santiago. Princípio da proporcionalidade e teoria do direito. In: GRAU, Eros Roberto; GUERRA FILHO, Willis Santiago (Org.). *Direito constitucional*: estudos em homenagem a Paulo Bonavides. São Paulo: Malheiros, 2001, p. 277.

e os meios para sua consecução; e a situação fática deve favorecer o objetivo previsto, ou seja, a realidade e as circunstâncias que cercam o objeto devem justificar a sua escolha e os meios de sua execução.[29] Não se pode perder o axioma de que o principal ator do processo eleitoral é o povo e que a intervenção das decisões do Poder Judiciário tem o fator teleológico claro e transparente de assegurar lisura aos pleitos, impedindo afrontas à isonomia que deve permear a relação entre os candidatos. A soberania popular se configura como o néctar de legitimidade do regime democrático, obrigando que as decisões judiciais se atenham a esse esquadro normativo. Torná-la *ancilla* de decisões judiciais, muitas vezes *praeter* e *contra legem*, significa relegar o marco normativo vigente, tornado as decisões populares subordinadas às decisões judiciais.

O impedimento de recebimento do diploma ou sua perda, os casos de perda de registro são menos factíveis porque geralmente se apuram as ilicitudes de arrecadação e gastos de campanha após o término do pleito, apenas pode ser aplicado se o acinte realizado for suficiente para macular o processo eleitoral, impedindo o livre pronunciamento da vontade popular. Infrações de menor monta, que não provocaram alterações no processo eleitoral, não podem ensejar a reprimenda analisada, sob pena de o Poder Judiciário se tornar o oráculo da vontade popular.

Para o deferimento da ação do art. 30-A não há necessidade de ser comprovada a potencialidade lesiva,[30] ou seja, pouco importa se o resultado da captação ilícita ou gasto influiu ou não no resultado da eleição.[31] Contudo, a lesão à captação ilícita de arrecadação e gastos não pode ser uma infração sem gravidade evidente. Há necessidade

---

[29] AGRA, Walber de Moura. *Curso de direito constitucional*. 6. ed. Rio de Janeiro: Forense, 2010, p. 210.

[30] O exame da potencialidade não se vincula ao resultado quantitativo das eleições. RCED nº 698/TO, de minha relatoria, *DJe*, 12 ago. 2009.
"[...] 3.6. Prova da contribuição da conduta reprovada para o resultado das eleições. Desnecessidade. 'O nexo de causalidade quanto à influência das condutas no pleito eleitoral é tão somente indiciário; não é necessário demonstrar que os atos praticados foram determinantes do resultado da competição; basta ressair dos autos a probabilidade de que os fatos se revestiram de desproporcionalidade de meios' (Acórdão nº 28.387, de 19.12.2007, rel. min. Carlos Ayres Britto) [...]" (TSE – RO nº 1.596/MG – DJe 16.3.2009, p. 26-27).

[31] DELGADO, José Augusto. Ação de investigação judicial eleitoral relativa à arrecadação de campanha, Art. 30 da Lei nº 9.504/97. Artigo a ser publicado em livro coletivo da OAB.

de se provar que houve um acinte profundo às regras basilares do financiamento eleitoral, montando-se uma estrutura paralela de caixa dois.[32] A Lei Complementar nº 135 agasalha o princípio da gravidade, no que obriga que o acinte praticado seja de elevada magnitude ofensiva, quebrando a isonomia que deve permear os pleitos eleitorais. Diante da necessidade da utilização do princípio da proporcionalidade, utilizando-a em *topois* específicos, a rejeição de contas de candidato ou comitê financeiro não é requisito inexorável para a aplicação da sanção descrita no art. 30-A.

Rejeitadas as contas, urge perscrutar quais os motivos que levaram a tal decisão, sem que, de forma imediata tenha que aplicar a sanção prevista no art. 30-A.[33] A sanção implementada tem que se ater ao conteúdo do princípio da proporcionalidade, ponderando se as infrações cometidas são suficientes para o cerceamento do recebimento do diploma ou sua cassação.[34]

Nesse diapasão é que foram acrescentados, pela Lei nº 12.034/2009, os parágrafos 2º e 2º-A do art. 30 da Lei nº 9.504/97, que, sob o prisma do dogmatismo positivista, agasalha de forma indireta o princípio da insignificância. Os dois mencionados parágrafos afirmam que erros formais e materiais corrigidos não autorizam a rejeição e a cominação de sanção a candidato ou partido; e que erros formais ou materiais irrelevantes no conjunto da prestação de contas, que não comprometam seu resultado, não acarretarão a rejeição de contas.

Infelizmente, haja vista que não cumpre o fator teleológico da prestação de contas, inexiste impedimento normativo para que ela seja rejeitada pela inobservância de determinados aspectos formais descritos em lei. No entanto, tais acintes, de maneira tópica, sem a densificação de outras circunstâncias, não servem de suporte lógico

---

[32] Ac.-TSE, de 11.6.2014, no REspe nº 184; de 24.4.2014, no RO nº 1746 e, de 13.3.2014, no RO nº 711468: a representação de que trata este parágrafo deve comprovar a existência de ilícitos que extrapolem o universo contábil e possuam gravidade e relevância jurídica.

[33] Ac.-TSE, de 29.4.2014, no AgR-AI nº 74432: a só reprovação das contas não implica a aplicação automática das sanções deste artigo; Ac.-TSE, de 23.8.2012, no AgR-REspe nº 10893: a desaprovação das contas não constitui óbice à quitação eleitoral, mas pode fundamentar representação cuja procedência enseja cassação do diploma e inelegibilidade por oito anos.

[34] Neste mesmo sentido é o posicionamento de João Fernando Carvalho. ROLLO, Alberto (Org.). Eleições no Direito Brasileiro. In: *Análise e Julgamento das Prestações de Contas*. São Paulo: Atlas, 2010. p. 114.

para a aplicação das sanções descritas no art. 30-A.[35] Estes fatos serão apenas idôneos para provocar a punição consectária se elas forem suficientes para desequilibrar o processo eleitoral, normalmente ensejando o abuso do poder econômico ou político.

Por hipótese alguma, a perda do registro ou a cassação do diploma pode ocorrer pelo desrespeito de aspectos meramente formais ou fato de somenos importância. Uma coisa é o recebimento de recursos de órgão ou instituição impedida de doar, outra é o recebimento de uma pequena quantia sem que se tenha providenciado o recibo eleitoral correspondente.

Em sentido contrário, se as contas forem aprovadas, há prova *juris et de juris* de impedimento a confecção da ação do art. 30-A? De forma inexorável, não. A aprovação de contas não serve de pressuposto negativo, por impossibilidade jurídica do pedido, para a realização da ação. A sua consequência é que o autor da ação deve apresentar provas contundentes que não foram devidamente analisadas na análise da prestação de contas, ou seja, o escorço probatório deve ser obrigatoriamente bastante plausível para forcejar o prosseguimento do pedido.

Inexiste óbice para que a ação do art. 30-A possa ser aplicada durante o pleito, sem que as contas de campanha tenham sido julgadas. Contudo, o seu autor terá o ônus de melhor fundamentar seu pedido, sob pena de indeferimento da inicial, por ausência de material probatório mínimo (art. 319, VI, do Código de Processo Civil). A vantagem de se impetrá-la depois da prestação de contas é que o seu autor terá à disposição todo o trabalho técnico realizado pela Justiça Eleitoral, podendo, a partir das informações recebidas, melhor fundamentar a impugnação intentada. Se essa análise for considerada imprescindível, o prazo fatal para o seu julgamento é de até oito dias antes da diplomação (art. 30, §1º, da Lei nº 9.507/97).

---

[35] "[...] 7. Não havendo, necessariamente, nexo de causalidade entre a prestação de contas de campanha (ou os erros dela decorrentes) e a legitimidade do pleito, exigir prova de potencialidade [para desequilibrar o pleito] seria tornar inócua a previsão contida no art. 30-A, limitando-o a mais uma hipótese de abuso de poder. O bem jurídico tutelado pela norma revela que o que está em jogo é o princípio constitucional da moralidade (CF, art. 14, §9º). Para incidência do art. 30-A da Lei no 9.504/97, necessária prova da proporcionalidade (relevância jurídica) do ilícito praticado pelo candidato e não da potencialidade do dano em relação ao pleito eleitoral [...]" (TSE – RO no 1.540/PA – DJe 1º.6.2009, p. 27).

# 4 Procedimento do art. 22 da LC nº 64/90

A ação de captação ilícita de arrecadação e gastos eleitorais segue o rito do art. 22 da Lei Complementar nº 64/90, naquilo que couber, ou seja, adequando-se as suas finalidades específicas. Nesse sentido, a principal diferença era que antes da promulgação da Lei da Ficha Limpa não havia a imposição da sanção de inelegibilidade. Atualmente, há inelegibilidade de oito anos.

Permite-se a formação de litisconsórcio passivo facultativo quando houver candidatos ou cidadãos que se encontrem nas mesmas hipóteses de cabimento dessa ação, em virtude de condutas conexas, ensejando economia processual e celeridade no desenrolar da lide.

Quando a ação se direcionar contra conduta do Chefe do Executivo, consonante orientação do Tribunal Superior Eleitoral, torna-se obrigatório que seu vice seja chamado a participar e a se defender de todos os atos processuais, não se tratando mais de uma relação subordinada entre o mandatário do Executivo e seu respectivo vice. Dessa forma, houve modificação da jurisprudência que anteriormente estava consolidada no TSE, que não exigia a citação do vice para participar no processo como litisconsórcio.[36]

Na ação contra Chefes do Executivo, há necessidade de citação de seu vice respectivo, sob pena de se macular o devido processo legal, o contraditório e a ampla defesa de forma irremediável.[37] Mesmo que a formação da chapa seja indivisível, no exercício de suas atribuições funcionais, o vice tem ampla autonomia para o desempenho de suas atividades, podendo responder ou não em conjunto com o Chefe do Executivo, dependendo da conduta que lhe é imputada. Nesse caso, a exigência de litisconsórcio passivo não decorre de lei, mas de natureza jurídica de direito material.

Quem ocupa as mesmas atribuições de relator é o Corregedor Eleitoral, velando para que o processo tenha o rito adequado para

---

[36] "[...] Nas ações que visam à cassação do registro ou diploma de candidato às eleições majoritárias, o vice é litisconsorte passivo necessário, por força do princípio da unicidade da chapa majoritária" (RE 74425 MS. Rel. Josué de Oliveira).

[37] Ac.-TSE, de 18.8.2011, no AgR-REspe nº 34693: a intimação para o vice-prefeito integrar a lide na fase recursal não afasta o defeito de citação, que deve ocorrer no prazo assinado para formalização da investigação eleitoral.

seu deslinde. Em âmbito municipal, o Juiz Eleitoral competente exerce todas as funções atribuídas ao Corregedor, cabendo ao representante do Ministério Público Eleitoral as atribuições deferidas ao Procurador-Geral e ao Procurador Regional Eleitoral (art. 24 da LI). Na esfera estadual, tal função é exercida pelo Corregedor Regional e, em âmbito federal, pelo Corregedor-Geral.

O Corregedor Eleitoral ou o Juiz de Direito, ao despachar a inicial, notificará o representando do conteúdo da petição, entregando-lhe segunda via, para que ofereça defesa no prazo devido, com a juntada de documentos e rol de testemunhas. A petição inicial será indeferida quando não houver tipificação de conduta ilícita ou quando lhe faltar algum requisito considerado essencial pelos artigos 319 *et seq.* do Código de Processo Civil. Exige-se que ela seja subscrita por advogado devidamente habilitado.

A oportunidade para requerimento de produção probatória para o impetrante se concentra na petição inicial; dessa forma, não sendo ela requerida nesse momento processual, não pode, posteriormente, ser deferida. Correlatamente, a oportunidade para o réu requerer sua produção probatória se concentra na contestação à petição inicial, não podendo ser deferido posteriormente. Nos dois casos, o instituto da preclusão impede a apresentação de provas em outra oportunidade.

Na hipótese de existir necessidade de documentos em poder de terceiros para comprovação de fatos alegados na petição inicial, frisa-se que esta deve indicar quais são esses documentos, o nexo de causalidade com os fatos narrados, bem como com quem eles se encontram, pedindo, assim, sua apreensão para que sejam anexados aos autos.

Ademais, importa destacar que é permitida a concessão de liminar para a suspensão do ato que deu motivo à representação, quando for relevante o fundamento, e do ato impugnado, quando puder resultar a ineficiência da medida, caso seja julgado procedente. Convém ao magistrado eleitoral verificar atentamente os dados circundantes do processo, para apenas conceder a liminar se se convencer da probabilidade de direito e constatar o relevante fundamento alegado, além de atestar o *periculum in mora*, com possibilidade de dano irreparável. Exemplo claro é o Juiz Eleitoral conceder liminar para sustar distribuição de material de construção por parte de candidato em época eleitoral.

Esse pedido de liminar não se destina a antecipar o mérito (tutela de urgência satisfativa antecipatória), ele apresenta natureza acauteladora (tutela de urgência cautelar), na medida em que se destina a impedir a consecução de determinadas práticas que maculem a liberdade de escolha do cidadão. De forma alguma se antecipam os efeitos da sentença, como o cancelamento do registro de candidatura e a decretação da inelegibilidade.

Indeferindo o corregedor a inicial ou retardando-lhe solução, o interessado pode renová-la perante o Tribunal, que decide no prazo de vinte e quatro horas. Persistindo ainda a situação de irregularidade, pode-se levar a demanda ao conhecimento do Tribunal Superior Eleitoral para que as medidas necessárias sejam tomadas. Atente-se que inexistem recurso e coisa julgada material se a petição inicial for indeferida, podendo o requerente impetrá-la novamente perante a instância superior.[38]

O prazo para apresentação da contestação é de cinco dias. Com efeito, toda a matéria pertinente à defesa deve ser apresentada nesse momento processual, inclusive o rol de testemunhas, sob pena de preclusão, não podendo ser posteriormente requerida, em atenção ao postulado da celeridade do processo eleitoral.[39]

A inquirição de testemunhas arroladas pelo representante e pelo representado é realizada no prazo de cinco dias, até um máximo de seis testemunhas, que comparecerão independentemente de intimação. Primeiro, serão ouvidas as testemunhas de acusação, e posteriormente às de defesa.

Após a oitiva das testemunhas, no prazo de três dias o corregedor pode proceder a todas as diligências que determinar, *ex officio* ou a requerimento das partes. Dentro dessas diligências, inclui-se a possibilidade de ouvir terceiros referidos pelas partes ou testemunhas que conheçam os fatos e as circunstâncias que possam influir na decisão do feito. A lei lhe possibilita, ainda, a requisição de documentos em poder de terceiros.

Realizando-se as diligências, as partes e o Ministério Público podem apresentar as alegações finais no prazo comum de dois dias.

---

[38] AGRA, Walber de Moura; VELLOSO, Carlos Mario da Silva. *Elementos de direito eleitoral*. São Paulo: Saraiva, 2009, p. 268.

[39] CÂNDIDO, José J. *Inelegibilidades no direito brasileiro*. 2. ed. rev. atual. e ampl. São Paulo: Edipro, 2003, p. 262.

Terminada essa etapa, os autos seguem conclusos para o corregedor apresentar seu relatório sobre os dados apurados. O relatório deve ser assentado no prazo de três dias e os autos encaminhados ao Tribunal competente, no dia imediato, com pedido de inclusão incontinente do feito em pauta. Chegando ao Tribunal, o Procurador-Geral ou Regional Eleitoral terá vista dos autos por quarenta e oito horas para se pronunciar sobre as imputações e conclusões do relatório.

Se a ação por captação ilícita de arrecadação e gastos eleitorais for julgada procedente, o órgão competente da Justiça Eleitoral declarará a inelegibilidade do representado e de quantos hajam contribuído para a prática do ato, aplicando-lhes as sanções:

a) decretação da inelegibilidade, por oito anos, do requerido e de quem tenha contribuído para a prática do ato contado da eleição;

b) perda do registro do candidato diretamente beneficiado pela captação ilícita de arrecadação e gastos eleitorais;

c) perda do diploma do beneficiado de forma direta pelo ato, se a decisão ocorrer posteriormente à eleição, ou impedimento à sua concessão, se a decisão for proferida depois da eleição, mas antes de sua expedição.

A inelegibilidade especificada é a cominada, advinda de uma sanção estipulada pela legislação eleitoral. Ela declara a inelegibilidade presente e protrai seu efeito no elastério de oito anos contados da eleição. Esse efeito consta de todas as decisões judiciais nesse tipo de ação, seja antes da diplomação, seja após esse pronunciamento judicial. A decretação da inelegibilidade é consequência direta da decisão do art. 30-A, insurgindo de forma imediata, sem a necessidade de nenhum outro processo judicial. Esse efeito foi um dos fins almejados pela referida ação, e se não pudesse ser uma decorrência de seus efeitos, ela perderia o sentido.

Conclusão

A ação descrita no art. 30-A, indubitavelmente, terá uma grande repercussão no cenário das eleições, podendo se constituir em um instrumento jurídico de grande valia para a moralização dos gastos eleitorais. Somente deve ser ressaltado que a soberania popular não pode ser maculada por um processo de judicialização, desmesurado e teratológico, que possa até mesmo cercear a vontade livre e altaneira do povo.

Referências

AGRA, Walber de Moura. *Curso de direito constitucional.* 6. ed. Rio de Janeiro: Forense, 2010.

AGRA, Walber de Moura; CAVALCANTI, Francisco Queiroz. *Comentários à nova Lei Eleitoral.* Rio de Janeiro: Forense, 2010.

AGRA, Walber de Moura; VELLOSO, Carlos Mario da Silva. *Elementos de direito eleitoral.* São Paulo: Saraiva, 2009.

BARRETTO, Lauro. *Das representações no direito processual eleitoral.* São Paulo: Edipro, 2006.

BARROSO. *Interpretação e aplicação da Constituição.* São Paulo: Saraiva, 2002. p. 213.

CÂNDIDO, José J. *Inelegibilidades no direito brasileiro.* 2. ed. rev. atual. e ampl. São Paulo: Edipro, 2003.

CÂNDIDO, José Joel. *Direito eleitoral brasileiro.* 13. ed. Bauru: Edipro, 2008.

CANOTILHO, José Joaquim Gomes. *Direito Constitucional.* 5. ed. Coimbra: Almedina, 1992. p. 617.

CARVALHO, João Fernando. Análise e julgamento das prestações de contas. In: ROLLO, Alberto (Org.). *Eleições no direito brasileiro*: atualizado com a Lei n. 12.034-09. São Paulo: Atlas, 2010.

CARVALHO, João Fernando. Desvios na arrecadação e nos gastos de recursos nas campanhas eleitorais: a representação do art. 30-A. In: ROLLO, Alberto (Org.). *Eleições no direito brasileiro*: atualizado com a Lei n. 12.034-09. São Paulo: Atlas, 2010.

GUERRA FILHO, Willis Santiago. Princípio da proporcionalidade e teoria do direito. In: GRAU, Eros Roberto; GUERRA FILHO, Willis Santiago (Org.). *Direito constitucional*: estudos em homenagem a Paulo Bonavides. São Paulo: Malheiros, 2001.

JARDIM, Torquato. *Direito eleitoral positivo.* 2. ed. Brasília: Brasília Jurídica, 1998.

SILVA, José Afonso da. *Curso de Direito Constitucional Positivo.* 9. ed. São Paulo: Malheiros Editores, 1993. p. 378-379.

SILVEIRA, Hélio Freitas de Carvalho; ANDRADE, Marcelo Santiago de Paula. Investigação Judicial Eleitoral do art. 30-A da Lei 9.504/97. *Revista do advogado*, n. 109, p. 38, ago. 2010.

TAVARES, André Ramos. *Curso de Direito Constitucional.* 7. ed. São Paulo: Saraiva, 2009. p. 728-733.

TOZZI, Leonel. *Direito eleitoral*: aspectos práticos. 2. ed. Porto Alegre: Verbo Jurídico, 2006.

ZAFFARONI, Eugenio Raúl; PIERANGELI, José Henrique. *Manual de direito penal brasileiro*: parte geral. São Paulo: Revista dos Tribunais.

ZILIO, Rodrigo López. *Direito Eleitoral.* 3. ed. Porto Alegre: Verbo Jurídico, 2012. p. 567.

DA INELEGIBILIDADE POR REJEIÇÃO DE CONTAS POR PARTE DE PREFEITOS MUNICIPAIS[*]

A encampação de valores pela Constituição consubstanciada na primazia de probidade administrativa torna-se inexorável para a compreensão da hodierna incorporação de valores pelo Texto Constitucional, *conditio sine qua non*, uma retrospectiva histórica acerca do positivismo kelseniano. Certamente, a história demonstra que o ordenamento jurídico em tempos pretéritos, isto é, em boa parte do século XX, era composto por um sistema invariavelmente normativo, cujo escopo seria alcançar uma pureza metodológica das normas jurídicas, através de um corte epistemológico e de uma depuração axiológica.

Tal método tinha o apanágio de tergiversar a lógica estrutural do Direito das injunções do jusnaturalismo, da utopia da Justiça, da metafísica dos valores, dos aspectos sociais da sociologia e das origens históricas dos costumes.[1] O escopo era expurgar a discricionariedade do intérprete autêntico do Direito, retirando qualquer esfera subjetiva e valorativa da hermenêutica jurídica, proporcionando ao Estado-Juiz uma mera condição de ser um instrumento de reprodução literal do ordenamento jurídico. O Juiz nessa época era, segundo Montesquieu (1973), *la bouche de la loi*.[2]

É cediço que após a Segunda Guerra Mundial o constitucionalismo passou por uma inexorável mutação, isto é, o Direito atravessou um processo de evolução social, onde a *Lex Mater* começou a absorver valores jurídicos, políticos e morais que a sociedade considera como imprescindíveis. Assim, o constitucio-

---

[*] Originalmente publicado em: *Estudos Eleitorais*, v. 6, n. 3, p. 33-54, set./dez. 2011.

[1] KELSEN, Hans. *O que é Justiça*: a Justiça, o direito e a política no espelho da ciência. 2. ed. São Paulo: Martins Fontes, 1998., p. 291-293.

[2] MONTESQUIEU, Charles Louis de Secondat, Baron de La Brede et de. *Do espírito das leis*. São Paulo: Abril Cultural, 1973 (Os Pensadores). , p. 91.

nalismo moderno torna-se uma facticidade lógica entre o Direito e a Democracia.[3]

O neoconstitucionalismo é propulsionado pelos seguintes aspectos:

a) falência do padrão normativo, que fora desenvolvido no século XVIII, baseado na supremacia do parlamento;

b) influência da globalização;

c) pós-modernidade;

d) superação do positivismo clássico;

e) centralidade dos direitos fundamentais;

f) diferenciação qualitativa entre princípios e regras;

g) revalorização do Direito.[4]

Em sentido similar, ressalta Djalma Pinto (2011) que o ato ofensivo à moral tornou-se não apenas imoral, mas, além de ilegal, inconstitucional, sem validade alguma.[5] André Ramos Tavares distingue o alcance dos conceitos de moralidade administrativa e de moralidade comum apontando ser a moralidade administrativa diversa da moralidade comum, composta que é aquela pelas regras de boa administração, de exercício regular do múnus público, de honestidade, de boa-fé, de equidade, de justiça, e regras de conduta extraíveis da prática interna da administração.[6]

Nesse sentido, suscite-se o magistério de Marinela, sob a qual a moralidade administrativa não se confunde com a moralidade comum, haja vista que, enquanto esta se preocupa com a distinção entre o bem e o mal, aquela é composta por correção de atitudes e por regras de boa administração, partindo-se da ideia da função administrativa, do interesse do povo, do bem comum, conectando mais uma vez a moralidade administrativa ao conceito de bom administrador.[7]

---

[3] MIRANDA. *Manual de direito constitucional*, t. II, p. 198 *apud* TAVARES. *Curso de direito constitucional*, p. 133.

[4] ROCHA, Cármen Lúcia Antunes. *Princípios constitucionais da Administração Pública*. Belo. Horizonte: Del Rey, 1994, p. 187.

[5] PINTO, Djalma. *Direito eleitoral*: improbidade administrativa e responsabilidade fiscal: noções gerais. 5. ed. São Paulo: Atlas, 2011, p. 382.

[6] TAVARES, André Ramos. *Curso de direito constitucional*. 8. ed. rev. e atual. São Paulo: Saraiva, 2010, p. 1323.

[7] MARINELA, Fernanda. *Direito Administrativo*. 7. ed. Niterói: Impetus, 2013. p. 39.

DA INELEGIBILIDADE POR REJEIÇÃO DE CONTAS POR PARTE DE PREFEITOS MUNICIPAIS | 149

Assim, a moralidade deixa de ser um mandamento de cunho meramente retórico, cujo objeto seria a boa conduta individual, e passa a ser um mandamento imperativo, de força constitucional, dotado de supremacia e supralegalidade, ostentando um conteúdo de valor substancial na inexorável tutela do interesse público.[8] Por muito tempo, perdurou-se a máxima de que "um ato imoral não é ilegal". Tal distorção forcejava que a sociedade suportasse essa teratologia por parte dos gestores públicos, sob o arrimo de que o ato seria apenas imoral, mas não ilegal. Logo, um dos valores mais importantes positivados pelo Texto Constitucional é a moralidade.

Não se pode olvidar a preciosa distinção entre moral e direito feita por Hans Kelsen, onde o insigne jurista aponta que a distinção básica entre os dois institutos está na ausência de coercibilidade da moral, isto é, desprovida de qualquer sanção, onde vincularia apenas a subjetividade do ser humano no seu sentido *de per se*.[9]

No Brasil, as Constituições de 1934, 1937, 1946, 1967, EC nº 1/69, tipificaram como crime de responsabilidade do Presidente da República atos antagônicos à probidade administrativa e à moralidade.

Seguindo esse jaez, o legislador da constituinte de 1988 elencou no art. 37 da Carta Magna, dentre o rol dos princípios que regem a Administração Pública, a questão da moralidade, dotando-a não apenas de *status* de legalidade, mas de supremacia e supralegalidade, consistindo em uma diretriz indelével do operador

---

[8] O princípio da moralidade administrativa – enquanto valor constitucional revestido de caráter ético-jurídico – condiciona a legitimidade e a validade dos atos estatais. A atividade estatal, qualquer que seja o domínio institucional de sua incidência, está necessariamente subordinada à observância de parâmetros ético-jurídicos que se refletem na consagração constitucional do princípio da moralidade administrativa. Esse postulado fundamental, que rege a atuação do poder público, confere substância e dá expressão a uma pauta de valores éticos sobre os quais se funda a ordem positiva do Estado [ADI 2.661 MC, rel. min. Celso de Mello, j. 5.6.2002, P, *DJ* de 23.8.2002].

[9] "O Direito só pode ser distinguido essencialmente da Moral quando – como já mostrarmos – se concebe uma ordem de coação, isto é, como uma ordem normativa que procura obter uma determinada conduta humana ligando à conduta oposta um acto de coerção socialmente organizado, enquanto a Moral é uma ordem social que não estatui quaisquer sanções desse tipo, visto que suas sanções apenas consistem na aprovação da conduta conforme as normas e na desaprovação da conduta contrária às normas, nela não entrando sequer em linha de conta, portanto, o emprego da força física" (KELSEN, Hans. *Teoria pura do direito*. 6. ed. Coimbra: Armênio Amado, 1984, p. 99).

jurídico, no que serve de pressuposto para validade de todo ato administrativo, seja vinculado ou discricionário.[10]

Tal fenômeno é decorrência lógica da preocupação da sociedade com a tutela da moralidade e com a probidade administrativa por parte dos gestores públicos, durante o exercício do mandato, em respeito inexorável com a *res publica*. Tal primazia tem a função de afastar do certame eleitoral aqueles cidadãos que praticam atos discrepantes com a moralidade e com a probidade administrativa, vetores que a sociedade espera que sejam seguidos com denodo por todos os homens públicos.

Contextualiza-se que teorizado, primordialmente, por Maurice Hauriou, o princípio da moralidade administrativa foi desenvolvido graças à jurisprudência do Conselho de Estado Francês, segundo a qual a legalidade dos atos jurídicos administrativos é fiscalizada com base no princípio da legalidade. Outrossim, a conformidade desses atos aos princípios basilares da boa administração, determinante necessária de qualquer decisão administrativa, é fiscalizada para evitar qualquer desvio de poder, cuja zona de policiamento é a zona da moralidade administrativa.[11]

Assim, esclarece o reverenciado autor que os agentes públicos não só precisam agir de acordo com as leis jurídicas vigentes como também com respeito à ordem interna da instituição pública. Hauriou construiu a ideia de moralidade administrativa a partir da noção de boa administração, que se caracterizaria sempre que o agente conseguisse atender satisfatoriamente ao interesse coletivo tutelado pela norma jurídica.

A fiscalização desse bom administrador não poderia se restringir à legalidade e deveria se estender ao exame dos motivos e fins do ato. Nesse sentido, Hauriou buscou suprir esse controle da moralidade administrativa através da teoria do desvio de poder, transformando a moralidade, como regra de conteúdo moral, em regra jurídica.[12]

---

[10] PINTO, Djalma. *Direito eleitoral*: improbidade administrativa e responsabilidade fiscal: noções gerais. 5. ed. São Paulo: Atlas, 2011, p. 382.

[11] HAURIOU, Maurice. *Précis de droit administratif et de droit public général*: à l'usage des étudiants en licence et en doctorat ès-sciences politiques. 4. ed. Paris: Larose, 1900-1901. p. 439.

[12] "Le contrôle du détournement de pouvoir peut s'analyser comme un contrôle de la moralité administrative. Quand il est retenu par le juge, le motif d'annulation détournement de pouvoir stigmatise l'administration. Le juge reconnait que l'administration a manqué à

No Brasil, o estudo da moralidade administrativa teve o pioneirismo do Professor Manoel de Oliveira Franco Sobrinho em 1974, planteando que a Administração Pública não poderia agir de forma maliciosa ou astuciosa.[13] Em comentário à doutrina francesa retrocitada, Celso Antônio Bandeira de Mello argui que a Administração e seus agentes têm de atuar em conformidade com os princípios éticos, assinalando que violá-los implica transgressão ao próprio direito, configurando verdadeira ilicitude que assujeita a conduta viciada à invalidação, porquanto tal princípio assumiu foros de pauta jurídica, nos termos do art. 37, caput, da Constituição Federal de 1988.[14]

Resta irrefutável que não há como definir precisamente o conteúdo do princípio da moralidade, em razão de sua fluidez e maleabilidade. A verdade é que se trata de um conceito jurídico indeterminado que exige uma pré-compreensão do operador jurídico, o que, inexoravelmente, sofrerá a injunção de elementos metajurídicos, mas que seus contornos finais apenas serão moldados diante do caso concreto, em que a decisão completará o estipulado pela estrutura normativa.

Do esforço conceitual advém que o princípio da moralidade administrativa compreende, portanto, os cânones da lealdade e da boa-fé, segundo os quais a Administração fica adstrita a proceder perante os administrados com transparência e lisura, sendo-lhes proibida qualquer conduta ardilosa, eivada de malícia, dirigida a confundir, dificultar ou minimizar a densificação dos direitos dos cidadãos.

A ministra Cármen Lúcia Antunes Rocha (1994) ensina que o princípio da moralidade administrativa formou-se a partir do princípio da legalidade, ao qual se acrescentou como conteúdo necessário à realização efetiva e eficaz da justiça substancial a legitimidade do Direito.[15]

---

son devoir de moralité". HAURIOU, Maurice. *Précis de droit administratif et de droit public général:* à l'usage des étudiants en licence et en doctorat ès-sciences politiques. 4. ed. Paris: Larose, 1900-1901. p. 456.

[13] FRANCO SOBRINHO, Manoel de Oliveira. *O controle da moralidade Administrativa.* São Paulo: Saraiva, 1974. p. 115.

[14] MELLO, Celso Antônio Bandeira de. *Curso de direito administrativo.* 27. ed. São Paulo: Saraiva, 2010. p. 61.

[15] ROCHA, Cármen Lúcia Antunes. *Princípios constitucionais da Administração Pública.* Belo Horizonte: Del Rey, 1994, p. 187.

A ministra Cármen Lúcia Antunes Rocha (1994) ensina que o princípio da moralidade administrativa formou-se a partir do princípio da legalidade, ao qual se acrescentou como conteúdo necessário à realização efetiva e eficaz da justiça substancial a legitimidade do Direito. José Augusto Delgado aponta que, porquanto a legalidade exige que a ação administrativa seja realizada consoante a lei, o princípio da moralidade impõe ao administrador um comportamento que demonstre haver assumido como impulsão a sua ação o dever de exercer uma boa administração.[16] Mesmo reconhecendo-se que o princípio da moralidade administrativa tem um substrato ontológico que é autônomo, para que ele tenha eficácia, necessita-se de amparo legal, ou seja, precisa-se que o princípio da legalidade funcione como uma membrana de calibração para que ele possa adentrar no sistema jurídico.[17]

Nesse diapasão, a moralidade administrativa, a partir da Constituição de 1988, passou a ser princípio jurídico explicitamente positivado no ordenamento jurídico brasileiro, de modo que o preceito moral deixa de ser valor e passa a ser princípio, deixa de ter um caráter teleológico e passa a ter um valor deontológico.[18]

Ensina Moreira Neto que o conteúdo eminentemente finalístico do princípio da moralidade da Administração Pública não pode ser o único vetor a ser considerado. O interesse dos cidadãos também deve ser atendido. O bom resultado, a que moralmente deve tender a Administração Pública, só pode ser o que concorra à realização da boa administração.[19]

Portanto, após o amadurecimento da doutrina do abuso de poder, desenvolvida a fim de evitar desvios morais na aplicação das normas, a seara administrativa investiu no mencionado instituto, como meio de assegurar o cumprimento dos fins exigidos pela lei

---

[16] DELGADO. *O princípio da moralidade administrativa e a Constituição Federal de 1988*. São Paulo: Revista dos Tribunais, 1992. v. 680, p. 35.

[17] Princípio da moralidade. Ética da legalidade e moralidade. Confinamento do princípio da moralidade ao âmbito da ética da legalidade, que não pode ser ultrapassada, sob pena de dissolução do próprio sistema [ADI 3.026, rel. min. Eros Grau, j. 8.6.2006, P, DJ de 29.9.2006].

[18] GRAU. *O Direito posto e o Direito pressuposto*. São Paulo: Malheiros, 1996. p. 78-79.

[19] MOREIRA NETO. *Mutações de direito administrativo*. Rio de Janeiro: Renovar, 2001. p. 59.

e pelo interesse público, consubstanciando exemplos do reencontro do Direito com a *mores*.[20] Foi com esse intento que o legislador infraconstitucional, por meio da Lei Complementar nº 64, incluiu dentre diversos outros casos de inelegibilidades aquele decorrente de rejeição de contas no que tange ao exercício de cargos ou funções públicas, desde que, obviamente, nos casos de irregularidade insanável configurados por atos dolosos de improbidade administrativa, decorrentes de decisões administrativas imutáveis.[21] Diante do exposto, a inelegibilidade infraconstitucional contida na alínea "g" do inciso I do art. 1º da LC nº 64/10 configura um invariável escudo protetor do interesse público contra a corrupção, o desvio de finalidade e a improbidade administrativa na administração com a coisa pública. O objetivo formulado nessas linhas é tentar dissecar a inelegibilidade referente à rejeição da prestação de contas de prefeitos municipais.

1 Pressupostos para a incidência da inelegibilidade por rejeição de contas

Consoante as lições do Professor Ruy Cirne Lima (1987), administrar a coisa pública é atividade de quem não é senhor absoluto de coisa própria, mas constitui gestão de coisa alheia, de patrimônio alheio, do povo, da própria sociedade, de interesse indisponível.[22] No mesmo sentido leciona Celso Antônio Bandeira de Mello (2011) que na administração os bens e os interesses "não se acham entregues à livre disposição da vontade do administrador", muito pelo contrário, impõe-se ao gestor público a obrigação de velá-los, mantendo a finalidade para a qual estão adstritos.[23]

---

[20] SOUZA. *Ensaio sobre o Direito Administrativo*. Rio de Janeiro: Serviço de Documentação do Ministério da Justiça e Negócios Interiores – Departamento de Imprensa Nacional, 1960. p. 68.

[21] MELLO, Celso Antônio Bandeira de. *Curso de direito administrativo*. 27. ed. São Paulo: Saraiva, 2010, p. 34.

[22] LIMA, Ruy Cirne. *Princípios de direito administrativo*. São Paulo: Revista dos Tribunais, 1987, p. 21.

[23] MELLO, Celso Antônio Bandeira de. *Curso de direito administrativo*. 14. ed. refund., ampl. e atual. até a Emenda Constitucional 35, de 20.12.2001. São Paulo: Saraiva, 2006, p. 46.

Dessa forma, a perda do *ius bonorum* decorrente da inelegibilidade em apreço tem o escopo de afastar os maus gestores do poder, que não tiveram o necessário dever de cuidado e de probidade administrativa para com o erário público e com a sociedade em geral, traindo a confiança depositada pelo povo.

Inicialmente, segundo o Ministro Carlos Ayres Britto, a inelegibilidade contida na alínea "g" do inciso I do art. 1º da LC nº 64/90 exigia três requisitos cumulativos, sendo dois positivos e um de cunho negativo:

a) rejeição, por vício insanável, de contas alusivas ao exercício de cargos ou funções públicas;

b) natureza irrecorrível da decisão proferida pelo órgão competente;

c) inexistência de provimento suspensivo, emanado do Poder Judiciário.

Nesse sentido, aduz que se trata de requisitos inexoravelmente autônomos entre si, ao passo que basta a ausência de um deles para que a cláusula de inelegibilidade deixe de incidir.[24]

Para efeito de orientação desse estudo, prefere-se uma elencação mais extensa, motivada pelas alterações efetuadas pela Lei Complementar nº 135/2010. Nesse diapasão são necessários os seguintes pressupostos para a configuração da inelegibilidade referida:

a) existência de prestação de contas relativas ao exercício de cargos ou funções públicas;

b) que os gestores tenham agido como ordenadores de despesa;

c) irregularidade insanável;

d) que haja decisão irrecorrível, de órgão competente, rejeitando as contas prestadas;

e) tipificação de ato doloso de improbidade administrativa;

f) que o parecer do Tribunal de Contas não tenha sido afastado pelo voto de dois terços da Câmara de Vereadores respectiva;

g) inexistência de provimento suspensivo provindo de instância competente do Poder Judiciário.

---

[24] Ac. de 18.12.2008 no ED-AgR-Respe nº 31.942, rel. Min. Carlos Ayres Britto.

DA INELEGIBILIDADE POR REJEIÇÃO DE CONTAS POR PARTE DE PREFEITOS MUNICIPAIS | 155

Assim, em síntese: a obrigatoriedade de prestar contas necessita provir de parâmetro legal, abrangendo o exercício de cargos ou funções públicas, incidindo com relação aos cidadãos que exercem a função pública de forma permanente ou provisória. Os gestores têm que exercer sua função enquanto ordenadores de despesas, ou seja, alocando recursos públicos para atender a demandas da população. A decisão do órgão competente deve ser no sentido de rejeitar as contas em razão de vício insanável, no que atesta a alta mácula da conduta ensejada. O ato impugnado tem que ser perpetrado na modalidade dolosa, concretizando ato de improbidade administrativa, sendo este um acinte aos parâmetros de moralidade que deve nortear a coisa pública. Por último, que a Câmara de Vereadores não tenha afastado a decisão do Tribunal de Contas pelo quórum de dois terços de votos e que não haja a existência de um provimento judicial, que pode ser de qualquer natureza, desde que apto a conferir efeito suspensivo à decisão de rejeição de contas.

Resta indubitável que os requisitos mencionados são de configuração obrigatória para que a conduta típica possa ser consubstanciada. Faltando um desses elementos, não pode ser ventilada a imputação de inelegibilidade.[25]

Desta feita, é imperiosa a análise com bastante acuidade para atestar a existência de cada um desses requisitos e a inexistência de afastamento da decisão de rejeição ou de decisão judicial conferindo efeito suspensivo à rejeição de contas. Nesse mister de verificação substantiva descabe qualquer tipo de recurso hermenêutico *praeter legem* ou de voluntarismos judiciais. Não se atestando rigidamente os requisitos mencionados, não se pode ventilar na aplicação da inelegibilidade.

---

[25] "(...) 1. A inelegibilidade do art. 1º, inciso I, alínea g, da LC nº 64/1990 não é imposta pela decisão que desaprova as contas do gestor de recursos públicos, mas poderá ser efeito secundário desse ato administrativo, verificável no momento em que o cidadão se apresentar candidato em determinada eleição. *De fato, como nem todas as desaprovações de contas ensejam a causa de inelegibilidade referida naquele dispositivo, a incidência da norma pressupõe o preenchimento de requisitos cumulativos, quais sejam: i) decisão do órgão competente; ii) decisão irrecorrível no âmbito administrativo; iii) desaprovação devido à irregularidade insanável; iv) desaprovação de contas que revele ato de improbidade administrativa, praticado na modalidade dolosa; v) não exaurimento do prazo de oito anos contados da decisão; e vi) decisão não suspensa ou anulada pelo Poder Judiciário.*" [Recurso Especial Eleitoral nº 9229, Acórdão, Relator(a) Min. Luiz Fux, Publicação: DJE – Diário de justiça eletrônico, Data 30.10.2017, Página 32].

2 Conceito de irregularidade insanável

A definição de irregularidade insanável configura-se uma grande celeuma normativa, atravessando tanto a esfera doutrinária quanto a seara jurisprudencial, mormente por se tratar de conceito jurídico indeterminado. Tal fenômeno deve ser tratado com zelo, orientado pelo princípio da proporcionalidade, evitando o avultamento de um processo de judicialização, o que implica acrescer forte insegurança ao sistema jurídico.

Por irregularidade insanável deve-se entender condutas ilícitas e de gravidade majorada, decorrentes de atividades realizadas por gestores públicos com *animus dolandi*, munidas de dolo e de má-fé. Tais condutas, além de contrárias ao interesse público e ao dever de probidade de todo gestor público, ferem de morte os princípios constitucionais norteadores da atividade Administrativa Pública.[26]

Insta salientar que uma irregularidade é insanável quando não puder ser convalidada em sanável, isto é, quando não se tratar apenas de violação aos aspectos formais, mas que viole, dolosamente, a essência do próprio ato examinado, tornando-a impossível de ser corrigida. Esse tipo de mácula exclui todos os outros tipos de irregularidades, principalmente os de natureza formal e aqueles considerados de pequena monta. São as insuperáveis, incuráveis em razão da gravidade do acinte praticado.

Joel José Cândido (1999) planteia que irregularidade insanável é aquela que não pode mais ser corrigida, sendo insuprível e irreversível, além de se caracterizar como improbidade administrativa.[27] Para Adriano Costa a decisão de rejeição de contas deverá versar a existência de irregularidade insanável, que atentem contra a moralidade, a economicidade, a razoabilidade, a publicidade ou qualquer outro valor tutelado pelo ordenamento jurídico.[28] Por sua vez, Edson Resende de Castro ensina que ela traz em si nota da improbidade administrativa, por causar prejuízo

---

[26] GOMES, José Jairo. *Direito eleitoral*. 12. ed. rev. atual. ampl. São Paulo: Atlas, 2016, p. 314.

[27] CÂNDIDO, Joel José. *Inelegibilidades no direito brasileiro*. São Paulo: Edipro, 1999, p. 185-186.

[28] COSTA, Adriano Soares da. *Instituições de direito eleitoral*. 6. ed. rev. ampl. atual. Belo Horizonte: Del Rey, 2006.., p. 246.

ao patrimônio público ou atentar contra os princípios norteadores da administração.[29]

É entendimento do Superior Tribunal Eleitoral que, para incidência da inelegibilidade da Lei Complementar nº 64/90, art. 1º, I, "g", torna-se imperioso que a decisão que rejeita as contas deve ter arrimo na atestação de existência de irregularidade insanável, claramente verificada no curso do processo.[30]

Nesse jaez a insanabilidade pressupõe a prática de ato doloso de improbidade administrativa contrário ao interesse público, configurado pelo benefício do interesse pessoal ou material do gestor público. Assim, torna-se imprescindível que para caracterização da irregularidade insanável a configuração do ato de improbidade administrativa ou qualquer outra forma de desvio de valores.

Esclarece-se, assim, que o ato insanável, configurado em decisão irrecorrível do Tribunal de Contas, necessita ainda ser enquadrado como atividade dolosa de improbidade administrativa, requisitos sem os quais a inelegibilidade não se concretiza.

Já decidiu a Colenda Corte Eleitoral que a omissão no dever de prestação de contas gera a configuração da inelegibilidade por irregularidade de natureza insanável, decorrente de ato doloso de improbidade administrativa, ao passo que o atraso na entrega das contas impossibilita o Município de receber novos convênios.[31] Pondera-se, no entanto, que malgrado a ocorrência de omissão, caso seja demonstrada a regularidade da aplicação dos recursos públicos, bem como evidenciada a inocorrência de danos ao erário e ausente a

---

[29] CASTRO, Edson de Resende. *Teoria e prática do direito eleitoral*. 4. ed. Belo Horizonte: Mandamentos, 2008,., p. 223.

[30] (...) 4. Consoante já decidiu esta Corte, "a inelegibilidade prevista na alínea g do inciso I do art. 1º da Lei Complementar nº 64/90 só se caracteriza com a existência da rejeição das contas do administrador público *por irregularidade insanável*, configuradora de ato doloso de improbidade administrativa, que implique dano objetivo, isto é, prejuízos concretamente verificados" (ED-RO nº 703-11/SP, Rel. Min. Maria Thereza Rocha de Assis Moura, DJe de 11.11.2015). [Recurso Especial Eleitoral nº 9128, Acórdão, Relator(a) Min. Tarcisio Vieira de Carvalho Neto, Publicação: DJE – Diário de justiça eletrônico, Tomo 173, Data 06.09.2017, Página 49/50].
No mesmo sentido: TSE: RESPE nº 12.989/RN, Rel. Min. Eduardo Alckmin. *DJU*, 26 nov. 1996; RESPE nº 22.704/CE, Ac. nº 22.704, de 19.10.2004, Rel. Luiz Carlos Lopes Madeira; RESPE nº 24.448-ARESPE/MG, Ac. nº 24.448, de 7.10.2004, Rel. Carlos Mário da Silva Velloso.

[31] "O não cumprimento pelo gestor público do dever de prestar contas, o que acarreta sua rejeição" (TSE – REspe no 2437/AM – PSS 29- 112012). Ac. de 15.12.2010 no AgR-RO nº 261.497, Rel. Min. Aldir Passarinho Junior.

demonstração de conduta dolosa, mostra-se prejudicada a aplicação da inelegibilidade, afastando-se, por conseguinte, o ato improbo.[32] Ressalta-se, ainda, que a apresentação extemporânea das contas apenas constituirá ato de improbidade administrativa, quando verificada a constituição de ato doloso e malversação de recursos públicos.[33] Assim como a mesma exigência foi estabelecida para ausência de disponibilização pública das contas da Câmara, também exige-se a comprovação de dolo, má-fé ou prejuízo à administração pública para que se configure conduta dolosa de improbidade administrativa.[34]

Também já decidiu a Colenda Corte Eleitoral que a prática de condutas tipificadas como crime de responsabilidade possui natureza insanável e caracteriza atos dolosos de improbidade administrativa, o que enseja, impreterivelmente, a inelegibilidade prevista na alínea "g" do inciso I do art. 1º da LC nº 64/90.[35]

De outra ponta, meros erros formais ou contábeis não ensejam a inelegibilidade prevista, haja vista a inexistência de mácula ao erário público.[36] Pelo princípio da insignificância não deve o

---

[32] "Impossibilidade de incidência da inelegibilidade prevista nesta alínea quando ausente ato doloso de improbidade administrativa ou intenção de causar dano ao Erário" (Ac.-TSE, de 3.12.2013, no REspe nº 2546; de 30.8.2012, no REspe nº 23383 e, de 8.2.2011, no AgR-RO nº 99574);
"A inelegibilidade desta alínea não incide quando demonstrada a regularidade da aplicação dos recursos e ausência de prejuízo ao Erário, a despeito da omissão do dever de prestar contas ou de sua apresentação extemporânea" (Ac.-TSE, de 20.5.2014, nos ED-AgR-REspe nº 27272 e, de 5.12.2013, no AgR-REspe nº 52980).

[33] "Apresentação extemporânea de contas somente constitui ato de improbidade administrativa quando evidenciados dolo genérico e malversação de recursos públicos" (Ac.-TSE, de 29.9.2016, no REspe nº 4682).

[34] "A ausência de disponibilização pública das contas da Câmara, sem a comprovação de dolo, má-fé ou prejuízo à administração pública, não configura ato doloso de improbidade administrativa" (Ac.-TSE, de 12.12.2012, no AgR-REspe nº 10807).

[35] "(...) a prática de conduta tipificada como crime de responsabilidade, o não recolhimento de verbas previdenciárias e o descumprimento da Lei de Responsabilidade Fiscal possuem natureza insanável e caracterizam atos dolosos de improbidade administrativa, a atrair a incidência da inelegibilidade prevista na alínea g do inciso I do artigo 1º da LC nº 64/90" (AgR-RO nº 3982-02/CE, Rel. Min. Marcelo Ribeiro, PSESS de 13.10.2010). [Recurso Especial Eleitoral nº 143183, Acórdão, Relator(a) Min. Luiz Fux, Publicação: DJE – Diário justiça eletrônico, Tomo 117, Data 23.06.2015, Página 88].
No mesmo sentido: Ac. de 13.10.2010 no AgR-RO nº 398.202, Rel. Min. Marcelo Ribeiro.

[36] "Infração às normas e aos .regulamentos contábeis, financeiros, orçamentários, operacionais ou patrimoniais não é suficiente, por si, para se concluir pela prática de ato doloso de improbidade administrativa, cuja equiparação é essencial para a caracterização da inelegibilidade prevista nesta alínea" (Ac.-TSE, de 19.12.2016, no REspe nº 11567).
No mesmo sentido: TSE. RESPE nº 14.503, de 25.2.97, Rel. Min. Ilmar Galvão.

DA INELEGIBILIDADE POR REJEIÇÃO DE CONTAS POR PARTE DE PREFEITOS MUNICIPAIS | 159

ordenamento jurídico se imiscuir em questões ínfimas, que não produzam problemas para a *res publica*. Se houver uma generalização absoluta da interferência jurídica nas questões administrativas, o espaço de decisão política será mitigado de forma a podar a autonomia de vontade da sociedade civil.

A jurisprudência tem se posicionado pela configuração de irregularidade insanável, quando o prefeito não aplica o percentual mínimo de recursos exigidos constitucionalmente para a manutenção e desenvolvimento do ensino e dos recursos previstos no fundo de saúde municipal.[37] Segundo Jairo Gomes, tal renovação jurisprudencial incorporada pela Corte Superior[38] veio a corrigir "erro de interpretação havido no REspe nº 35.395/MG (DJe 2.6.2009, p. 34)", que indicava não constituir irregularidade insanável a não "aplicação de percentual mínimo de receita resultante de impostos nas ações e serviços públicos de saúde, bem como de educação".[39]

Por fim, perlustrando os precedentes apresentados pelo Tribunal Superior Eleitoral e assentamentos doutrinários,[40] é possível identificar como irregularidades insanáveis: i. Atos que impliquem transgressão à Lei de Licitações;[41] ii. Inadimplência quanto ao pagamento de precatórios, quando haja disponibilidade financeira para o pagamento;[42] iii. Descumprimento legal na realização de operações financeiras, despesas não deliberadas por lei ou regulamento, pagamento indevido de diárias, aplicação de verbas federais repassadas em desacordo com convênio e violação do art. 37, XIII da CF/88;[43] iv. Despesas que superam o limite constitucional

---

[37] "Caracterização de irregularidade insanável que configura ato doloso de improbidade administrativa e atrai a inelegibilidade prevista nesta alínea: não aplicação de percentual mínimo de receita resultante de impostos nas ações e nos serviços públicos de saúde" (Ac.-TSE, de 5.2.2013, no AgR-REspe nº 44144).

[38] TSE – REspe nº 24659/SP – PSS 27.11.2012; AgRg-REspe nº 22234/SP – PSS 13.12.2012; REspe nº 32574/MG – PSS 18.12.2012.

[39] GOMES, José Jairo. *Direito eleitoral*. 12. ed. rev. atual. ampl. São Paulo: Atlas, 2016, p. 314.

[40] GOMES, José Jairo. *Direito eleitoral*. 12. ed. rev. atual. ampl. São Paulo: Atlas, 2016, p. 315.

[41] Ac.-TSE, de 23.10.2012, no AgR-REspe nº 5527. AgR-REspe nº 127092/RO – PSS 15.9.2010.

[42] REspe no 25986/SP – PSS 11.10.2012.

[43] "A efetivação de despesas não autorizadas por lei ou regulamento, bem como a realização de operações financeiras sem a observância das normas legais" (AgR-REspe nº 8192/GO – PSS 18.10.2012);

WALBER DE MOURA AGRA
TEMAS POLÊMICOS DO DIREITO ELEITORAL

estampado no art. 29- A da CF/88;[44] v. Pagamento de verbas indevidas para vereadores;[45] vi. Ausência de repasse à Previdência Social das contribuições recolhidas;[46] vii. O recolhimento ou repasse à menor do ISS ou IRPF[47] e vii. Abertura de créditos suplementares sem a devida autorização legal.[48]

3 Da necessidade de configuração de ato doloso de improbidade administrativa

O vocábulo improbidade tem origem latina, isto é, *improbitate*, cuja tradução significa desonestidade, desonradez, putrefação moral do prefeito municipal. Hodiernamente, identifica-se como improbidade a conduta de gestor público que traiu os parâmetros morais básicos que devem alicerçar a gestão da coisa pública.

O ato de improbidade administrativa incide na atuação de forma desonesta do agente público, ou até mesmo do particular, no desempenho de função pública, isto é, de função mantida

---

"Pagamento indevido de diárias" (Ac.-TSE, de 18.12.2012, no AgR-REspe nº 23722); "Aplicação de verbas federais repassadas ao município em desacordo com convênio" (Ac.-TSE, de 1º.10.2014, no AgR-RO nº 34478); "Violação ao disposto no art. 37, XIII, da CF/1988" (Ac.-TSE, de 14.2.2013, no AgR-REspe nº 45520).

[44] Ac.-TSE, de 9.10.2012, no REspe nº 11543; REspe nº 11543/SP – PSS 9.10.2012; AgRg-Respe no 39659/SP, DJe 17.5.2013 (violação ao art. 29-A, I, da CF/1988).

[45] "[...] O pagamento intencional e consciente de verbas a vereadores, por mais de um ano, em descumprimento à decisão judicial, o que acarretou, inclusive, a propositura de ação civil pública por lesão ao erário" (TSE – AgR-REspe nº 9570/SP – PSS 4.9.2012); REspe nº 11543/SP – PSS 9.10.2012; AgRg-Respe nº 39659/SP, DJe 17.5.2013.
"O pagamento indevido de verbas indenizatórias a vereadores a título de participação em sessões extraordinárias" (TSE – AgRg-REspe no 32908/SP – PSS 13.11.2012).
"Desrespeito aos limites previstos no art. 29, VI, da CF/1988" (Ac.-TSE, de 4.12.2014, o AgR- Respe nº 30344 e, de 18.12.2012, no REpe nº 9307).

[46] "O recolhimento de contribuições previdenciárias sem o indispensável repasse à Previdência Social" (TSE – REspe nº 25986/SP – PSS 11.10.2012). "Contratação de pessoal sem a realização de concurso público e não recolhimento ou repasse a menor de verbas previdenciárias" (Ac.-TSE, de 2.4.2013, no AgR-REspe nº 25454).

[47] "Falta de repasse integral de valores relativos ao ISS e ao IRPF" (Ac.-TSE, de 21.2.2013, no AgR-REspe nº 8975).

[48] "Abertura de créditos suplementares sem a devida autorização legal" (TSE – REspe nº 32574/MG – PSS 18.12.2012).

com a Administração, consubstanciando um acinte aos valores juridicamente tutelados pelo ordenamento jurídico.

Ato de improbidade é todo aquele que promove o desvirtuamento da Administração Pública, afrontando os princípios inexoráveis da ordem democrática e do Estado Democrático Social de Direito, revelando-se pela obtenção de vantagens patrimoniais indevidas às expensas do erário, durante o exercício de funções públicas.[49] Portanto, pode-se afirmar que qualquer ato ou omissão que importe em enriquecimento ilícito, acarrete dano ao erário ou que viole os princípios que regem a Administração Pública, implícitos ou explícitos, constitucionais ou infraconstitucionais, constitui ato de improbidade administrativa.

Os atos de improbidade administrativa podem ser classificados em três espécies:

a) atos que importam em enriquecimento ilícito (art. 9º);

b) atos que causam prejuízo ao erário (art. 10);

c) atos que atentam contra os princípios da Administração Pública (art. 11).

Assevera o artigo 9º que constitui ato de improbidade administrativa, importando enriquecimento ilícito, auferir qualquer tipo de vantagem patrimonial indevida em razão do exercício de cargo, mandato, função, emprego ou atividade em entidades públicas ou que recebam orçamento público. Dimana o artigo 10 que se configura ato de improbidade administrativa que causa lesão ao erário qualquer ação ou omissão, dolosa ou culposa, que enseje perda patrimonial, desvio, apropriação, malbaratamento ou dilapidação dos bens ou haveres de entidades públicas ou que recebam orçamento público. Por fim, nos termos do artigo 11 classifica-se como ato de improbidade administrativa que atenta contra os princípios da Administração Pública qualquer ação ou omissão que viole os deveres de honestidade, imparcialidade, legalidade e lealdade às instituições públicas ou de caráter público.

Torna-se imprescindível a aferição do *animus dolandi* do agente público, isto é, se restou configurado o elemento subjetivo

---

[49] PAZZAGLINI FILHO, Marino. *Lei de Improbidade Administrativa comentada*. São Paulo: Atlas, 2002, p. 24.

de dolo na sua conduta, como forma imperiosa de aferição e caracterização do ato de improbidade administrativa.[50] Caso haja dúvida com relação ao *animus dolandi* em razão de insuficiência de provas, não poderá haver a configuração da rejeição de contas prevista no instrumento legal estudado.[51]

Questão tormentosa significa que todo ato doloso de improbidade administrativa configura-se uma irregularidade insanável. O entendimento predominante no Superior Tribunal Eleitoral é de que os atos dolosos de improbidade administrativa fazem parte do alcance do termo irregularidade insanável, como forma de melhor proteger a coisa pública. Tal entendimento tem arrimo no próprio artigo 14 da Carta Magna que determina a possibilidade de novas causas de inelegibilidades com o escopo de se tutelar a probidade administrativa e a moralidade.[52] Assim, pode-se dizer que todo ato doloso de improbidade administrativa, praticado pelo prefeito municipal, como ordenador de despesa, ensejará, invariavelmente, a inelegibilidade por rejeição de contas. Todavia, nem toda irregularidade insanável ensejará um ato de improbidade administrativa.[53]

---

[50] DI PIETRO, Maria Sylvia Zanella. *Direito administrativo*. 14. ed. São Paulo: Atlas, 2002, p. 687.

[51] (...) 4. Conforme orientação firmada por este Tribunal Superior, *"a inelegibilidade prevista na alínea g do inciso I do art. 1º da Lei Complementar nº 64/90 só se caracteriza* com a existência da rejeição das contas do administrador público por irregularidade insanável, *configuradora de ato doloso de improbidade administrativa*, que implique dano objetivo, isto é, prejuízos concretamente verificados" (...). Tal situação não ficou caracterizada no caso dos autos. 5. *Ademais, em caso de dúvida razoável sobre a configuração do dolo na conduta do agente público, deve prevalecer o direito fundamental à elegibilidade. Precedentes. 6. Agravos regimentais desprovidos.* [Recurso Especial Eleitoral nº 29712, Acórdão, Relator(a) Min. Tarcisio Vieira de Carvalho Neto, Publicação: DJE – Diário de justiça eletrônico, Data 22.08.2017].

[52] (...) 3. Incide a causa de inelegibilidade prevista no art. 1º, I, g, da Lei Complementar 64/90, pois houve rejeição de contas públicas referentes a dois exercícios financeiros, *em razão de vícios insanáveis que caracterizam atos dolosos de improbidade administrativa*, (...) [Recurso Especial Eleitoral nº 15571, Acórdão, Relator(a) Min. Henrique Neves da Silva, Publicação: DJE – Diário justiça eletrônico, Tomo 63, Data 30.03.2017, Página 29]. Nesse sentido: Ac. de 15.9.2010 no AgR-RO nº 68355, Rel. Min. Arnaldo Versiani.

[53] (...) 5. *Nem toda desaprovação de contas por descumprimento da Lei de Licitações gera a automática conclusão sobre a configuração do ato doloso de improbidade administrativa, competindo à Justiça Eleitoral verificar a presença de elementos mínimos que revelem essa conduta.* Precedentes: RO nº 59883/PE, Rel. Min. Gilmar Mendes, PSESS de 2.10.2014 e RO nº 58536/ES, Rel. designado Min. Gilmar Mendes, PSESS de 3.10.2014.6. *No caso sub examine, das premissas fáticas delineadas no aresto regional, de fato, não é possível reconhecer o caráter doloso dos atos irregulares. Isso porque tais atos não evidenciam, per se, a intenção de causar dano ao erário ou má-fé, enriquecimento ilícito ou lesão grave ao erário, sobretudo se considerados os valores correspondentes às falhas identificadas. 7. Em situações de dúvida sobre o caráter doloso na conduta do candidato, deve prevalecer o direito fundamental ao ius honorum, que se traduz em corolário do princípio da cidadania, configurando-*

Insta-se ressaltar que a configuração de ato de improbidade exige, portanto, a demonstração do elemento subjetivo na tipificação, representando elemento essencial à punição, sendo o dolo exigido para os casos dos arts. 9º e 11 e o dolo ou a culpa para as hipóteses do art. 10, todos da Lei nº 8.429/92.

No que tange aos arts. 9º e 11, ambos da Lei nº 8.429/92, que tipificam os atos de improbidade que importam enriquecimento ilícito e que atentam contra os princípios da Administração Pública, respectivamente, embora omissos os dispositivos, tem-se que o elemento subjetivo exigido é o dolo. Afinal, como defendido por José dos Santos Carvalho Filho, não é razoável a percepção de vantagem indevida por servidor ou violação de princípio mediante imprudência, imperícia ou negligência.[54] Qualquer ação apta a gerar enriquecimento ilícito pressupõe a consciência da antijuridicidade do resultado pretendido, sem ela foge-se da tipicidade indicada.[55]

Tem-se que o ilícito é, via de regra, doloso, despontando-se culposo apenas quando expressamente previsto em lei, caso contrário entra-se na seara de atos jacobinos, em que Robespierre tentou alcançar a virtude com a guilhotina.

No pertinente ao art. 10 da Lei nº 8.429/92, em tratamento dos atos de improbidade que causam prejuízo ao Erário, verberou o legislador que o elemento subjetivo pode ser o dolo ou a culpa. Mesmo diante da clarividência do permissivo legal, Isabela Giglio Figueiredo sustenta que é impossível a existência de forma culposa de improbidade, sob a consideração de que o dolo faz parte da essência do conceito, enquanto a possibilidade de que o elemento subjetivo seja também a culpa alarga o preceito constitucional, sendo premente a declaração de inconstitucionalidade parcial sem redução de texto do dispositivo, declarando incompatível o termo "culpa".[56]

---

se como excepcionais as restrições a ele estabelecidas. Precedentes: REspe nº 2841/AL, Rel. Min. Napoleão Maia Filho, PSESS de 28.11.2016; REspe nº 115-78/RJ, Rel. Min. Luciana Lóssio, DJe de 5.8.2014; e AgR-REspe nº 59510/SP, Rel. Min. Arnaldo Versiani, PSESS de 27.9.2012.8 [Recurso Especial Eleitoral nº 31463, Acórdão, Relator(a) Min. Luiz Fux, Publicação: DJE – Diário de justiça eletrônico, Tomo 107, Data 01.06.2017, Página 41-42].
No mesmo sentido: Ac. de 21.10.2004 no RESPE nº 23.565, Rel. Min. Luiz Carlos Madeira.

[54] CARVALHO FILHO. *Manual de direito administrativo*. 25. ed. São Paulo: Atlas, 2012. p. 554.

[55] OSÓRIO. *Teoria da improbidade administrativa:* má gestão pública, corrupção, ineficiência. 3. ed. São Paulo: Revista dos Tribunais, 2014. p. 215.

[56] *Idem*, p. 146-148.

Diante do comando deontológico do mencionado dispositivo, essa discussão está superada, possibilitando-se a ocorrência da lesão ao Erário prevista no art. 10º tanto por dolo quanto por culpa. O referido dispositivo tipifica um ato voluntário dirigido à lesão ocasionada por um ato culposo, causado por um desleixe, pela negligência no implemento das obrigações, por um descontrole administrativo, justificando-se a escolha legislativa em razão da relevância da tutela do patrimônio público.[57] No mesmo sentido têm entendido as Turmas do Superior Tribunal de Justiça, fazendo referência à indiscutibilidade da questão.[58]

Por derradeiro, inexiste necessidade que haja o trânsito em julgado de decisão judicial para configuração do ato doloso de improbidade administrativa, bem como a própria existência de ação em curso na justiça comum para análise de tal ato. O que se exige é que tenha havido a caracterização da irregularidade insanável, por ato doloso de improbidade administrativa, por parte do Tribunal de Contas.[59]

4 Da necessidade de decisão irrecorrível por órgão competente

O sistema brasileiro de controle das atuações dos administradores públicos encontrou o seu apogeu após o advento da *Lex Mater* de 1988, com a dilação do feixe de atuação das Cortes de Contas e do controle judicial sobre os atos administrativos. Tal desiderato tem o

---

[57] GIACOMUZZI. *A moralidade administrativa e a boa-fé da administração pública*. 2. ed. São Paulo: Malheiros, 2013. p. 308; RIZZARDO, Arnaldo. *Ação civil pública e ação de improbidade administrativa*. Rio de Janeiro: GZ, 2009. p. 467; CARVALHO FILHO, José dos Santos. *Manual de direito administrativo*. 22. ed. Rio de Janeiro: Lumen Juris, 2009. p. 1024; OSÓRIO, Fábio Medina. *Teoria da improbidade administrativa: má gestão pública, corrupção, ineficiência*. 3. ed. São Paulo: Revista dos Tribunais, 2014. p. 216; PAZZAGLINI FILHO, Marino. *Lei de improbidade administrativa comentada*: aspectos constitucionais, administrativos, civis, criminais, processuais e de responsabilidade fiscal; legislação e jurisprudência atualizadas. 4. ed. São Paulo: Atlas, 2009. p. 63; GARCIA, Emerson; ALVES, Rogério Pacheco. *Improbidade administrativa*. 5. ed. Rio de Janeiro: Lumen Juris, 2010. p. 343.

[58] STJ. REsp nº 1.140.544/MG. Rel. Min. Eliana Calmon. Segunda Turma. Julg.: 15.06.2010. *DJe* 22.06.2010.

[59] GOMES, José Jairo. *Direito eleitoral*. 12. ed. rev. atual. ampl. São Paulo: Atlas, 2016, p. 325.

mister institucional de fortalecer os mecanismos para tutela do erário público, ofertando uma maior proteção à coisa pública.[60]

A análise do referido órgão é um ato de fiscalização, atendo-se a parâmetros legais e a cálculos matemáticos e financeiros, sem a possibilidade de adentrar no caráter político das decisões. O relatório deve ser minucioso, robustecido com dados exaurientes que permitam uma interpretação clara por parte dos membros do Poder Legislativo.

Esclarece Cretella Júnior que a expressão "julgar as contas" não pode levar à ilação de que haveria o exercício de funções judicantes, como o exercido pelo Judiciário. O sentido de julgar contas é examiná-las, conferir-lhes exatidão, ver se estão certas ou erradas, tratando-se de função matemática, contábil, não de natureza jurisdicional.[61] O art. 71 da Constituição Federal delegou ao Tribunal de Contas um feixe de funções, inclusive aquelas pertinentes à consulta e à apreciação. O inciso I do art. 71 confere competência ao Tribunal de Contas para apreciar as contas prestadas anualmente pelos chefes do Poder Executivo. Assim, o mencionado órgão emite um parecer prévio que deve ser enviado ao Poder Legislativo. O parecer é meramente opinativo, sendo de caráter técnico auxiliar, não vinculando os membros do Poder Legislativo a seguir a lume as diretrizes elaboradas, tendo uma função apenas de orientação. Assim, pode, perfeitamente, o Tribunal de Contas entender pela rejeição das contas de um determinado gestor público e a Câmara Legislativa entender por aprová-las. Todavia, adverte Jairo Gomes que nessas hipóteses o que se afasta é apenas a inelegibilidade, de modo a não eximir o ordenador das despesas tidas por irregular pelo Tribunal de suas responsabilidades.[62]

Não obstante, no que concerne à função julgadora, prevista no inciso II do art. 71, da CF, compete ao Tribunal de Contas

---

[60] CAVALCANTI, Francisco de Queiroz Bezerra. Da necessidade de aperfeiçoamento do controle judicial sobre a atuação dos tribunais de contas visando assegurar a efetividade do sistema. *Revista do TCU*, Brasília, n. 108, p. 7, 2007.

[61] CRETELLA JÚNIOR, José. *Comentários à Constituição brasileira de 1988*. 2. ed. Rio de Janeiro: Forense Universitária, 1993. v. 3, p. 2.797.

[62] GOMES, José Jairo. *Direito eleitoral*. 12. ed. rev. atual. ampl. São Paulo: Atlas, 2016, p. 326.

julgar as contas dos administradores e demais responsáveis por dinheiro, bens e valores públicos da administração direta e indireta, incluídas as fundações e sociedades instituídas e mantidas pelo Poder Público federal, e as contas daqueles que derem causa a perda, extravio ou outra irregularidade de que resulte prejuízo ao erário. Nesse caso, as contas devem ser prestadas diretamente ao Tribunal de Contas, onde este tem uma espécie de competência originária, outorgada pela Carta Magna, para emitir um posicionamento definitivo, e não apenas um parecer opinativo. Assim, é cediço que no primeiro caso trata-se de responsabilidade política do gestor, ao passo que no segundo trata-se de responsabilidade técnico-jurídica.

Não restam dúvidas que a decisão irrecorrível terá que provir, segundo os regulamentos específicos e os estamentos legais, dos Tribunais de Contas de cada Estado específico para julgar os prefeitos municipais, sem que este direcionamento possa provir de órgãos judiciais ou do Poder Judiciário. O pronunciamento irrecorrível, inexoravelmente, deve ser oriundo do Tribunal de Contas competente para examinar o dispêndio realizado pelo chefe do Executivo.

Como o próprio étimo da palavra deixa cristalino, a decisão deve ser irrecorrível, ou seja, aquelas que não são proferidas de forma monocrática, mas que são reanalisadas de forma plural, colegiada, aprimorando o posicionamento anterior proferido e dando-lhe maior legitimidade, expurgando vícios que porventura possam maculá-las. A irrecorribilidade se traduz, na seara administrativa, pela inexistência de recurso administrativo, com a fase recursal plenamente exaurida, assegurando ao prefeito que teve suas contas rejeitadas o contraditório e a ampla defesa, com os meios e recursos a ela inerentes (CF, art. 5º, LV).

A irrecorribilidade da decisão é atinente às esferas do Tribunal de Contas, não há óbice legal, muito pelo contrário, há expressa previsão constitucional, segundo o art. 31, §2º, que comina que o Poder Legislativo, pelo quórum de dois terços de votos, pode afastar a imputação de inelegibilidade. Ela continua sendo irrecorrível nas esferas do Tribunal de Contas, mas a inelegibilidade pode ser afastada se a Câmara de Vereadores deliberar em sentido contrário, com o quórum mencionado e em decisão fundamentada.

DA INELEGIBILIDADE POR REJEIÇÃO DE CONTAS POR PARTE DE PREFEITOS MUNICIPAIS | 167

É certo que a referida inelegibilidade apenas se concretizaria se a Câmara de Vereadores não rejeitasse o parecer do tribunal de contas, com o quórum de dois terços de votos, haja vista a previsão do art. 31, §§1º e 2º, da Constituição Federal. Ademais, o texto constitucional expõe que o controle externo da Câmara Municipal será exercido com o auxílio dos tribunais de contas dos Estados, sendo o parecer prévio emitido pelo órgão competente sobre as contas que o prefeito deve anualmente prestar.[63]

A decisão do Tribunal de Contas tem a taxionomia de uma decisão administrativa, não fazendo coisa julgada no aspecto material, o que permite a apreciação de seus pressupostos de legalidade por parte do Poder Judiciário. Ela apresenta o tônus de coisa julgada formal, no sentido de que, uma vez proferida a "última" decisão, não mais pode ser revista nesta seara, cabendo apenas ao Poder Judiciário desfazer o ato quando houver impugnação.

A coisa julgada administrativa não obsta que eventuais irregularidades formais ou ilegais sejam submetidas à apreciação do Poder Judiciário. Assim, tem-se como principal diferença entre a coisa julgada administrativa e a coisa julgada jurisdicional a possibilidade de alteração do *decisum*. Isso porque a irrecorribilidade administrativa é mais flexível e pode ser alterada supervenientemente através do controle jurisdicional de legalidade dos atos/administrativos por parte do Poder Judiciário, em compasso com o princípio da inafastabilidade da jurisdição insculpido no art. 5º, XXXV, da CF/88, ao passo que a coisa julgada jurisdicional só poderá ser alterada através dos mecanismos processuais próprios, estipulados no Código de Ritos, isto é, por meio de ação rescisória, ação anulatória e ação de *querela nullitatis*.

---

[63] Agravo Regimental. Recurso Ordinário. Registro de Candidatura. Deputado Estadual. Inelegibilidade. LC nº 64/90, art. 1º, I, g. Alteração LC nº 135/2010. Rejeição de contas públicas. Prefeito. Órgão competente. Câmara Municipal. Provimento judicial. Desprovimento. 1. A despeito da ressalva final constante da nova redação do art. 1º, I, "g", da LC nº 64/90, a competência para o julgamento das contas de Prefeito, sejam relativas ao exercício financeiro, à função de ordenador de despesas ou a de gestor, é da Câmara Municipal, nos termos do art. 31 da Constituição Federal. Precedente. 2. Cabe ao Tribunal de Contas apenas a emissão de parecer prévio, salvo quando se tratar de contas atinentes a convênios, pois, nesta hipótese, compete à Corte de Contas decidir e não somente opinar. [...] (TSE – Ag-RO nº 420467/CE – PSS 5.10.2010).
No mesmo sentido: AgR-RO nº 433.457/CE PSS – 23.11.2010; AgR-REspe nº 323.286/MA – PSS 7.10.2010; AgR-RO nº 440.692/PB – PSS 5.10.2010; REspe nº 200-89/RJ – PSS 18.10.2012; REspe nº 120-61/PE – PSS 25.9.2012.

Em arremate, das inovações jurisprudenciais trazidas pela Corte Superior, importa registrar que, anteriormente, caso o parecer prévio não fosse apreciado, no lapso temporal disposto em lei, pela respectiva Câmara Municipal, ele prevaleceria,[64] o mencionado prazo estabelecido na Lei Orgânica de cada Município e também nas Constituições Estaduais. Contudo, tal entendimento foi superado, razão pela qual a inércia do Poder Legislativo não atrai a configuração da inelegibilidade, tampouco consolida o parecer prévio de forma automática.[65]

5 Da inexistência de provimento judicial suspensivo

A decisão administrativa que rejeita contas pode ser sempre submetida à apreciação do Poder Judiciário – nomeadamente, na Justiça Comum – em virtude do princípio da universalização. Apesar da decisão que rejeita as contas ser "irrecorrível", esta não ostenta natureza jurisdicional. Explica Roque Citadini (2008) que, para a defesa de suas prerrogativas, é natural que se tenha o ajuizamento de recursos por aqueles que sejam considerados inelegíveis, pois o fazem apresentando seu inconformismo na tentativa de recuperar o *jus honorum*.[66] Os meios processuais adequados para impugnação são realizados através de ação desconstitutiva de ato administrativo ou ação anulatória.

Em tempos pretéritos, o TSE consagrou entendimento, através da Súmula nº 1, de que a inelegibilidade – com fundamento na alínea "g" do inciso I do art. 1º da LC nº 64/90 – ficaria suspensa caso houvesse sido ajuizada ação judicial com o escopo de desconstituir a decisão que rejeitou as contas anteriormente à impugnação, independentemente da concessão de qualquer liminar suspendendo os seus efeitos.

---

[64] Precedente superado: EAREsp nº 23921/AM, Publicado 09.11.2004.

[65] "O decurso do prazo conferido à Câmara Municipal para apreciar o parecer do Tribunal de Contas não atrai a inelegibilidade cominada neste dispositivo" (Ac.-TSE, de 10.12.2013, no REsp nº 182098; de 10.11.2009, no REspe nº 35791 e de 26.11.2008, no REspe nº 33280). No mesmo sentido: "O TSE vem entendendo que o silêncio da Câmara Municipal, ainda que prolongado, não enseja a inelegibilidade prevista no art. 1º, I, "g", da LC nº 61/90". AgRg-RESPE nº 32.927/PB, Rel. Min. Felix Fischer, PSESS 12 nov. 2008.

[66] CITADINI, Antônio Roque. A inelegibilidade por rejeição de contas. 2008. Disponível em: <http://gepam.adm.br/noticias/files/4087_Ineleg_rejeicao_de_contas.pdf>. Acesso em: 01 jan. 2018.

A modificação operada significou um fortalecimento da ação dos órgãos de controle externo da Administração, desde que haja decisão, em pronunciamento definitivo, afirmando a existência de ato insanável de improbidade administrativa. Essa orientação é de extrema importância porque reconhece o trabalho das Cortes de Contas, aumentando a eficiência da fiscalização do erário público, fazendo com que as decisões que rejeitem as contas dos prefeitos municipais possam resultar na decretação de sua inelegibilidade. Caso não tenha a inelegibilidade sido afastada pela Câmara de Vereadores, e também se não houver provimento incidental, isto é, em sede de cognição sumária, a inelegibilidade perdurará até a decisão judicial em sede de cognição exauriente.

Exige-se, atualmente, que a decisão do Tribunal de Contas seja afastada por pronunciamento judicial liminar ou acautelatório no sentido de determinar que houve equívocos na análise das contas apresentadas. Se esses equívocos não forem constatados, a decisão de rejeição deve ser mantida. Portanto, a mera propositura de ação anulatória, sem a obtenção de provimento liminar ou tutela antecipatória, não suspende a inelegibilidade, conforme entendimento jurisprudencial e doutrinário pacífico.[67]

A tutela antecipada consubstancia a ideia de adiantamento, isto é, antecipação da decisão de mérito, a ser proferida em sede de determinado processo de conhecimento, cujo estandarte é inibir a consumação de dano irreparável ou de difícil reparação da parte. Insta-se ressaltar o provimento antecipatório que, em tempos pretéritos, era possível apenas na esfera do processo cautelar, espraia-se agora pelo processo cognitivo, numa inexorável consagração ao poder geral de cautela do magistrado.[68]

Não obstante, a tutela de urgência antecipada não se confunde com a tutela de urgência cautelar, isso porque a tutela antecipada constitui um verdadeiro adiantamento do próprio pedido insculpido na peça exordial. Enquanto esta última destina-se a assegurar a eficácia prática do processo, isto é, garantir uma eficácia substancial da própria prestação jurisdicional. Nos dizeres da ilustre doutrina

---

[67] Ac. do TSE, de 24.8.2006, RO 965 e no RESPE 26.942; no RO 963; de 29.9.2006; no RO 912; de 13.9.2006 e de 16.11.2006, no AgRgRO 1.067.

[68] ALVIM. *Modificações no CPC*, p. 97-98.

de Pontes de Miranda seria "segurança para execução", pretensão distinta da tutela satisfativa antecipatória, que visa, em verdade, a "execução para segurança".[69]

Por conseguinte, se o pronunciamento judicial suspendendo os efeitos da decisão do Tribunal de Contas, em caráter liminar, for proferido depois do pedido de registro, configurar-se-á a suspensão da inelegibilidade até o pronunciamento judicial definitivo. Este é o sentido determinante do art. 11, §10, da Lei Eleitoral, que promana que as condições de elegibilidade e as causas de inelegibilidade devem ser aferidas no momento da formalização do pedido de registro da candidatura, ressalvadas as alterações, fáticas ou jurídicas, supervenientes ao registro que afastem a inelegibilidade.[70]

Para que a inelegibilidade reste afastada, exige-se, ademais, que na inicial da ação anulatória ou desconstitutiva da decisão de rejeição de contas devam ser questionadas todas as irregularidades apontadas pelo órgão julgador, sob pena de manter-se o ato de rejeição de contas, isto é, a própria inelegibilidade, já que consoante ao princípio da congruência, o órgão jurisdicional só poderá se pronunciar consoante os limites do pedido inicial (CPC, art. 492). Restando ainda alguma irregularidade insanável que configure ato doloso de improbidade administrativa que não fora atacado pela impugnação judicial, persiste a inelegibilidade.[71]

6 Da necessidade da atividade desenvolvida ser de ordenador de despesa

Para a tipificação da inelegibilidade necessita-se que o ato realizado tenha sido de natureza de ordenador de despesa,

---

[69] PONTES DE MIRANDA, Francisco Cavalcanti. *Comentários ao Código de Processo Civil*. Rio de Janeiro: Forense, 1976. T. 12, p. 14.

[70] Ac. de 16.3.2004 no RCED nº 643, rel. Min. Fernando Neves; no mesmo sentido, o Ac. de 16.3.2004 no RCED nº 646, rel. Min. Fernando Neves.

[71] Afasta a inelegibilidade prevista nesta alínea: Ac.-TSE, de 16.11.2016, no REspe nº 5081 (recurso de revisão recebido com efeito suspensivo); Ac.-TSE, de 6.5.2014, no REspe nº 15705 (decisão judicial da Justiça Comum, posterior à interposição do REspe, mas anterior ao pleito, declarando a nulidade do decreto legislativo de rejeição de contas); Ac.-TSE, de 17.9.2013, no REspe nº 31003 (provimento de recurso de revisão no Tribunal de Contas e consequente aprovação das contas).

sem que possa ser classificado como um ato de execução do orçamento.

Ordenador de despesa é todo cidadão cujo desempenho de múnus público resulte na emissão de empenho, autorização de pagamento, suprimento ou dispêndio de recursos (Decreto-Lei nº 200/67, art. 80, §1º). Pode exercer tal atividade o Chefe do Executivo ou qualquer servidor público que possa agir como ordenador de despesa, gestor público que autoriza pagamento com erário público. Classifica-se como uma responsabilidade de natureza eminentemente de gestão pública, autorizando a despesa por parte dos entes estatais. É ato nitidamente administrativo em que o agente público ou quem estiver detendo uma função pública realiza um gasto da arrecadação pública.

Quando o agente público atua como agente político, na execução do orçamento, não pode ser aplicada a inelegibilidade prevista. O julgamento das contas apresentadas anualmente pelo Chefe do Executivo, referentes à execução orçamentária, é de competência do Poder legislativo. Depreende-se que quando o agente político atuar como executor do orçamento, matriz predominantemente política, não há possibilidade de enquadramento na inelegibilidade mencionada, pois inexiste a tipificação de ordenador de despesa. A função de execução do orçamento diz respeito ao cumprimento do preceituado nas leis orçamentárias – plano plurianual, lei de diretrizes orçamentárias e lei orçamentária anual – sem qualquer vinculação com a liberação direta de dispêndio de entes estatais. Neste caso a função do Tribunal de Contas é de órgão técnico, auxiliar do Poder Legislativo, sem exercer nenhum tipo de vinculação ao órgão representante da soberania popular. Configura-se como uma responsabilidade de natureza eminentemente política.

A análise concernente às questões atinentes à execução de orçamento público, desenvolvidas anualmente, é de competência exclusiva do Poder Legislativo, uma vez que é o próprio Poder Legislativo que aprova a legislação orçamentária elaborada pelo Poder Executivo. Dessa forma, nada mais justo do que os próprios representantes do povo fiscalizarem a execução dos recursos públicos. Interessante advertir que a *Lex Mater* erigiu como crime de responsabilidade os atos do Presidente da República que atentem contra a lei orçamentária (CF, art. 85, VI). A prestação de contas é a realização do controle externo da Administração, arrimado nos artigos 31 a 70 a 75 da Constituição. Compete ao Poder Legislativo, auxiliado pelo Tribunal de Contas, a fiscalização do Executivo em todas as esferas federativas.

Neste caso, ele exerce função meramente técnico-auxiliar, isto é, o parecer prévio que emite a Corte de Contas não vincula os membros do Poder Legislativo. Assim, as contas são prestadas ao Poder Legislativo, sendo remetidas ao Tribunal de Contas apenas para emissão de parecer, sem que sua decisão possa vincular o pronunciamento legislativo.

Já os atos de ordenadores de despesas que derem causa à perda, extravio ou outra irregularidade que resulte em prejuízo ao erário público são de competência originária do Tribunal de Contas. Nesse sentido, a responsabilidade é técnico-jurídica pela ordenação específica de despesas, pela gestão de recursos públicos. Assim, as contas devem ser prestadas diretamente ao Tribunal (art. 70 da CF). Assim, o Tribunal de Contas, diferentemente do caso anterior, profere um verdadeiro julgamento, e não apenas emite parecer prévio.

Não se exige na hipótese ora analisada, para configuração da tipificação, que o gestor público, exercendo atividade de ordenador de despesa, tenha sido condenado por improbidade administrativa. A exigência é que o ato importe em um acinte a probidade que deve nortear a Administração Pública. A competência para a configuração do ato de improbidade é de qualquer uma das esferas competentes do Poder Judiciário. É obrigada a prestar contas qualquer pessoa física ou jurídica, pública ou privada, que utilize, arrecade, guarde, gerencie ou administre dinheiro, bens e valores públicos de propriedade de entes públicos (art. 70, parágrafo único, da Constituição).

Mesmo se as contas forem aprovadas pelo Poder Legislativo respectivo, a imputação de débito ou multa por parte do Tribunal de Contas ostenta eficácia de título executivo (art. 71, §3º, da CF). Mesmo com a aprovação do Poder Legislativo pode ser impetrada ação de improbidade administrativa com a devida condenação do gestor público.

A decisão do Tribunal de Contas, no caso dos ordenadores de despesa, irá prevalecer desde que o seu parecer não seja rejeitado pela Câmara de Vereadores respectiva. Se o Legislativo municipal, com o quórum de dois terços dos votos, aprovar as contas, haverá o afastamento da decisão proferida pelo Tribunal e, consequentemente, não haverá a incidência da inelegibilidade. O Poder Legislativo, com o quórum de dois terços de votos, apenas pode deixar de prevalecer com relação às contas prestadas pelo prefeito municipal, devido à imposição do art. 31, §2º, da Constituição. A rejeição de contas de qualquer outro gestor público, como secretários ou diretores de órgãos públicos, não pode ser afastada, a não ser por intermédio de decisão judicial. No entanto, tratando-se de convênio, mesmo tratando-se de ato de prefeito, não compete ao Legislativo afastar a decisão do Tribunal de Contas.[72]

O pronunciamento do Legislativo, uma vez realizado, sem qualquer tipo de mácula, consubstancia-se como um ato jurídico perfeito, não podendo ser desconstituído por outra decisão. Todavia, se houver a comprovação factual de que a decisão legislativa, por exemplo, foi obtida sem o quórum necessário ou se houve fraude na votação, o primeiro pronunciamento deve ser anulado, devendo um outro ser proferido. A anulação da primeira decisão do Poder Legislativo pode ser realizada por um pronunciamento do próprio órgão, atestando a nulidade, ou por um pronunciamento judicial.

Por fim, no que se refere à delimitação da atuação da Justiça Eleitoral na verificação da ocorrência de causa de inelegibilidade, derivada da rejeição das contas pelo órgão competente, é salutar destacar que não haverá uma revisão do mérito apreciado pelo Tribunal de Contas e pelo Poder Legislativo. Portanto, a atuação da Corte Eleitoral fica adstrita à verificação dos elementos necessários para configuração da inelegibilidade, prevista na alínea "g", inciso I, art. 1º da LC nº 64. Logo, a atuação da Justiça Eleitoral não tem a função de desconstituir decisão proferida administrativamente, bem como não faz decisão condenatória em improbidade administrativa,

---

[72] Ac.-TSE, de 25.11.2008, no REspe nº 30516; Ac.-STF, de 17.6.1992, no RE nº 132.747: compete ao Poder Legislativo o julgamento das contas do chefe do Executivo, atuando o Tribunal de Contas como órgão auxiliar, na esfera opinativa (CF/1988, art. 71, I). Ac.-TSE, de 6.10.2008, no REspe nº 28944: na apreciação das contas do Chefe do Executivo relativas a convênio, a competência dos tribunais de contas é de julgamento, e não opinativa (CF/1988, art. 71, II). Ac.-TSE, de 6.2.2014, no REspe nº 10715; e de 30.9.1996, no REspe nº 13174: excetuado o Chefe do Poder Executivo, as contas de gestão dos ocupantes de cargos e funções públicas são examinadas pelo Tribunal de Contas.

sendo tais medidas judiciais pertinentes à Justiça Comum, ela se limita- à "apreciação e qualificação jurídica de fatos relevantes para a estruturação da inelegibilidade".[73] Diante da rejeição de contas e seu afastamento por decisão legislativa com o quórum de dois terços de votos, não cabe à Justiça Eleitoral a reapreciação dessa decisão em razão de que tal incumbência, devido a dispositivos constitucionais (art. 31, §2º, e art. 71 da CF), foi expressamente outorgada ao Poder legislativo. Em sentido oposto, se houver a rejeição de contas, sem o seu afastamento por parte do Legislativo, cabe à Justiça Eleitoral verificar se houve irregularidade insanável ou ato doloso de improbidade administrativa. Mesmo havendo a rejeição, cabe à Justiça Eleitoral verificar se esses dois requisitos foram concretizados, pois, ausente qualquer um deles, não haverá a tipificação devida.

7 Da imputação de inelegibilidade

Uma das mais importantes alterações realizadas pela Lei Complementar nº 135, denominada "Lei da Ficha Limpa", foi aumentar o prazo da inelegibilidade por rejeição de contas de cinco para oito anos, uniformizando-se, em regra geral, os prazos estabelecidos para as demais hipóteses de inelegibilidade previstas na legislação complementar.

Essa uniformização geral do prazo para as hipóteses de inelegibilidade previstas na legislação complementar tem a finalidade de tornar essa sanção mais dura ao aumentar o elastério temporal de impedimento da cidadania passiva do cidadão, buscando inibir os ilícitos eleitorais que possam macular o processo eleitoral, tutelando a probidade administrativa e a moralidade durante o exercício do mandato, de modo mais eficaz. Essa modificação foi vista com bons olhos por Djalma Pinto, uma vez que a inelegibilidade fixada em apenas cinco anos era bastante inócua e não apresentava graves entraves ao exercício da cidadania passiva.[74]

---

[73] GOMES. *Direito eleitoral*, 12 ed., p. 325.

[74] PINTO, Djalma. *Direito eleitoral*: improbidade administrativa e responsabilidade fiscal: noções gerais. 5. ed. São Paulo: Atlas, 2011, p. 470.

O prazo de oito anos é contado da decisão irrecorrível do Tribunal de Contas que asseverou a existência de irregularidade insanável que configurou ato doloso de improbidade administrativa. Portanto, o início do lapso da inelegibilidade em comento emerge da decisão administrativa irrecorrível que rejeitou as contas, e não da primeira decisão administrativa, perdurando até as eleições que realizaram nos oito anos seguintes.[75] Como o prazo da inelegibilidade é de direito material, a sua contagem comporta o dia do início, independentemente da hora do fato *a quo* determinante, isto é, da decisão administrativa irrecorrível, desprezando-se o dia do fim. Os dias contam-se corridos, pelo calendário civil, sem se atentar para as horas. O início da contagem se dá no dia exato em que for pública a decisão administrativa irrecorrível.[76]

Levando-se em consideração o princípio da segurança jurídica, o prazo de oito anos estabelecido pela Lei Complementar nº 135 apenas poderia ser imputado por fatos ocorridos após a sua vigência, em decorrência de se tratar de uma sanção que não pode retroagir (art. 5º, incisos XXXIX e XL da CF/88); além do que a lei não prejudicará direito adquirido, ato jurídico perfeito e coisa julgada (art. 5º, XXXVI da CF/88). Nesse mesmo sentido, reza a melhor doutrina que não pode haver o aumento da suspensão passiva dos direitos políticos quando há coisa transitada em julgado ou quando o mandatário já tiver cumprido o período anterior de cinco anos. Contudo, sobre a "(ir)retroatividade" da LC nº 135, importa registrar que, no julgamento das ADC nº 29, ADC nº 30 e ADI nº 4.578, o Supremo Tribunal Federal discorreu sobre a denominada retroactividade da norma, segundo à qual restou possibilitada a eficácia da LC nº 135 em condutas anteriores a sua edição.

Desse modo, à luz da doutrina de J./J. Gomes Canotilho, no julgado citado, o conceito de retroactividade foi apresentado como: "basicamente numa ficção: (1) decretar a validade e vigência de uma norma a partir de um marco temporal (data) anterior à data da

---

[75] Ac.-TSE, de 21.3.2013, no REspe nº 5163: o termo inicial do período de oito anos de inelegibilidade é a data da publicação da decisão que rejeitou as contas; Ac.-TSE, de 2.5.2017, no AgR-REspe nº 56046: para contagem desse prazo, deve ser desconsiderado o período no qual ficaram suspensos os efeitos da decisão de rejeição das contas, em eventual pedido de anulação julgado improcedente.

[76] CÂNDIDO, Joel José. *Inelegibilidades no direito brasileiro*. São Paulo: Edipro, 1999, p. 54.

sua entrada em vigor; (2) ligar os efeitos jurídicos de uma norma a situações de facto existentes antes de sua entrada em vigor. [...]".[77] Nesse compasso, o STF distinguiu a retroatividade autêntica: "a norma possui eficácia *ex tunc*, gerando efeito sobre situações pretéritas, ou, apesar de pretensamente possuir eficácia meramente *ex nunc*, atinge, na verdade, situações, direitos ou relações jurídicas estabelecidas no passado", da retroatividade inautêntica ou retrospectiva: "a norma jurídica atribui efeitos futuros a situações ou relações jurídicas já existentes, tendo-se, como exemplos clássicos, as modificações dos estatutos funcionais ou de regras de previdência dos servidores públicos".[78] Assim, ressaltou-se que a retroatividade autêntica é rechaça pelo Texto Constitucional, enquanto a retrospectividade não. Considerando que, malgrado haja semelhança, tais institutos não se confundem.[79]

Ademais, endossando a inocorrência de retroatividade, no que se refere a regras de inelegibilidade, a Suprema Corte destacou, nos autos do MS nº 22087-2, de Relatoria do Ministro Carlos Veloso, que as inelegibilidades não constituem pena, sendo possível sua aplicação a fatos ocorridos anteriormente.[80]

Desta feita, as novas determinações sobre elegibilidade estipuladas pela Lei Complementar nº 135 puderam ser aplicadas para fatos passados, que tiveram pedido de registro de candidatura, posterior à edição da retromencionada lei, assim, foi fundamentada a ausência de retroatividade autêntica e a incidência de "mero reflexo da eficácia imediata da lei, prevista no art. 6º da Lei de Introdução ao Código Civil", ou seja, retroactividade ou retroatividade inautêntica.[81]

---

[77] CANOTILHO. *Direito Constitucional e Teoria da Constituição*. 5. ed. Coimbra: Almedina, 2001, p. 261-262.

[78] ADI nºs 3.105 e 3.128, Rel. para o acórdão Min. CEZAR PELUSO.

[79] ADI 493, Rel. para o acórdão Min. MOREIRA ALVES.

[80] "(...) II. – Inelegibilidade não constitui pena. Possibilidade, portanto, de aplicação da lei de inelegibilidade, Lei Compl. nº 64/90, a fatos ocorridos anteriormente a sua vigência" (MS nº 22087-2, Rel. Min. Carlos Veloso).

[81] "(...) A aplicabilidade da Lei Complementar nº 135/10 a processo eleitoral posterior à respectiva data de publicação é, à luz da distinção supra, uma hipótese clara e inequívoca de retroatividade inautêntica, ao estabelecer limitação prospectiva ao *ius honorum* (o direito de concorrer a cargos eletivos) com base em fatos já ocorridos". A situação jurídica do indivíduo – condenação por, colegiado ou perda de cargo público, por exemplo – estabeleceu-se em momento anterior, mas seus efeitos perdurarão no tempo. Esta, portanto, a primeira consideração importante: ainda que se considere haver atribuição de efeitos, por lei, a fatos pretéritos, cuida-se de hipótese de retrospectividade, já admitida na jurisprudência desta Corte" (ADC nº 29, ADC nº 30 e ADI nº 4.578).

Referências

AGRA, Walber de Moura. *Curso de direito constitucional*. 5. ed. Rio de Janeiro: Forense, 2009.

ALVIM, J. E. C. *Modificações no CPC*. 1995. Seminário promovido pelo Tribunal de Alçada de Minas Gerais.

CÂNDIDO, Joel José. *Inelegibilidades no direito brasileiro*. São Paulo: Edipro, 1999.

CANOTILHO, J. J. Gomes. *Direito Constitucional e Teoria da Constituição*. 5. ed. Coimbra: Almedina, 2001.

CARVALHO FILHO, José dos Santos. *Manual de direito administrativo*. 25. ed. São Paulo: Atlas, 2012.

CARVALHO FILHO, José dos Santos. *Manual de direito administrativo*. 22. ed. Rio de Janeiro: Lumen Juris, 2009.

CASTRO, Edson de Resende. *Teoria e prática do direito eleitoral*. 4. ed. Belo Horizonte: Mandamentos, 2008.

CAVALCANTI, Francisco de Queiroz Bezerra. Da necessidade de aperfeiçoamento do controle judicial sobre a atuação dos tribunais de contas visando assegurar a efetividade do sistema. *Revista do TCU*, Brasília, n. 108, 2007.

CITADINI, Antônio Roque. A inelegibilidade por rejeição de contas. 2008. Disponível em: <http://gepam.adm.br/noticias/files/4087_Ineleg_rejeicao_de_contas.pdf>. Acesso em: 01 jan. 2018.

CITADINI, Antônio Roque. *O controle externo da Administração Pública*. São Paulo: Max Limonand, 1995.

COSTA, Adriano Soares da. *Instituições de direito eleitoral*. 6. ed. rev. ampl. atual. Belo Horizonte: Del Rey, 2006.

CRETELLA JÚNIOR, José. *Comentários à Constituição brasileira de 1988*. 2. ed. Rio de Janeiro: Forense Universitária, 1993. v. 3.

DELGADO, José Augusto. *O princípio da moralidade administrativa e a Constituição Federal de 1988*. São Paulo: Revista dos Tribunais, 1992.

DI PIETRO, Maria Sylvia Zanella. *Direito administrativo*. 14. ed. São Paulo: Atlas, 2002.

FERREIRA FILHO, Manoel Gonçalves. *Curso de direito constitucional*. 31. ed. São Paulo: Saraiva, 2005.

FRANCO SOBRINHO, Manoel de Oliveira. *O controle da moralidade Administrativa*. São Paulo: Saraiva, 1974.

GARCIA, Emerson; ALVES, Rogério Pacheco. *Improbidade administrativa*. 5. ed. Rio de Janeiro: Lumen Juris, 2010.

GIACOMUZZI. *A moralidade administrativa e a boa-fé da administração pública*. 2. ed. São Paulo: Malheiros, 2013. p. 308.

GOMES, José Jairo. *Direito eleitoral*. 12. ed. rev. atual. ampl. São Paulo: Atlas, 2016.

HAURIOU, Maurice. *Précis de droit administratif et de droit public général*: à l'usage des étudiants en licence et en doctorat ès-sciences politiques. 4. ed. Paris: Larose, 1900-1901.

KELSEN, Hans. *O que é Justiça*: a Justiça, o direito e a política no espelho da ciência. 2. ed. São Paulo: Martins Fontes, 1998.

KELSEN, Hans. *Teoria pura do direito*. 6. ed. Coimbra: Armênio Amado, 1984.

LIMA, Ruy Cirne. *Princípios de direito administrativo*. São Paulo: Revista dos Tribunais, 1987.

MARINELA, Fernanda. *Direito Administrativo*. 7. ed. Niterói: Impetus, 2013.

MELLO, Celso Antônio Bandeira de. *Curso de direito administrativo*. 27. ed. São Paulo: Saraiva, 2010.

MELLO, Celso Antônio Bandeira de. *Curso de direito administrativo*. 14. ed. refund., ampl. e atual. até a Emenda Constitucional 35, de 20.12.2001. São Paulo: Saraiva, 2006.

MIRANDA, Jorge. *Manual de direito constitucional*. t. II, p. 198 *apud* TAVARES, André Ramos. *Curso de direito constitucional*. São Paulo: Saraiva. 2010.

MONTESQUIEU, Charles Louis de Secondat, Baron de La Brede et de. *Do espírito das leis*. São Paulo: Abril Cultural, 1973 (Os Pensadores).

MOREIRA NETO, Diogo de Figueiredo. *Mutações de direito administrativo*. Rio de Janeiro: Renovar, 2001.

NIESS, Pedro Henrique Távora. Direitos políticos, condições de elegibilidade e inelegibilidade. São Paulo: Saraiva, 1994.

OSÓRIO, Fábio Medina. *Teoria da improbidade administrativa*: má gestão pública, corrupção, ineficiência. 3. ed. São Paulo: Revista dos Tribunais, 2014.

PAZZAGLINI FILHO, Marino. *Lei de improbidade administrativa comentada*: aspectos constitucionais, administrativos, civis, criminais, processuais e de responsabilidade fiscal; legislação e jurisprudência atualizadas. 4. ed. São Paulo: Atlas, 2009.

PINTO, Djalma. *Direito eleitoral*: improbidade administrativa e responsabilidade fiscal: noções gerais. 5. ed. São Paulo: Atlas, 2011.

PONTES DE MIRANDA, Francisco Cavalcanti. *Comentários ao Código de Processo Civil*. Rio de Janeiro: Forense, 1976. T. 12.

RIZZARDO, Arnaldo. *Ação civil pública e ação de improbidade administrativa*. Rio de Janeiro: GZ, 2009. p. 467.

ROCHA, Cármen Lúcia Antunes. *Princípios constitucionais da Administração Pública*. Belo. Horizonte: Del Rey, 1994.

SOUZA. *Ensaio sobre o Direito Administrativo*. Rio de Janeiro: Serviço de Documentação do Ministério da Justiça e Negócios Interiores – Departamento de Imprensa Nacional, 1960.

TAVARES, André Ramos. *Curso de direito constitucional*. 8. ed. rev. e atual. São Paulo: Saraiva, 2010.

A TAXIONOMIA
DAS INELEGIBILIDADES*

Introdução

O Direito Eleitoral ostenta a missão de solidificar o alicerce onde a cidadania reverbera seu apogeu, normatizando todo o processo eleitoral que não pode ser resumido apenas às eleições. Ele contribui para o desenvolvimento da responsabilidade do cidadão com a coisa pública, intensificando o grau da democracia participativa, e densifica a legitimação do governo em virtude de possibilitar vários instrumentos de controle de políticas públicas.

Nesse diapasão, a práxis do Direito Eleitoral carrega imediata ligação com a "formação da composição dos órgãos do Estado", o que, por consequência, vincula tal direito aos "acontecimentos políticos" do país.[1] A participação nas decisões políticas, por si só, deve ser considerada como um prazer e um privilégio ao cidadão, sem carecer de conotações pecuniárias ou proximidade com o poder. A finalidade de cada componente da sociedade é servir aos interesses coletivos, mesmo que para isso seja imperioso o sacrifício de seus próprios interesses pessoais. Este é o cerne do republicanismo.[2]

Para que todos possam ter as mesmas possibilidades no processo democrático, as leis eleitorais precisam propiciar o maior nível de isonomia possível, ofertando mecanismos que possam coibir abusos. Nesse diapasão, não se pode agasalhar preceitos casuísticos, mesmo embasados de conotações morais, pois se deve buscar o

---

* Originalmente publicado em: *Estudos Eleitorais*, v. 6, n. 2, p. 29-52, maio/ago. 2011.
[1] CANOTILHO; MENDES; SARLET; STRECK (Coord.). *Comentários à Constituição do Brasil*. São Paulo: Saraiva/Almedina, 2013, p. 661.
[2] AGRA, Walber de Moura. *Curso de direito constitucional*. 4. ed. Rio de Janeiro: Forense, 2008, p. 33.

invariável apego às *regras do jogo*, sem se desviar das finalidades almejadas em um regime democrático.[3]

A obrigatoriedade de os atores políticos se manterem fiéis às regras do "jogo" eleitoral é condição *sine qua non* para o funcionamento das engrenagens democráticas. Dos participantes ativos e passivos desse processo exige-se o fiel apego às normas eleitorais estabelecidas, porque estas têm o condão de garantir uma maior lisura nas eleições, estabelecendo uma aura de legalidade durante o percurso eleitoral.

Além da estabilização dos imperativos legais eleitorais e seu cumprimento, urge que a dinâmica eleitoral propicie a alternância de poder. Ela consiste em uma prática imperativa para o fortalecimento da democracia, ao passo que exige uma participação efetiva dos cidadãos, seja como candidato, seja como eleitor, proporcionando uma aura de legitimação social inexorável para o rumo da *polis*, expurgando-se o espectro do patrimonialismo e do nepotismo.

Assim sendo, dentre outras estipulações pragmáticas, as normas eleitorais precisam estabelecer critérios isonômicos de participação no processo político, refletindo os eflúvios da soberania popular, outorgando a cada cidadão a prerrogativa de participar da disputa por qualquer cargo eletivo almejado.[4] Nesse mister, a regulamentação das inelegibilidades não pode destoar desses princípios, muito pelo contrário, elas precisam ser construídas como barreiras para afastar os cidadãos carentes de *jus bonorum* do trato com a coisa pública.

1 Condições de elegibilidade

A *Lex Mater* estipulou alguns pressupostos fundamentais para que o cidadão possa participar do certame eleitoral, almejando determinado cargo eletivo, denominando-os de condições de elegibilidade. São denominados pressupostos porque são elementos

---

[3] BOBBIO, Norberto. *O futuro da democracia*: uma defesa das regras do jogo. 9. ed. Tradução de Marco Aurélio Nogueira. São Paulo: Paz e Terra, 2004, p. 16.

[4] O Professor Tercio Sampaio Ferraz Júnior estabelece a distinção entre a lei considerada como ato estatal e o que seria o seu espírito, revelado pelas convicções comuns da sociedade (FERRAZ JÚNIOR, Tercio Sampaio. *Introdução ao estudo do direito*. São Paulo: Atlas, p. 223).

A TAXONOMIA DAS INELEGIBILIDADES | 181

insofismáveis para o nascimento de um ato jurídico. A ausência de apenas um deles provoca a sua não validação normativa.

O legislador constituinte as escolheu porque sem elas a cidadania, passiva e ativa, não se acha constituída. Obviamente foram escolhas discricionárias, mas que foram consideradas essenciais naquele contexto histórico. Elas foram regulamentadas no art. 14, §3º, da Constituição Federal e são as seguintes: nacionalidade brasileira;[5] pleno exercício dos direitos políticos;[6] alistamento eleitoral;[7] domicílio eleitoral na circunscrição;[8] filiação partidária[9] e idade mínima.[10]

---

[5] A nacionalidade é o vínculo que une os cidadãos a um Estado, acarretando uma relação de obrigações e prerrogativas, configurando-se como direito fundamental (HORTA, Raul Machado. *Direito constitucional*. 2. ed. Belo Horizonte: Del Rey, 1999, p. 211). Os critérios para se adquirir a nacionalidade são o *jus sanguinis* e o *jus soli*, de modo que cada país escolhe o critério que melhor lhe convier, defluindo essa opção de sua soberania. Com efeito, o Brasil optou pelo critério do *jus soli* pelo fato de ter recebido grande contingente de imigrantes.

[6] O exercício dos direitos políticos em sua modalidade passiva exige maior comprometimento com a coisa pública do que sua modalidade ativa, em virtude de sua relação intrínseca com as decisões governamentais. Pela relevância de suas atribuições, um postulante a mandato que esteja privado, de algum modo, de seus direitos políticos não pode de forma alguma se submeter ao pleito eleitoral. Ele apresenta redução do seu *jus bonorum* e, como ilação inexorável, não preenche as condições necessárias de elegibilidade. Como se explanou anteriormente, as causas de mitigação das prerrogativas políticas são as expressamente constantes na Constituição (art. 15), não podendo outras ser acrescentadas por interpretação *praeter legem* (RESP 16684/SP, Rel. WALDEMAR ZVEITER).

[7] Configura-se na inscrição do eleitor à Justiça Eleitoral, outorgando-lhe a prerrogativa de pertencer ao corpo de eleitores e se habilitar para o voto, desde que disponha dos elementos exigidos. Sua taxonomia é de obrigação, haja vista que sua não realização acarreta imposição de sanção e impossibilita o eleitor de votar na disputa eleitoral.

[8] Domicílio eleitoral é o lugar em que a pessoa se estabelece, através dele se determina em que município o eleitor vota e sua respectiva seção. Almeja-se com essa exigência que o cidadão tenha uma relação com seu domicílio que lhe permita participar dos debates políticos para atender às suas necessidades (CTA-841/RJ, Rel. FERNANDO NEVES DA SILVA).

[9] Para que o registro da candidatura seja considerado válido, exige-se do cidadão que possua no mínimo seis meses de filiação a um partido político, por força das alterações introduzidas pela Lei nº 13.165/15. Como os partidos políticos apresentam a função de catalisar a vontade dos cidadãos, não se permite no Brasil candidaturas avulsas, o que, teoricamente, impossibilitaria o eleitor de identificar o matiz ideológico do candidato e, consequentemente, sua concepção de poder.

[10] Idade mínima, a depender do cargo a ser postulado. Partiu o legislador constituinte do princípio de que o passar dos anos assegura a seu detentor maturidade para enfrentar com maior sapiência os problemas e angústias do cotidiano. De acordo com a complexidade dos cargos, foi arbitrada uma idade mínima exigida, sendo sua determinação advinda de vontade legislativa, sem a existência de critérios científicos que a respaldem. São idades mínimas para o exercício de cargos públicos (art. 14, §3º, VI, da CF): a) 35 anos: Presidente da República, vice-Presidente e Senador; b) 30: Governador, vice-Governador, Governador do Distrito Federal e vice-Governador do Distrito Federal; c) 21: Deputado Federal, Deputado Estadual ou Deputado Distrital, Prefeito, vice-Prefeito, juiz da paz e Ministro de Estado; d) 18: vereador.

WALBER DE MOURA AGRA
TEMAS POLÊMICOS DO DIREITO ELEITORAL

As condições de elegibilidade não podem ser interpretadas como um direito inexorável à condição humana, mesmo sendo consideradas como um direito subjetivo dos cidadãos, ou seja, uma prerrogativa que pode ser utilizada mediante aspecto volitivo somente pode ser exercida se todos os elementos exigidos no art. 14, §3º, forem perfeitamente atestados. Faltando um desses pressupostos, o direito subjetivo desaparece e impede-se a prerrogativa de disputar mandatos eletivos.

Logo, havendo a ausência de uma das condições de elegibilidade, a Justiça Eleitoral não poderá conceder o registro da candidatura, impedindo o surgimento da elegibilidade, da condição do cidadão ser elegível. Com efeito, uma vez preenchidas todas as condições de elegibilidade,[11] inexistindo causas de inelegibilidade e sendo concedido o registro da candidatura, nasce, portanto, a elegibilidade, configurando-se um direito subjetivo do cidadão com eficácia *erga omnes*, oponível contra todos.[12]

Como as condições de elegibilidade são consideradas cláusulas pétreas, núcleo intangível da Constituição, seu elenco não pode ser acrescido de forma que impeça o exercício da cidadania passiva. O Poder Reformador tão somente pode acrescer novos pressupostos se estiverem em sincronia com o bloco de constitucionalidade formatado pela *Lex Mater* de 1988.

Qualquer tentativa de impedir o registro de determinada candidatura, exigindo-se condições de elegibilidade não previstas na Constituição, representa uma inconstitucionalidade crassa,[13] passível de ser combatida pelos instrumentos do controle concentrado ou difuso de constitucionalidade, bem como pela ação concessiva de registro de candidatura.

O momento para se atestar o preenchimento de todos os pressupostos legais no que tange à elegibilidade configura-se no ato

---

[11] Condição nada mais é do que o "requisito necessário para que algo exista validamente, em conformidade com o ordenamento jurídico" (GOMES, José Jairo. *Direito Eleitoral*. Belo Horizonte: Del Rey, 2009, p. 130).

[12] Elegibilidade representa direito subjetivo fundamental de "postular a designação pelos eleitores a um mandato político no Legislativo ou no Executivo" (SILVA, José Afonso da. *Comentário Contextual à Constituição*, 2005, p. 224).

[13] A fixação por lei estadual de condições de elegibilidade em relação aos candidatos a juiz de paz, além das constitucionalmente previstas no art. 14, §3º, invade a competência da União para legislar sobre Direito Eleitoral, definida no art. 22, I, da CB. [ADI 2.938, rel. min. Eros Grau, j. 9.6.2005, P, DJ de 9.12.2005].

A TAXONOMIA DAS INELEGIBILIDADES | 183

do pedido de registro da candidatura, não podendo, via de regra, ser aditado posteriormente, no momento das eleições ou da posse.[14] Contudo, cumpre destacar que a verificação da idade mínima configura-se exceção, ao passo que apenas será aferida na data da posse, por ser o marco inicial em que o cidadão começa a exercer sua função pública. A respeito da matéria, o art. 11, §2º, da Lei Eleitoral expressa claramente que a idade mínima exigida como condição de elegibilidade somente será verificada na data da posse, com exceção do cargo de vereador, que, após a mudança fomentada pela Lei nº 13.165/2015, deve ser auferido na data limite para o pedido de registro de candidatura.[15] Tem-se na hipótese, portanto, ultrapassado o antigo entendimento do Tribunal Superior Eleitoral que verberava em consulta a ele submetida a reafirmação de que a idade mínima para concorrer a cargo de vereador, que é 18 anos, deveria ser atingida até a data da posse,[16] não se aplicando mais após a minirreforma eleitoral.[17]

---

[14] A jurisprudência do TSE se posiciona no sentido de que as inelegibilidades e as condições de elegibilidade devem ser aferidas ao tempo do registro (RO-1256/RO, Rel. JOSÉ GERARDO GROSSI). No mesmo sentido, Ac. de 18.12.2012 no AgR-RO nº 18522, rel. Min. Dias Toffoli, Ac de 4.10.2012 no AgR-REspe nº 37696, rel. Min. Arnaldo Versiani e o Ac de 4.10.2012 no REspe nº 10676, rel. Min. Laurita Vaz.
"Registro. Inelegibilidade. Rejeição de contas. – A jurisprudência deste Tribunal é firme, no sentido de que as condições de elegibilidade e *as causas de inelegibilidade são aferidas no momento do pedido de registro*, não podendo, portanto, ser considerados decretos de rejeição de contas editados após essa ocasião, a fim de sustentar a inelegibilidade do art. 1º, I, g, da Lei Complementar nº 64/90 (...)" (Ac. de 12.11.2008 no AgR-RESPE nº 33.038, Rel. Min. Arnaldo Versiani).
[15] "Art. 11. Os partidos e coligações solicitarão à Justiça Eleitoral o registro de seus candidatos até as dezenove horas do dia 15 de agosto do ano em que se realizarem as eleições. §2º A idade mínima constitucionalmente estabelecida como condição de elegibilidade é verificada tendo por referência a data da posse, salvo quando fixada em dezoito anos, hipótese em que será aferida na data-limite para o pedido de registro".
[16] "ELEIÇÕES 2016. AGRAVO REGIMENTAL EM RECURSO ESPECIAL. REGISTRO DE CANDIDATURA AO CARGO DE VEREADOR. IDADE MÍNIMA DE 18 ANOS. CONDIÇÃO DE ELEGIBILIDADE. ALÍNEA D DO INCISO VI DO §3º DO ART. 14 DA CF. AFERIÇÃO ATÉ A DATA-LIMITE PARA O PEDIDO DE REGISTRO. AUSÊNCIA DE ARGUMENTOS HÁBEIS PARA MODIFICAR A DECISÃO AGRAVADA. AGRAVO REGIMENTAL DESPROVIDO. Precedente: AgR-REspe 4190-49/MG, Rel. Min. MARIA THEREZA DE ASSIS MOURA. (...) 4. *O Legislador ordinário houve por bem alterar a redação do §2º do art. 11 da Lei 9.504/97, conferindo-lhe a redação dada pela Lei 13.165/2015, impondo que a idade mínima do candidato, quando fixada em 18 anos, deverá ser atingida até a data-limite para o pedido do registro. 5.* Tendo o agravante, candidato ao cargo de Vereador, completado 18 anos tão somente em 26.9.2016, em data, portanto, *posterior ao prazo limítrofe para a formulação de Requerimento de Registro de Candidatura, considera-se não satisfeita a condição de elegibilidade fixada na alínea d do inciso VI do §3º do art. 14 da CF.* (...)" (Recurso Especial Eleitoral nº 5.635, Acórdão, Relator(a) Min. Napoleão Nunes Maia Filho, Publicação: PSESS – Publicado em Sessão, Data 13.12.2016).
[17] Consulta 554-Brasília/DF, Resolução 20.527, de 09.12.1999, Min. Edson Carvalho Vidigal, DJ 10.02.2000, p. 15.

Não há dúvidas de que o momento para se aferir as condições de elegibilidade é o do registro eleitoral, todavia, a legislação eleitoral e o Tribunal Superior Eleitoral consideram possível a perda do direito à elegibilidade em face de fatos supervenientes à data de obtenção do registro da candidatura, desde que provoquem alteração nas condições de elegibilidade. Portanto, havendo tal fato, não é possível arguir o direito adquirido à elegibilidade ou à coisa julgada.[18]

De outra ponta, contra o não reconhecimento das condições de elegibilidade, se houver decisão judicial posterior assegurando sua existência, configurar-se-á o caso de uma condição superveniente de elegibilidade, tornando o cidadão plenamente elegível.[19] Ressalta-se que essa condição superveniente de elegibilidade não pode ocorrer sem marco temporal final, sob pena de acarretar grande insegurança jurídica. O Tribunal Superior Eleitoral demarca como prazo limite até o dia das eleições para supressão do estorvo que impedia a concretização das condições de elegibilidade.[20]

---

[18] ELEIÇÕES 2016. SEGUNDOS EMBARGOS DE DECLARAÇÃO. RECURSO ESPECIAL. REGISTRO DE CANDIDATURA. PREFEITO. OMISSÃO. INEXISTÊNCIA. CONTRADIÇÃO. INEXISTÊNCIA. PRESTAÇÃO DE ESCLARECIMENTOS. ACOLHIMENTO PARCIAL. 3. "As condições de elegibilidade e as causas de inelegibilidade devem ser aferidas a cada eleição. O reconhecimento ou não de determinada hipótese de inelegibilidade para uma eleição não configura coisa julgada para as próximas eleições. Precedentes" (AgR-REspe nº 2553, Rel. Min. Dias Toffoli, DJe de 25.3.2013). 4 (Recurso Especial Eleitoral nº 10403, Acórdão, Relator(a) Min. Luciana Christina Guimarães Lóssio, Publicação: DJE – Diário de justiça eletrônico, Tomo 86, Data 04.05.2017, Página 41-42). "Inelegibilidade. Rejeição de contas. 1. As condições de elegibilidade e as causas de inelegibilidade devem ser aferidas a cada eleição, na conformidade das regras aplicáveis no pleito, *não cabendo cogitar-se de coisa julgada, direito adquirido ou segurança jurídica*. (...)" (Ac. de 25.11.2008 no AgR-RESPE nº 32.158, Rel. Min. Eros Grau, Red. designado Min. Arnaldo Versiani).

[19] Inf. TSE nº 13. Recurso Especial Eleitoral nº 809-82, Manaus/AM, rel. Min. Henrique Neves da Silva, em 26.8.2014.

[20] O Tribunal Superior Eleitoral, inicialmente, havia fixado um marco temporal para alteração da situação jurídica de elegibilidade e inelegibilidade dos candidatos *sub judice*. Assim, restou decidido que as alterações fáticas e jurídicas supervenientes apenas podem ocorrer *até a diplomação do candidato eleito*, porque é nesse momento que a Justiça Eleitoral ratifica a vontade das urnas. Esse precedente foi importante por ter sido o primeiro a estabelecer um marco temporal de caráter não processual, devido à necessidade de se estabelecer um limite à *fattispecie* prevista no §10 do art. 11 da Lei nº 9.504/97. Contudo, em 2013, o Tribunal Superior Eleitoral, na análise do Agravo no Recurso Especial 458-86, de relatoria da Ministra Laurita Vaz, julgado em 5.11.2013, estabeleceu outro marco temporal para incidência do respectivo fato superveniente, evoluindo no seu entendimento anteriormente consagrado e anteriormente mencionado, acolhendo a ilação de parcela da doutrina, no sentido de *estabelecer que o limite temporal se confira na data da eleição*.

A TAXIONOMIA DAS INELEGIBILIDADES | 185

Todavia, para se candidatar a qualquer cargo público não basta o preenchimento das condições de elegibilidade, que são pressupostos para o exercício da cidadania passiva. Urge não incidir em nenhuma das hipóteses de inelegibilidade – causas que retiram a prerrogativa da elegibilidade – relacionadas na Constituição ou em lei complementar.[21] O eleitor precisa preencher as condições de elegibilidade e não incorrer em nenhuma das causas de inelegibilidade, tanto as inatas quanto as cominadas.

As condições de elegibilidade podem ser consideradas como fator jurídico positivo que possibilita aos cidadãos disputarem batalhas políticas,[22] enquanto as inelegibilidades são situações jurídicas, de cunho negativo, que surgem após a verificação das condições de elegibilidade, concedendo a prerrogativa de serem votadas no processo eleitoral.

Como analogia, os dois institutos apresentam a mesma consequência, que é retirar do cidadão sua possibilidade de disputar eleições. Quanto às diferenças, elas são substanciais. As inelegibilidades só podem aparecer quando já houver concretizado as condições de elegibilidade. Sem que elas tenham sido cumpridas não há que se falar em inelegibilidade. Estas atuam diretamente naquelas, cerceando o direito subjetivo de disputar eleições. As primeiras são direitos subjetivos da coletividade, considerados como cláusulas pétreas, enquanto as segundas são situações jurídicas.

Por fim, as condições de elegibilidade são pressupostos imprescindíveis à formação de um direito, enquanto as inelegibilidades são situações jurídicas advindas da realidade fática, que se amoldam em tipologias normativas que estabelecem o risco de macular a lisura e isonomia das eleições. Desse modo, as inelegibilidades atestam uma desvalorização em relação a determinada situação jurídica que pode ensejar, por exemplo, abuso de poder econômico ou político; já as condições de elegibilidade são elementos mínimos que devem ser exigidos a todos os cidadãos para se candidatarem e participarem ativamente do processo político.

---

[21] PINTO, Djalma. *Elegibilidade no direito brasileiro*. São Paulo: Atlas, 2008, p. 141.
[22] DECOMAIN, Pedro Roberto. *Elegibilidades e inelegibilidades*. São Paulo: Dialética, 2004, p. 10.

2 Conceito de inelegibilidade

Inelegibilidade é a impossibilidade de o cidadão ser eleito para cargo público, em razão de não poder ser votado, ceifando-o de exercer seus direitos políticos na forma passiva. Em decorrência, fica vedado até mesmo o registro de sua candidatura; não obstante, sua cidadania ativa o direito de votar nas eleições, permanecendo intacto.[23]

Pedro Henrique Távora Niess (1994) sustenta que a inelegibilidade consiste no obstáculo posto pela Constituição Federal ou por lei complementar ao exercício da cidadania passiva, em razão de sua condição ou em face de certas circunstâncias.[24] Consoante os ensinamentos de José Jairo Gomes (2016), a inelegibilidade trata-se de um impedimento ao exercício da cidadania passiva, fazendo com que o cidadão fique impossibilitado de ser escolhido para ocupar cargo político eletivo.[25]

Elas expõem os prazos de impedimento ao exercício da cidadania passiva, com a finalidade de proteger a probidade administrativa, a moralidade no exercício do mandato, considerando a vida pregressa do candidato e a normalidade das eleições contra a influência do poder econômico ou o abuso do exercício de função ou emprego na administração direta ou indireta (art. 14, §9º, da CF).

A inelegibilidade não elide a cidadania de maneira integral, pois há a preservação da capacidade de votar normalmente nos pleitos. O cerceamento refere-se ao exercício de cargos públicos, pois o cidadão não apresenta *dignitas* suficiente para representar seus pares nas esferas de poder.[26] Não obstante, sua duração

---

[23] AGRA, Walber de Moura; VELLOSO, Carlos Mario da Silva. *Elementos do direito eleitoral.* São Paulo: Saraiva, 2016, p. 76.

[24] NIESS, Pedro Henrique Távora. *Direitos políticos, condições de elegibilidade e inelegibilidade.* São Paulo: Saraiva, 1994, p. 5.

[25] GOMES, José Jairo. *Direito eleitoral.* 4. ed. Belo Horizonte: Del Rey, 2010, p. 216.

[26] "(...) 2. A inelegibilidade atinge somente um dos núcleos da capacidade eleitoral do cidadão – o passivo (*jus honorum*), tendo em vista sua função constitucional precípua de proteger a probidade administrativa e a moralidade para o exercício de cargos eletivos. (PA nº 313-98q DF, Rel Min João Otávio de Noronha, Dje de 29.09.2015).
No mesmo sentido da decisão: "(...) Inelegibilidade. Suspensão. Direitos políticos. Não-configuração. [...] 3. A inelegibilidade atinge tão-somente o *jus honorum*, não se impondo – à míngua de incidência de qualquer das hipóteses do art. 15 da Constituição Federal – restrição ao direito de filiar-se a partido político e/ou exercer o direito de votar. (...)" (Ac. de 18.10.2004 no REspe no 22.014, rel. Min. Caputo Bastos).

é temporária, estendendo-se ao cumprimento da sanção ou da permanência da situação jurídica que a acarretou.[27]

Os pressupostos materiais que provocam o surgimento das inelegibilidades são a imparcialidade da Administração Pública, direta ou indireta, condição subjetiva, e a neutralidade do poder econômico, condição objetiva.[28]

O seu primeiro fundamento ético é a preservação do regime democrático e seu funcionamento pleno, garantindo a moralidade e a luta contra o abuso do poder político e econômico.[29] O segundo fundamento se configura na defesa do princípio da isonomia, assegurando que os cidadãos tenham as mesmas oportunidades para disputar cargos públicos, sem que a ingerência do poder econômico e político sejam as linhas mestras para obtenção de mandatos representativos. O terceiro deflui do regime republicano, protegendo a oportunidade de todos ocuparem cargos públicos e impedindo a perpetuação de mandatários no poder.

As inelegibilidades apenas podem ser normatizadas através de normas constitucionais ou por meio de lei complementar porque representam uma limitação clara à soberania popular, esteio de toda a estrutura de legitimidade do Estado Social Democrático de Direito. Nesse diapasão, em virtude de seu caráter restritivo, elas devem ter uma interpretação mitigada, cerceada, sem interpretação extensiva que possa impedir o regime democrático de se desenvolver, mormente quando essas restrições representam tautológico acinte às garantias fundamentais dos cidadãos.[30]

Os casos de inelegibilidade estão contidos na Constituição Federal e na Lei Complementar nº 64/90, com as modificações

---

[27] "(...) A inelegibilidade importa no impedimento temporário da capacidade eleitoral passiva do cidadão, que consiste na restrição de ser votado, não atingindo, portanto, os demais direitos políticos, como, por exemplo, votar e participar de partidos políticos (...)" (Ac. de 3.6.2004 no AgRgAg nº 4.598, Rel. Min. Fernando Neves).

[28] MENDES, Antonio Carlos. *Introdução à teoria das inelegibilidades*. São Paulo: Malheiros, 1994, p. 132.

[29] FERREIRA, Pinto. *Comentários à Constituição brasileira*. São Paulo: Saraiva, 1989. v. 1 p. 313.

[30] (...) 4. Os dispositivos que tratam das hipóteses de inelegibilidade, por traduzirem restrição ao exercício dos direitos políticos, não comportam interpretação extensiva, não cabendo ao intérprete suprir eventual deficiência da norma ou do decreto legislativo que determinou a perda do cargo, devendo prevalecer a legalidade estrita. Precedentes (...). [Recurso Especial Eleitoral nº 23287, Acórdão, Relator(a) Min. Luiz Fux, Publicação: DJE – Diário de justiça eletrônico, Tomo 209, Data 27.10.2017, Página 74/75].

realizadas pela Lei Complementar nº 135/10 – portanto, podem ser classificados, quanto à sua origem, em constitucionais e infraconstitucionais. Esses dois casos se diferenciam pela força normativa que os cerca e pela imutabilidade relativa que garante que os primeiros sejam menos modificados que os segundos. As normas constitucionais que tratam das inelegibilidades são classificadas como mandamentos de eficácia plena, produzindo todos os seus efeitos. Obviamente, não há impeditivo para que normas infraconstitucionais possam especificar a aplicação dessas estruturas normativas localizadas na Lei Maior. Deve-se ressaltar que, conforme o art. 14, §9º, da Constituição Federal, outras causas podem ser introduzidas por meio de lei complementar. Dessa forma, as causas de inelegibilidade não são *numerus clausus*, podendo novas hipóteses ser realizadas pelo legislador ordinário.

O fato de que as inelegibilidades são amiudadas por leis complementares não lhes dá um *status* jurídico maior que as leis ordinárias ou as medidas provisórias, por exemplo. Cada espécie normativa apresenta espaço específico de atuação, variando de acordo com a matéria a ser disciplinada. Em regra, uma lei complementar que disponha sobre inelegibilidade somente pode ser revogada por outra lei complementar, a não ser que essa norma exorbite sua esfera de atuação e também trate de procedimentos eleitorais.

Por derradeiro, importante consignar que o Plenário do Tribunal Superior Eleitoral afirmou categoricamente, por unanimidade, que o reconhecimento ou não de determinada hipótese de inelegibilidade para uma eleição não consiste em coisa julgada para as próximas eleições. Na oportunidade também fora afirmado que, para efeito da aferição do término da inelegibilidade prevista, o cumprimento da pena deve ser compreendido não apenas a partir do exaurimento da suspensão dos direitos políticos e do ressarcimento ao Erário, mas a partir do instante em que todas as cominações impostas tenham sido cumpridas, inclusive no concernente a multa civil ou à suspensão do direito de contratar com o poder público.[31]

---

[31] Consulta nº 336-73, Brasília/DF, rel. Min. Luciana Lóssio, em 3.11.2015.

3 Inelegibilidade absoluta e relativa

A arte de classificar, entendida como metódica epistemológica, adquiriu proeminência teórica com Aristóteles, que a considerava imprescindível para auferir a essência e extensão de um objeto. Após foram os Escolásticos, seguindo as lições de São Tomás de Aquino, que privilegiavam a classificação no sentido de conceituar elementos de acordo com as peculiaridades que os unia.

O resultado de uma classificação será interessante se ela tiver alguma utilidade pragmática, em que sua divisão não seja só um ornamento retórico e possa ter consequências práticas consideráveis. Nesse descortino advém a utilidade da classificação das inelegibilidades em espécies que representem nuances práticas consideráveis, havendo a obrigatoriedade de erigir alicerces teóricos e pragmáticos robustos nas especificações resultantes.

Inicialmente, a classificação enfocada, meramente para facilitar o escopo do presente trabalho, consiste em dividir as inelegibilidades em absolutas e relativas. As primeiras consistem em um estorvo para o exercício de qualquer cargo eletivo, independentemente de qual seja o ente federativo ou de sua relevância para a estrutura de poder estabelecida, portanto, atingem todos os cargos eletivos enquanto perdurarem determinados impedimentos. Devido à intensidade de seu teor, a desincompatibilização não se configura como meio idôneo para suprimir esse impedimento. As segundas são obstáculos ao exercício de certos cargos em decorrência da condição jurídica do cidadão, o que faz com que eles tenham que ser suprimidos para a recuperação da cidadania passiva. Em suma, pode-se dizer que as primeiras são amplas, enquanto as segundas são restritas, limitando o exercício de específicos mandatos eleitorais ou pleitos determinados.[32]

As inelegibilidades absolutas estão determinadas na Constituição, nos casos dos inalistáveis ou analfabetos e da inabilitação para exercício da função pública, decorrente de crime de responsabilidade; ou contidas em sede de mandamento

---

[32] AGRA, Walber de Moura. *Curso de direito constitucional*. 4. ed. Rio de Janeiro: Forense, 2008, p. 332.

infraconstitucional, como as advindas da prática de ato antijurídico, comissivo ou omissivo, nos termos do inciso I, do art. 1º da LC nº 64/90 (com alterações da LC nº 135/10). Elas ainda podem se subdividir em inatas, quando adstritas a uma subsunção normativa, e sancionatórias, advindas de uma reprimenda por descumprimento de mandamento jurídico.

As inelegibilidades relativas igualmente estão determinadas na Constituição, nas hipóteses referentes à reeleição para cargo do Executivo e as oriundas de laços de parentesco; ou contidas em sede de mandamento infraconstitucional, como a dos ocupantes de cargos no serviço público, consoante previsão dos incisos II ao VII, do art. 1º da LC nº 64/90. Ao contrário das inelegibilidades absolutas, essas sempre serão inatas, porque a situação jurídica de restrição pode ser ilidida pelo afastamento da conduta tipificada ou pela escolha de outro cargo em disputa. Já uma sanção, uma vez aplicada, abrange todos os cargos, independentemente de sua especificação.

Pinto Ferreira (1973) divide as inelegibilidades relativas em funcional, no que diz respeito ao exercício de certas funções que destoariam da condição isonômica dos postulantes, e em parentela, originada de laços sanguíneos, afins ou afetivos.[33]

As limitações funcionais provêm do exercício de determinados cargos, no que evita que seus detentores possam abusar do poder político ou econômico para obter êxito na disputa eleitoral. A inelegibilidade deixa de existir se o candidato se desincompatibilizou do cargo no prazo fixado em lei. Trata-se, portanto, de um obstáculo relativo, que pode ser superado mediante a desincompatibilização, que é o afastamento do cargo dentro de determinado lapso temporal previsto em lei.[34] Imbuída do mesmo fator teleológico de evitar a utilização da máquina pública, utilizada para ajudar parentes candidatos, a Constituição tornou inelegíveis o cônjuge e os parentes consanguíneos ou afins, até o segundo grau, ou por adoção (civil ou afetiva), do Presidente da República, dos governadores, dos prefeitos e dos seus sucessores e substitutos.

---

[33] FERREIRA, Pinto. *Manual prático de direito eleitoral*. São Paulo: Saraiva, 1973, p. 148.

[34] "Para concorrerem a outros cargos, o Presidente da República, os Governadores de Estado e do Distrito Federal e os Prefeitos devem renunciar aos respectivos mandatos até seis meses antes do pleito" (art. 14, §6º, da CF).

A TAXONOMIA DAS INELEGIBILIDADES | 191

Nesse sentido, a inelegibilidade por laços familiares permanece somente na área de atuação dos cargos referidos.[35] Ela não atinge os suplentes, já que esses não exercem mandato popular, tendo apenas uma expectativa de um dia exercê-lo.[36] Seu objetivo é permitir que fatores meritocráticos sejam os preponderantes nos pleitos eleitorais, sem que eles fiquem obnubilados por liames gentílicos.[37]

Se sucessores ou substitutos em cargos do Executivo não se desincompatibilizarem em até seis meses antes do pleito, a inelegibilidade por intermédio de laços sanguíneos persistirá.[38] Ela não permanece se os familiares já vinham exercendo um mandato anteriormente na mesma circunscrição eleitoral.[39] Com efeito, sucessores são os cidadãos que suprem a ausência do

---

[35] É entendimento pacífico do Tribunal Superior Eleitoral que esta restrição abrange também o(a) companheiro(a), o(a) irmão(a), a concubina. TSE, Súmula nº 6: "É inelegível para o cargo de Prefeito o cônjuge e os parentes indicados no §7º do art. 14 da Constituição, do titular do mandato, ainda que este haja renunciado ao cargo há mais de seis meses do pleito".

[36] "A 2ª Turma do STF decidiu que pelo fato do §7º do art. 14 ser uma exceção, a elegibilidade deve ser interpretada de uma forma restrita, não podendo ser aplicada a suplentes, mas apenas aos titulares que conquistaram os seus mandatos, mesmo que se trate de laço de parentesco entre pai e filho" (RE 409.459/BA, Rel. Min. GILMAR FERREIRA MENDES).

[37] Configura orientação pacífica do Tribunal Superior Eleitoral que a separação judicial ou o divórcio, verificados no curso do mandato, não afastam a inelegibilidade do cônjuge para o mesmo cargo (BRANCO, Paulo Gustavo Gonet; MENDES; Gilmar Mendes. *Curso de direito constitucional*. 6. ed. rev. e atual. São Paulo: Saraiva, 2011, p. 774).

[38] "O Governador de Estado, se quiser concorrer a outro cargo eletivo, deve renunciar a seu mandato até seis meses antes do pleito (CF, art. 14, §6º). Presidente da Câmara Municipal que exerce provisoriamente o cargo de Prefeito não necessita desincompatibilizar-se para se candidatar a este cargo, para um único período subsequente" (CTA-1187, Rel. HUMBERTO GOMES DE BARROS).
"Prefeito de um município, reeleito ou não, é elegível em Estado diverso, ao mesmo cargo, observada a exigência de desincompatibilização seis meses antes do pleito" (RESPE-24367, Rel. LUIZ CARLOS LOPES MADEIRA).
"Secretário de Estado do Distrito Federal não está sujeito a desincompatibilização para se candidatar ao cargo de Vice-Prefeito de Goiânia" (RESPE/GO-22642, Rel. HUMBERTO GOMES DE BARROS).
"Governador de um Estado, reeleito ou não, é elegível em Estado diverso, ao mesmo cargo, observadas as seguintes exigências: a) desincompatibilizar-se até seis meses antes do pleito (art. 14, §6º, da CF); b) possuir domicílio e título eleitoral na circunscrição que pretenda candidatar-se pelo menos um ano antes do pleito" (CTA/DF-1043, Rel. LUIZ CARLOS LOPES MADEIRA).
"Em se tratando de prefeito reeleito, é vedada a candidatura ao mesmo cargo, em período subsequente, em município desmembrado, incorporado ou resultante de fusão" (CTA-1016, Rel. CARLOS MÁRIO DA SILVA VELLOSO).

[39] "A causa de inelegibilidade prevista no art. 14, §7º, da Constituição alcança a cunhada de governador quando concorre a cargo eletivo de município situado no mesmo Estado" (RE 171.061/PA – STF/Pleno – RTJ 157/349).

titular do cargo eletivo e cumprem o mandato até seu término. Substitutos são os que assumem determinado cargo eletivo provisoriamente. A última limitação se configura na vedação em decorrência de reeleição. A partir da Emenda Constitucional nº 16 é possível uma única reeleição, para período subsequente, no Executivo, o que representa uma quebra da tradição republicana brasileira de impedir qualquer tipo de reeleição para cargo no Executivo.[40] Essa tradição histórica, aliás, restrição contida em muitos ordenamentos estrangeiros, tenciona impedir que o candidato à reeleição utilize políticas públicas para conseguir um novo mandato. Ela é considerada relativa porquanto o mandatário pode ser candidato a outros cargos, desde que tenha se desincompatibilizado no tempo devido.[41]

4 Inelegibilidades constitucionais

As inelegibilidades constitucionais são as que estão contidas na Lei Maior. Elas sempre devem ser delineadas de forma explícita,

---

[40] Eis a opinião do Professor Manoel Gonçalves Ferreira Filho: "O princípio da inelegibilidade do Presidente da República está em todas as Constituições republicanas brasileiras (salvo a de 1967). Basta isto para sublinhar a sua importância. Será imoral, ou antiético, suprimi-lo com efeito imediato, beneficiando o atual Presidente (ainda mais, logo após haver sido – de fato – recusado a chefes de Executivo – os prefeitos – que a norma constitucional põe na mesma situação do Chefe do Executivo da União)" (retirado do parecer do Professor Manoel Gonçalves Ferreira Filho, apresentado à Comissão Especial da Proposta de Emenda à Constituição nº 1/95, pelo Dr. Paulo Maluf).

[41] A Turma manteve acórdão do TSE que, aplicando a orientação consubstanciada na Resolução nº 21.026/2002 daquela Corte, entendera que Vice-Governador eleito por duas vezes consecutivas, que sucede o titular no segundo mandato, pode reeleger-se ao cargo de Governador, por ser o atual mandato o primeiro como titular do Executivo estadual. Sustentava-se, na espécie, ofensa ao art. 14, §5º, da CF ("O Presidente da República, os Governadores de Estado e do Distrito Federal, os Prefeitos e quem os houver sucedido ou substituído no curso dos mandatos poderão ser reeleitos para um único período subsequente"), sob a alegação de que o recorrido seria inelegível para o terceiro mandato subsequente, haja vista que, eleito duas vezes para o cargo de Vice-Governador, tendo substituído o Governador no primeiro mandato e o sucedido no segundo, não poderia pleitear a reeleição. Diferenciando substituição de sucessão, está pressupondo vacância e aquela, impedimento do titular, rejeitou-se a alegada violação, tendo em conta que o recorrido somente exercera o cargo de Governador, em sua plenitude, em sucessão ao titular, quando cumpria o segundo mandato eletivo, sendo possível sua candidatura para um segundo mandato de Governador.

A TAXONOMIA DAS INELEGIBILIDADES | 193

haja vista que, como são restrições a prerrogativas de primeira dimensão, devem obedecer ao primado da legalidade, no que impede ilações conceituais *praeter legem* ou de natureza judicial.[42] Destaca-se que as inelegibilidades constitucionais não se sujeitam à preclusão, podendo ser arguidas a qualquer momento, em razão de seu caráter público, não havendo possibilidade de a mácula ser convalidada.[43] Nesse sentido, o art. 259 do Código Eleitoral expõe que são preclusivos os prazos para interposição de recurso, à exceção quando se discutir matéria constitucional.[44] Portanto, trata-se de uma diferença processual com as inelegibilidades infraconstitucionais, sob as quais se opera a preclusão, ou seja, se não forem arguidas no prazo devido, serão convalidadas e reputar-se-ão válidas.

A maior parte das inelegibilidades constitucionais é considerada como inata, sendo o resultado do enquadramento do fato na tipologia descrita normativamente, sem a imputação de nenhum tipo de sanção. Alguns casos conceituam-se como cominatórias, impondo uma reprimenda diante do descumprimento legal, como a estipulada no art. 52, parágrafo único, da Lei Maior.[45] Elas, também, são classificadas em absolutas e relativas.

De forma abrangente as inelegibilidades constitucionais são as seguintes: dos inalistáveis; dos analfabetos; referente à reeleição para cargos do Executivo; do cônjuge e dos parentes do Presidente da República, governadores, prefeitos e de seus sucessores e substitutos e no caso de inabilitação para o exercício de função pública motivada pela prática de ato antijurídico. Explicitando, sumariamente:

---

[42] TAVARES. *Curso de direito constitucional*, p. 813.

[43] O art. 259 do Código Eleitoral expõe que são preclusivos os prazos para interposição de recurso, à exceção quando se discutir matéria constitucional.

[44] Em sentido contrário: "Registre-se, ainda, que, se a inelegibilidade surgir pela ocorrência de fato superveniente ao registro do candidato, mesmo não se cuidando de matéria constitucional, não há que se falar em preclusão da referida inelegibilidade quando invocada no recurso contra a diplomação" (RAMAYANA, Marcos. *Direito eleitoral*. 4. ed. Niterói: Impetus, 2005, p. 107).

[45] Art. 52, parágrafo único da CF: "Nos casos previstos nos incisos I e II, funcionará como Presidente o do Supremo Tribunal Federal, limitando-se a condenação, que somente será proferida por dois terços dos votos do Senado Federal, à perda do cargo, com inabilitação, por oito anos, para o exercício de função pública, sem prejuízo das demais sanções judiciais cabíveis".

a) Inalistáveis

O texto constitucional assevera que são inelegíveis os cidadãos considerados inalistáveis (art. 14, §4º). São inalistáveis: os estrangeiros; durante o período militar obrigatório, os conscritos e os brasileiros menores de dezesseis anos, os absolutamente incapazes. Os estrangeiros são cidadãos que não possuem nacionalidade brasileira, não podendo votar ou se alistar como candidato. Esses cidadãos estão de forma transitória no Brasil ou não cumprem os requisitos necessários à aquisição da nacionalidade, ou não querem se naturalizar – em qualquer desses casos, faltam-lhes elementos para aqui participar das questões inerentes à coisa pública.[46] Os conscritos, denominação dada aos militares durante o serviço militar obrigatório, são considerados inalistáveis. Essa restrição se configura provisória, pois atinge apenas o período obrigatório nas Forças Armadas, depois, continuando sua carreira, pode o militar efetuar vinculação ao corpo eleitoral normalmente.[47]

b) Analfabetos

A inelegibilidade dos analfabetos tem a função de impedir que pessoas desprovidas de capacidade intelectual possam exercer mandato público. Baseia-se na presunção de que, se o cidadão não sabe ler e escrever, não possui condições mínimas de enfrentar e solucionar os problemas que pululam na sociedade. Ressalta-se que constitui questão controvertida na jurisprudência quais os parâmetros para identificação se um indivíduo é alfabetizado, motivo pelo qual o reconhecimento dessa inelegibilidade apenas se dará em casos extremos.[48]

---

[46] AGRA, Walber de Moura; VELLOSO, Carlos Mario da Silva. *Elementos do direito eleitoral*. São Paulo: Saraiva, 2016, p. 90.

[47] NIESS, Pedro Henrique Távora. *Direitos políticos*: condições de elegibilidade e inelegibilidade. São Paulo: Saraiva, 1994, p. 40.

[48] "cuidando-se de restrição a um direito fundamental, tanto do indivíduo de apresentar-se como candidato quanto dos eleitores de eventualmente elegê-lo, qualquer avaliação deve ser pautada no caráter excepcional da inelegibilidade, devendo, portanto, ficar limitada a casos extremos" (ARAÚJO, Luiz Alberto David; NUNES JÚNIOR, Vidal Serrano. *Curso de Direito Constitucional*. São Paulo, 13. ed., p. 245).

c) Reeleição

No tocante à inelegibilidade nos casos de reeleição, vale destacar que a instituição da reeleição no Brasil causou grande impacto em nossa democracia pela tradição de evitá-la como forma de impedir a perpetuação de mandatários no poder, foi instituída a mencionada inelegibilidade. Contudo, importa destacar que a reeleição é permitida para um único período subsequente, e nada obsta que, após quatro anos no exercício de outro cargo ou mesmo sem exercer mandato eletivo, o cidadão possa se candidatar novamente para o cargo (art. 14, §5º, da CF).[49]

d) Laços sanguíneos

A inelegibilidade por laços sanguíneos ou inelegibilidade reflexa é resultante de condição pessoal do candidato, de laços de parentesco Com efeito, tem a finalidade de evitar que o uso do poder político do governo possa ajudar candidatos que possuam ligação de sangue com gestores da máquina pública. Destarte, a Constituição tornou inelegíveis o cônjuge e os parentes consanguíneos ou afins, até o segundo grau, ou por adoção, do Presidente da República, dos governadores, dos prefeitos e de seus sucessores e substitutos.[50]

---

[49] "(...) Alegação de inconstitucionalidade a) da interpretação dada ao §5º do art. 14 da Constituição, na redação da EC 16/1997, ao não exigir a renúncia aos respectivos mandatos até seis meses antes do pleito, para o titular concorrer à reeleição (...). Na redação original, o §5º do art. 14 da Constituição era regra de inelegibilidade absoluta. Com a redação resultante da EC 16/1997, o §5º do art. 14 da Constituição passou a ter a natureza de norma de elegibilidade. Distinção entre condições de elegibilidade e causas de inelegibilidade. Correlação entre inelegibilidade e desincompatibilização, atendendo-se esta pelo afastamento do cargo ou função, em caráter definitivo ou por licenciamento, conforme o caso, no tempo previsto na Constituição ou na Lei de Inelegibilidades. Não se tratando, no §5º do art. 14 da Constituição, na redação dada pela EC 16/1997, de caso de inelegibilidade, mas, sim, de hipótese em que se estipula ser possível a elegibilidade dos chefes dos Poderes Executivos, federal, estadual, distrital, municipal e dos que os hajam sucedido ou substituído no curso dos mandatos, para o mesmo cargo, para um período subsequente, não cabe exigir-lhes desincompatibilização para concorrer ao segundo mandato, assim constitucionalmente autorizado. Somente a Constituição poderia, de expresso, estabelecer o afastamento do cargo, no prazo por ela definido, como condição para concorrer à reeleição prevista no §5º do art. 14 da Lei Magna, na redação atual. (...)" (ADI 1.805 MC, rel. min. Néri da Silveira, j. 26.3.1998, P, *DJ* de 14.11.2003).

[50] "Iniciado o julgamento de recurso extraordinário interposto contra acórdão do TSE que, interpretando o disposto nos §§5º e 7º do art. 14 da CF, concluíra pela elegibilidade de cunhada e de irmão de prefeito, falecido antes de 6 meses que antecederam o pleito, aos

e) Inabilitação para o exercício de função pública

A inabilitação para o exercício de função pública ocorre nos casos de crime de responsabilidade praticados pelo Presidente e pelo Vice-Presidente da República, por Ministro de Estado, por Ministros do Supremo Tribunal Federal, pelo Procurador-Geral da República e por Advogado-Geral da União, em decisão proferida pelo Senado Federal. Nesses casos, haverá perda dos respectivos cargos e consequente inabilitação para o exercício de função pública por oito anos. Os crimes de responsabilidade são aquelas condutas que atentam contra a Constituição Federal, cuja normatização foi realizada pelo art. 85 da *Lex Mater* e pela Lei nº 1.079/50), dessa forma, visando salvaguardar a função pública foi estabelecida esta modalidade de inelegibilidade.

5 Inelegibilidade infraconstitucional

Denomina-se inelegibilidade infraconstitucional porque prevista por intermédio de disposição que não está contida na Lei Maior, sendo sua regulamentação realizada por meio de lei complementar. Caso sua regulamentação seja realizada por meio de outro instrumento normativo, estar-se-á realizando uma inconstitucionalidade material.

As inelegibilidades infraconstitucionais auferem sua validade do art. 14, §9º, da Constituição Federal, no que assevera que lei complementar pode ampliar os casos de inelegibilidade a fim de proteger a probidade administrativa, a moralidade para o exercício de mandato, considerada a vida pregressa do candidato, e a

---

cargos de prefeito e vice-prefeito, sob a fundamentação de que, subsistindo a possibilidade, em tese, de reeleição do próprio titular para o período subsequente, seria também legítima a candidatura de seus parentes para os citados cargos eletivos, porquanto ocorrido o falecimento do titular dentro do prazo previsto na Constituição. Alega-se na espécie que os parentes até o segundo grau são inelegíveis para o mesmo cargo e na mesma base territorial, para a eleição subsequente, a teor do que dispõe o §7º do art. 14 da Carta Magna, cujo conteúdo não se alterou pela superveniência da EC 16/97, o tratamento dispensado ao titular do cargo deve ser o mesmo adotado relativamente aos parentes – ou seja, sendo reelegível o titular, e renunciando 6 meses antes do pleito, permite-se a candidatura de seus parentes ao mesmo cargo" (RE 344.882/BA, Rel. Min. SEPÚLVEDA PERTENCE).

A TAXONOMIA DAS INELEGIBILIDADES | 197

normalidade e legitimidade das eleições contra a influência do poder econômico ou o abuso do exercício de função, cargo ou emprego na administração direta ou indireta.

Com o escopo de evitar que o legislador infraconstitucional pudesse ter um alto teor de discricionariedade que expurgasse cidadãos da vida pública, Pontes de Miranda (1970) sustenta que existe um determinado conteúdo jurídico nas regras de inelegibilidade. De acordo com o douto, somente condutas que ofendessem o regime democrático, a probidade administrativa ou a normalidade das eleições e o abuso político ou econômico poderiam ser tipificadas como causas de inelegibilidade infraconstitucionais.[51]

A sua regulamentação atual realiza-se por intermédio da Lei Complementar nº 64, com as alterações promovidas pela Lei Complementar nº 135, classificando-se como absolutas e relativas, inatas e cominadas. Nas inelegibilidades mencionadas não se pode mencionar que há a preponderância de uma classificação com relação a outras, tudo dependendo do aspecto volitivo do legislador ordinário. Apenas, como já ressaltado anteriormente, elas não podem ser implícitas, em respeito ao princípio da legalidade estrita e da supremacia normativa do parlamento, no que afasta terminantemente possibilidade de jurisprudencialização.

Para efeitos didáticos, preferiu-se elencá-las em hipóteses específicas, contidas nos incisos I e II do art. 1º, I, da Lei Complementar nº 64/90, alterado com o advento da Lei Complementar nº 135/2010: a) Os membros do Congresso Nacional, das Assembleias Legislativas, da Câmara Legislativa e das Câmaras Municipais que hajam perdido os respectivos mandatos por infringência do disposto nos incisos I e II do art. 55 da Constituição Federal, dos dispostos equivalentes sobre perda de mandato das Constituições Estaduais e Leis Orgânicas dos Municípios e do Distrito Federal, para as eleições que se realizarem durante o período remanescente do mandato para o qual foram eleitos e nos oito anos subsequentes ao término da legislatura.

Refere-se essa inelegibilidade à perda de mandato dos parlamentares que descumpriram os impedimentos que têm como

---

[51] PONTES DE MIRANDA, Francisco Cavalcanti. *Comentários à Constituição de 1967*: com a Emenda nº 1 de 1969. 2. ed. São Paulo: Revista dos Tribunais, 1970. t. IV, p. 596.

prazo inicial a expedição do diploma ou a posse (art. 54, I e II, da CF). Inserem-se nessa hipótese as condutas consideradas incompatíveis com o decoro parlamentar, em que comportamentos maculam a respeitabilidade que se exige dos parlamentares, praticando uma conduta que destoa do mínimo ético esperado dos representantes populares (art. 55, II, da CF).

b) Governador e Vice-Governador de Estado e do Distrito Federal, Prefeito e Vice-Prefeito que perderem seus cargos em virtude de infringirem os dispositivos da Constituição Estadual ou da Lei Orgânica do Município ou Distrito Federal, para as eleições que se realizarem durante o período remanescente e nos oito anos subsequentes ao término do mandato para o qual tenham sido eleitos. Tomou-se aqui o mesmo parâmetro adotado para o *impeachment* do Presidente da República, em que a conduta do Chefe do Executivo que descumprir a Lei Maior o sujeita à sanção de perda de mandato. Difere da letra anterior porque submete o infrator a qualquer normatização da Constituição Estadual ou lei orgânica que possa resultar em crime político, enquanto a hipótese anterior era de descumprimento de dispositivo tópico.

Respeitou-se o princípio de autonomia das unidades federativas, possibilitando que estabeleçam impedimentos aos respectivos Chefes do Executivo, o que fortalece a supremacia de seus textos com a punição da conduta delituosa. Precise-se que a sanção de inelegibilidade vale para as eleições que se realizarem durante o período remanescente do exercício da função e nos oito anos subsequentes ao término do mandato para o qual tenham sido eleitos.

c) Os que tenham contra sua pessoa representação julgada procedente pela Justiça Eleitoral, em decisão transitada em julgado ou proferida por órgão colegiado, em processo de apuração de abuso de poder econômico ou político, para a eleição na qual concorrem ou tenham sido diplomados, bem como para as que se realizarem nos oito anos seguintes.

A constatação de abuso de poder econômico ou político pode ocorrer através de vários instrumentos processuais, como ação de impugnação de mandato eletivo, ação de investigação judicial eleitoral, ação de captação ilícita de votos ou ação de arrecadação e gastos ilícitos de campanha, de acordo com a fase eleitoral em que essa verificação foi realizada ou com as provas disponíveis. Com o

A TAXIONOMIA DAS INELEGIBILIDADES | 199

advento da Lei Complementar nº 135/2010, afastou-se a exigência do trânsito em julgado da condenação pela prática de abuso de poder econômico ou político. Nesse sentido, a decisão condenatória por órgão judicial colegiado já é, por si só, suficiente para configuração da inelegibilidade em apreço.

Saliente-se que o Tribunal Superior Eleitoral já assinalou que, sendo a elegibilidade a adequação do indivíduo ao regime jurídico – constitucional e legal complementar – do processo eleitoral, a aplicação do aumento de prazo das causas restritivas ao *iushonorum* (de 3 para 8 anos) na hipótese em comento, alargamento conferido pela LC nº 135/10, com a consideração de fatos anteriores, não pode ser capitulada na retroatividade vedada pelo art. 5º, XXXVI, CRFB/88, e, em consequência, não fulmina a coisa julgada (que opera sob o pálio da cláusula *rebus sic stantibus*) anteriormente ao pleito em oposição ao diploma legal retromencionado. Nesse sentido, subjaza mera adequação ao sistema normativo pretérito (expectativa de direito).[52]

d) Os que forem condenados, em decisão transitada em julgado ou proferida por órgão judicial colegiado, desde a condenação até o transcurso do prazo de oito anos após o cumprimento da pena, pelos crimes: i) contra a economia popular, a fé pública, a Administração Pública e o patrimônio público; ii) contra o patrimônio privado, o sistema financeiro, o mercado de capitais e os previstos na lei que regula a falência; iii) contra o meio ambiente e a saúde pública; iv) eleitorais, para os quais a lei comine pena privativa de liberdade; v) de abuso de autoridade nos casos em que houver condenação à perda do cargo ou à inabilitação para o exercício de função pública; vi) de lavagem ou ocultação de bens, direitos e valores; vii) de tráfico de entorpecentes e drogas afins, racismo, tortura, terrorismo e hediondos; viii) de redução à condição análoga à de escravo; ix) contra a vida e a dignidade sexual; e x) crimes praticados por organização criminosa, quadrilha ou bando.

Os condenados por decisão judicial transitada em julgado ou proferida por órgão colegiado pela prática de crimes dolosos, de ação penal pública, serão considerados inelegíveis pelo prazo de

---

52   Recurso Ordinário nº 528-12/RJ. Redator para o acórdão: Ministro Luiz Fux.

oito anos, após o cumprimento da pena. Aqui, o legislador agravou a punição para os autores dos crimes de maior potencial ofensivo, como também acrescentou novos tipos penais como forma de concretização do *jus honorum*.

e) Os que forem declarados indignos do oficialato, ou com ele incompatíveis, pelo prazo de oito anos. A narrada causa de inelegibilidade tem a finalidade de reforçar a moralidade exigida dos oficiais e assegurar a hierarquia militar, principalmente em sua cúpula.

f) Os que tiverem suas contas relativas ao exercício de cargos ou funções públicas rejeitadas por irregularidade insanável que configure ato doloso de improbidade administrativa, e por decisão irrecorrível do órgão competente, salvo se esta houver sido suspensa ou anulada pelo Poder Judiciário, para as eleições que se realizarem nos oito anos seguintes, contados a partir da data da decisão, aplicando-se o disposto no inciso II do art. 71 da Constituição Federal, a todos os ordenadores de despesa, sem exclusão de mandatários que houverem agido nessa condição. Como lembra o dispositivo legal, a inelegibilidade perdura nos oito anos seguintes da decisão definitiva, ou seja, quando não mais pairarem controvérsias quanto à licitude da rejeição de contas no órgão específico de apreciar a gestão.

À configuração da inelegibilidade referida são necessários os seguintes requisitos: a) existência de prestação de contas relativas ao exercício de cargos ou funções públicas; b) que os gestores tenham agido enquanto ordenadores de despesa; c) irregularidade insanável; d) que haja decisão irrecorrível, de órgão competente, rejeitando as contas prestadas; e) tipificação de ato doloso de improbidade administrativa; f) que o parecer do Tribunal de Contas não tenha sido afastado pelo voto de dois terços da Câmara de Vereadores respectiva; g) inexistência de provimento suspensivo provindo de instância competente do Poder Judiciário.

No que tange à irregularidade insanável, há um dissenso conceitual, haja vista tratar-se de conceito indeterminado, cabendo aos Tribunais e aos doutrinadores limitarem seu significado. O Tribunal Superior Eleitoral, órgão máximo para dirimir eventuais conflitos, tem entendido que os atos dolosos de improbidade administrativa são os primeiros a fazerem parte do conceito de irregularidade insanável.[53] Assim sendo, a Egrégia Corte Eleitoral já decidiu que a prática de ato doloso de improbidade administrativa constitui irregularidade insanável, evidenciando que a simples prática de tal conduta consistiria no vício mencionado.[54] A decisão irrecorrível de rejeição de contas, por sua vez, é de competência dos respectivos Tribunais de Contas, pois, segundo a Constituição, compete ao Tribunal de Contas da União o julgamento das contas dos administradores e dos demais responsáveis por dinheiro, bens e valores públicos, da administração direta e da indireta, incluídas as fundações e sociedades instituídas e mantidas pelo Poder Público federal, e as contas dos que derem causa a perda, extravio ou outra irregularidade de que resulte prejuízo ao erário público (art. 71, II, da CF). Em se tratando de verba estadual, a competência será do órgão de Contas dos Estados; e do Tribunal de Contas dos Municípios, quando houver, em se tratando de verbas municipais.

Infelizmente, com ausência de acuidade doutrinária e legal, o Tribunal Superior Eleitoral decidiu que a inelegibilidade baseada no dispositivo em referência é concretizada apenas com a decisão do tribunal que rejeita as contas do prefeito como ordenador de despesas, sem precisar da análise da Câmara de Vereadores.[55] Anteriormente a essa decisão, a referida inelegibilidade apenas se concretizaria se a Câmara de Vereadores não rejeitasse o parecer do Tribunal de Contas, com o quórum de dois terços de votos. Trata-se claramente de posicionamento *contra legem*, haja vista que fere diretamente o art. 31, §§1º e 2º, da Constituição Federal. Mencionados parágrafos expõem que o controle externo da Câmara Municipal será exercido

---

[53] "É assente na jurisprudência ser irregularidade insanável aquela que indica ato de improbidade administrativa ou qualquer forma de desvio de valores" (Ac. de 26.08.2004 no REsp 21.976, rel. Min. Peçanha Martins).

[54] "Considera-se inelegível o pré-candidato cujas contas tenham sido rejeitadas por prática de atos de improbidade administrativa, enquanto vícios insanáveis" (Acórdão no Agravo Regimental no Recurso Ordinário 1.178, de 16.11.2006, Porto Alegre, Rel. Min. Cezar Peluso). "Cabe à Justiça Eleitoral, rejeitadas as contas, proceder ao enquadramento das irregularidades como insanáveis ou não e verificar se constituem ou não ato doloso de improbidade administrativa, não lhe competindo, todavia, a análise do acerto ou desacerto da decisão da corte de contas" (Ac. de 17.3.2015 no RO nº 72569, rel. Min. Maria Thereza Rocha de Assis Moura).

[55] Agravo Regimental no Recurso Ordinário nº 2604-09/RJ. Relator: Ministro Henrique Neves da Silva; Agravo Regimental no Recurso Ordinário nº 2604-09/RJ. Relator: Ministro Henrique Neves da Silva.

com o auxílio dos tribunais de contas dos Estados, sendo que o parecer prévio, emitido pelo órgão competente sobre as contas que o prefeito deve anualmente prestar, deixará de prevalecer por decisão de dois terços dos membros da Câmara Municipal.

Certamente, o Supremo Tribunal Federal ou o próprio Tribunal Superior Eleitoral, revendo seu posicionamento, irá se posicionar em defesa da Constituição, assegurando que o imperativo categórico normativo, que é bastante claro, não seja obnubilado por posicionamentos judiciais, no que seria o cúmulo de um ativismo flagrantemente inconstitucional.

No que tange à possível suspensão da inelegibilidade, destaca-se que o Tribunal Superior Eleitoral, que anteriormente aceitava que a mera propositura de ação anulatória da decisão de rejeição de contas suspenderia a inelegibilidade, modificou seu posicionamento há muito tempo para adotar que a simples propositura da ação anulatória, sem a obtenção de provimento liminar ou tutela antecipada, não suspende a inelegibilidade.[56] Dessa forma, não basta a intenção de continuar a discussão judicial para impedir essa causa de inelegibilidade, é preciso que haja o deferimento de liminar ou cautelar, o que assegura que o pedido pleiteado pode apresentar razoabilidade jurídica. O posicionamento anterior praticamente inutilizava esse tipo de decisão dos Tribunais de Contas porque bastava a simples interposição de medida judicial para postergar os efeitos da rejeição de contas. Posteriormente, protelava-se o andamento processual que permitia ao impetrante terminar seu mandato sem ser alcançado por essa inelegibilidade.

Saliente-se que essa causa de inelegibilidade apenas pode ser evocada se houver a tipificação de um ato doloso de improbidade administrativa, não podendo ela incidir em qualquer caso de rejeição de contas. Exige-se, de forma inexorável, a configuração de um ato doloso, revelando uma vontade livre e intencional para alcançar determinado resultado, e um ato de improbidade administrativa, que apenas pode ser atestado se houver enriquecimento ilícito ou dano ao erário. Não tipifica essa *fattispecie* de improbidade a improbidade administrativa por quebra de princípios da Administração Pública.

---

[56] Ac. do TSE, de 24-8-2006, no RO 912; de 13-9-2006, no RO 963; de 29-9-2006, no RO 965 e no RESPE 26.942; e de 16-11-2006, no AgRgRO 1.067.

A TAXINOMIA DAS INELEGIBILIDADES | 203

g) Os detentores de cargo na Administração Pública direta, indireta ou fundacional, que beneficiarem a si ou a terceiros, pelo abuso do poder econômico ou político, que forem condenados em decisão transitada em julgado ou proferida por órgão judicial colegiado, para a eleição na qual concorrem ou tenham sido diplomados, bem como para as que se realizarem nos oito anos seguintes. O benefício poderá ser auferido pelo próprio ocupante do cargo ou para beneficiar terceiros. O legislador objetivou punir os detentores de cargo público que, além de infringirem o princípio da moralidade, tenham infringido os princípios da impessoalidade e o republicano,[57] em razão de que os recursos públicos devem ser empregados para o favorecimento do bem comum, sem a possibilidade de patrimonialismo dos ativos estatais. Essa inelegibilidade dirige-se àqueles gestores públicos que se utilizam de suas prerrogativas para enriquecimento ilícito ou para a utilização de recursos públicos em campanhas eleitorais.

h) Os que, em estabelecimentos de crédito, financiamento ou seguro, tenham sido ou estejam sendo objeto de processo de liquidação judicial ou extrajudicial, hajam exercido, nos doze meses anteriores à respectiva decretação, cargo ou função de direção, administração ou representação, enquanto não forem exonerados de qualquer responsabilidade. O período da inelegibilidade é de oito anos contados da respectiva decretação da liquidação judicial ou extrajudicial.

A norma analisada alargou a inelegibilidade para aqueles que tenham exercido, cargo ou função de direção nesses estabelecimentos, a não ser que nos autos não existam provas que os responsabilizem por má gestão ou ocorra qualquer pronunciamento judicial negando sua participação. Possui essa tipificação a finalidade de punir de forma mais severa gestões fraudulentas em sociedades de crédito, financiamento ou seguro por causa de seus danos à economia popular.

i) Os que forem condenados, em decisão transitada em julgado ou proferida por órgão colegiado da Justiça Eleitoral, por corrupção eleitoral, pelo ilícito de captação ilícita de sufrágio, por doação, captação ou gastos ilícitos de recursos de campanha ou por conduta vedada aos agentes públicos em campanhas eleitorais que

---

[57] AGRA, Walber de Moura. *Republicanismo*. Porto Alegre: Livraria do Advogado, 2005, p. 109.

impliquem cassação do registro ou do diploma, pelo prazo de oito anos a contar da eleição.

Anteriormente, havia incerteza se determinadas condutas, como conduta vedada ou captação ilícita de recursos e gastos de campanha, poderiam acarretar inelegibilidade, uma vez que não eram previstas por lei complementar, consoante exige o art. 14, §9º, da Constituição. Agora, é perfeitamente possível a imputação da inelegibilidade por oito anos, por meio de decisão judicial transitada em julgado ou proferida por órgão colegiado na Justiça Eleitoral nos casos tipificados. Não obstante, cumpre advertir que só há imputação da inelegibilidade se houver efetiva cassação de registro ou do diploma. A imputação exclusivamente de pena de multa não acarreta a aplicação da inelegibilidade, em virtude do princípio da proporcionalidade e da preponderância do princípio da soberania popular, que é o alicerce do Estado Democrático Social de Direito.

j) O Presidente da República, o Governador do Estado e do Distrito Federal, o Prefeito, os membros do Congresso Nacional, das Assembleias Legislativas, da Câmara Legislativa, das Câmaras Municipais, que renunciarem a seus mandatos desde o oferecimento de representação ou petição capaz de autorizar a abertura de processo por infringência a dispositivo da Constituição Federal, da Constituição Estadual, da Lei Orgânica do Distrito Federal ou da Lei Orgânica do Município, para as eleições que se realizarem durante o período remanescente do mandato para o qual foram eleitos e nos oito anos subsequentes ao término da legislatura.

A inelegibilidade em apreço carrega o escopo de tentar inibir a renúncia do parlamentar ao mandato eletivo após o oferecimento ao órgão competente de representação ou petição apta a ensejar a instauração de processo na respectiva Casa Legislativa pertencente a tal parlamentar, como forma de garantia de impunidade. Assim, o ato de renúncia parlamentar por si só acarreta inelegibilidade por oito anos subsequentes ao término da legislatura. Atente-se que o §5º do art. 1º excepciona a regra nos casos em que a renúncia tiver a finalidade de atender à desincompatibilização com vistas à candidatura a cargo eletivo ou para assunção de mandato. Neste caso específico, a finalidade da renúncia não é evitar a sanção de inelegibilidade por oito anos, mas apenas afastar um impedimento de disputar o pleito eleitoral.

k) Os que forem condenados à suspensão dos direitos políticos, em decisão transitada em julgado ou proferida por órgão judicial colegiado, por ato doloso de improbidade administrativa que importe lesão ao patrimônio público e enriquecimento ilícito, desde a condenação ou o trânsito em julgado até o transcurso do prazo de oito anos após o cumprimento da pena.

Nem sempre a condenação por ato de improbidade administrativa acarreta a suspensão dos direitos políticos do condenado. Destarte, a suspensão dos direitos fundamentais políticos não é consequência automática da condenação por improbidade administrativa. Para que esta ocorra, torna-se inexorável sua expressa previsão no bojo da decisão judicial, como forma de inibir a judicialização acintosa aos direitos fundamentais.

Insta ressaltar que é imprescindível o reconhecimento da prática de ato doloso de improbidade administrativa que importe em lesão ao patrimônio público e enriquecimento ilícito, estando excluído de sua incidência o ato de improbidade administrativa que importar violação aos princípios da Administração Pública. Tem-se que, à caracterização desta hipótese de inelegibilidade, é essencial a presença concomitante do dano ao patrimônio público e do enriquecimento ilícito.[58]

l) Os que forem excluídos do exercício da profissão, por decisão sancionatória do órgão profissional competente, em decorrência de infração ético-profissional, pelo prazo de oito anos, salvo se o ato houver sido anulado ou suspenso pelo Poder Judiciário.

A exclusão do exercício de determinada profissão configura-se uma verdadeira sanção imputada após a instauração de processo administrativo disciplinar, em que tenham sido asseguradas todas as garantias constitucionais processuais disponíveis ao acusado. De acordo com a inelegibilidade em tela, além da exclusão do exercício da profissão, o ato sancionatório também imputará em inelegibilidade por oito anos. A inelegibilidade, nesse caso, somente se configura se a infração ético-profissional se mostrar grave para ensejar a reprimenda, impedindo sua aplicação para condutas insignificantes ou destituídas de valor social.

---

[58] Agravo Regimental no Recurso Ordinário nº 2604-09/RJ. Relator: Ministro Henrique Neves da Silva.

m) Os que forem condenados, em decisão transitada em julgado ou proferida por órgão judicial colegiado, em razão de terem desfeito ou simulado desfazer vínculo conjugal ou de união estável para evitar caracterização de inelegibilidade, pelo prazo de oito anos após a decisão que reconhecer a fraude.

A inelegibilidade exposta tenciona inibir a fraude para ultrajar a inelegibilidade prevista no §7º, viabilizando a candidatura do cônjuge do titular do mandato eletivo, por meio do desfazimento do vínculo conjugal pelo divórcio ou pela separação judicial. Procura-se evitar a perpetuação no poder por determinadas famílias, principalmente em pequenos municípios.

O reconhecimento da fraude só pode ser declarado pelo Poder Judiciário sob vício de ilegalidade. A ação declaratória de fraude deve ser intentada na Justiça Comum e não na Justiça Eleitoral, uma vez que o objeto da demanda envolve o estado das pessoas.

n) Os que forem demitidos do serviço público em decorrência de processo administrativo ou judicial, pelo prazo de oito anos, contado da decisão, salvo se o ato houver sido suspenso ou anulado pelo Poder Judiciário.

Igualmente, a demissão constitui penalidade disciplinar imposta a servidor público em razão da prática de grave ilícito, através da instauração de processo administrativo, no qual sejam asseguradas ao acusado todas as garantias constitucionais disponíveis. Ora, se o servidor público praticou ato de tamanha gravidade que não possa mais exercer a sua função pública, de igual sorte não ostenta o *jus honorum* para exercer nenhum cargo público eletivo.

o) A pessoa física responsável por doações eleitorais tidas por ilegais por decisão transitada em julgado ou proferida por órgão colegiado da Justiça Eleitoral, pelo prazo de oito anos após a decisão, observando-se o procedimento previsto no art. 22.

Com a procedência parcial da ADI nº 4.650, sob a relatoria do Ministro Luiz Fux, bem como com a revogação do art. 81 pela Lei nº 13.165/15, o financiamento privado está restrito às pessoas físicas. A fim de garantir a isonomia no processo eleitoral, a Lei nº 9.504/1997 impõe limites para o financiamento privado da campanha eleitoral, tendo sido restrita a contribuição da pessoa física à monta de até 10% dos rendimentos auferidos no ano anterior ao da eleição, conforme art. 23, §1º, da Lei nº 9.504/1997, com a redação conferida pela Lei nº 13.165/15. Tal limite percentual será apurado pelo Tribunal Superior Eleitoral anualmente, conforme art. 24-C, não sendo aplicável tal limite nas hipóteses de doação estimável em dinheiro relativas à utilização de bens móveis e imóveis do doador, que não ultrapassem o valor estimado de R$80.000,00, conforme §7º do art. 23 do citado diploma. Assim, qualquer doação acima dos limites exigidos pela legislação eleitoral sujeita o respectivo doador a multa de cinco a dez vezes o valor doado irregularmente, bem como acarretará a inelegibilidade do doador por oito anos.

A decisão judicial que reconhece a irregularidade da doação e aplica pena de multa ao doador não tem como efeito automático a inelegibilidade. Este só advém com a propositura de ação específica em processo jurisdicional que tenha atendido aos ditames do art. 22 da Lei Complementar nº 64/90, no que possibilita o atendimento ao *due process of law*.

p) Os magistrados e os membros do Ministério Público que forem aposentados compulsoriamente por decisão sancionatória, que tenham perdido o cargo por sentença ou que tenham pedido exoneração ou aposentadoria voluntária na pendência de processo administrativo disciplinar, pelo prazo de oito anos.

A inelegibilidade em apreço consubstancia as sanções impostas a membros do Judiciário e do Ministério Público em razão de condutas ilícitas praticadas. Cumpre assegurar que, mesmo nos casos de exoneração voluntária na pendência de processo administrativo disciplinar, este não o livrará da inelegibilidade por oito anos, contados da decisão sancionatória ou do ato exoneratório. Outra sanção que não seja a perda do cargo não importa na sanção de inelegibilidade.

q) As hipóteses inseridas no inciso II, do art. 1º da LC nº 64, são consideradas como inelegibilidades relativas infraconstitucionais. São relativas porque os impedimentos podem ser suprimidos e, caso não sejam, barram apenas o acesso a alguns mandatos eletivos, não inviabilizando os demais sobre os quais não paira nenhuma inelegibilidade.[59]

---

[59] SANTANA, Jair Eduardo; GUIMARÃES, Fábio Luís. *Direito eleitoral*: para compreender a dinâmica do poder político. Belo Horizonte: Fórum, 2006, p. 71.

A forma de se superar a inelegibilidade é através da desincompatibilização, configurando-se na saída de cargo ou função do servidor público que causava a incompatibilidade. Caso ela não se realize, ou se realize fora do prazo, a inelegibilidade permanece. A desincompatibilização pode ser definitiva ou provisória. A primeira ocorre quando o vínculo que detinha o servidor público, decorrente de cargo, função ou mandato público, não mais se restabelece. A segunda acontece quando há afastamento de servidor que, não eleito, ou após o exercício do mandato, tem assegurado o retorno a seu cargo ou função anterior.[60]

Em regra, o prazo da desincompatibilização é de seis meses, existindo também prazo de desincompatibilização de três e quatro meses, contados de forma sequencial, sem interrupção. Atente-se que em todas essas hipóteses no supramencionado inciso o objetivo almejado é impedir o uso de cargo ou função, ou seja, da máquina pública, em favor de interesses eleitorais, o que se configura em uma atitude pouco republicana, para dizer o mínimo. Dessa forma, elas são configuradas como inelegibilidades inatas, apresentando a natureza de impedimentos, sem poder ser classificadas como sanções.

6 Inelegibilidades inatas e cominadas

Quanto à natureza da motivação que acarretou a impossibilidade do exercício da cidadania passiva, as inelegibilidades podem ser consideradas como inatas ou cominadas, classificação esta que trará sérias ilações ao processo eleitoral, especificamente na determinação dos efeitos intertemporais quando do surgimento de uma nova lei.

Inatas são aquelas cuja subsunção normativa encontra configuração na seara prática, isto é, há uma descrição normativa que se molda a um fato jurídico, forcejando a consequência de um impedimento, sem que seja configurado um castigo por uma conduta denominada como nefasta ao ordenamento.

---

[60] NIESS, Pedro Henrique Távora. *Direitos políticos*: condições de elegibilidade e inelegibilidade. São Paulo: Saraiva, 1994, p. 84.

A TAXONOMIA DAS INELEGIBILIDADES | 209

Cominadas são aquelas provenientes de fatos jurídicos que provocam uma sanção em virtude de um ato ilícito descrito pelas normatizações eleitorais. Uma determinada conduta, em regra tipificada como dolosa, acarreta uma consequência que é uma sanção, haja vista esta conduta ser considerada como um acinte ao *jus honorum* dos cidadãos. Thales Tácito Cerqueira sustenta que ela acontece em decorrência de uma transgressão eleitoral.[61]

Tanto a inelegibilidade inata como a cominada são situações jurídicas que se amoldam à descrição abstrata contida nos mandamentos jurídicos, o que possibilita a ocorrência de subsunção. Ambas apresentam consequências em virtude dos enquadramentos respectivos. Tais consequências, no entanto, são distintas.

Na inelegibilidade inata a subsunção provoca o impedimento ao exercício da cidadania passiva, maculando o *jus bonorum*, contudo, caso o cidadão consiga sair da tipologia subsuntiva, em um lapso temporal ainda hábil, ele pode exercer seus direitos políticos de forma plena. Já na inelegibilidade cominada não há um simples impedimento ao exercício do *jus honorum*, configura-se o enquadramento na tipologia subsuntiva acrescido de uma decisão judicial que aplica um castigo, fruto de uma conduta reputada como antijurídica, em que mesmo o cidadão se afastando do fato jurídico descrito em lei, ainda assim ele estará inelegível pelo lapso temporal determinado.

Na inelegibilidade inata há uma proteção à lisura das eleições, obstando que alguém possa auferir vantagens no pleito eleitoral, por isso, impede-se o cidadão, em determinada eleição, de concorrer a cargo público. Sua motivação reside na relação do posicionamento do sujeito em relação ao bem jurídico tutelado, refere-se à sua aptidão para o exercício do cargo pretendido. Por outro lado, na inelegibilidade cominada existe uma violação de um bem protegido pelo ordenamento jurídico, normalmente ligado ao *ethos* que deve nortear a coletividade, impondo-se em decorrência a aplicação de uma sanção, consistente na impossibilidade de que o cidadão se candidate a qualquer cargo eletivo em um determinado

---

[61] CERQUEIRA, Thales Tácito Pontes Luz de Pádua. *Direito eleitoral brasileiro*. 2. ed. Belo Horizonte: Del Rey, 2002, p. 191.

período. Há uma norma que estabelece uma consequência imposta pela ordem jurídica quando de sua violação.[62] Ou seja, no primeiro não se pode falar em um ato antijurídico, advindo de uma conduta que provocou um desvalor ao ordenamento jurídico, enquanto no segundo, de forma clara, pode se falar em um acinte direto ao ordenamento jurídico, tencionando-se evitar o abuso do poder econômico ou político.

Outra diferenciação é que a inelegibilidade inata advém exclusivamente de sua tipificação jurídica, contida em instrumento legal. Ela é descrita em plano normativo e através da subsunção adquire eficácia no plano fático quando do pronunciamento judicial na oportunidade do registro da candidatura. Assim, ela ocorre a partir do enquadramento de uma situação fática na descrição tipológica contida na norma atestada pelo pronunciamento do Judiciário. A inelegibilidade sanção necessita para sua configuração de mais requisitos. Além de exigir uma tipificação jurídica, em defluência do princípio da legalidade, necessita de um pronunciamento judicial ou administrativo, seguindo o *due process of law*, que impõe uma sanção devido ao descumprimento de um mandamento legal. Em resumo, a primeira nasce de uma subsunção normativa, enquanto a segunda necessita tanto da subsunção quanto da imposição de uma sanção, constatando a realização de uma conduta antijurídica.

Não se considera que as inelegibilidades inatas sejam uma sanção porque não há um fato antijurídico previsto normativamente. Nesses casos, existe uma conduta que se enquadra no fato tipificado, dando ensejo para que a estrutura condicionante acarrete a consequência jurídica prevista. Sua natureza é de um obstáculo, um estorvo para que se faça ou deixe de fazer algo. Constitui-se em uma barreira que proíbe o cidadão de realizar ou não determinada conduta, sem ter como pressuposto um ato ou omissão antijurídico, carregado com uma carga valorativa negativa.

A origem da inelegibilidade inata é somente a adequação fática a uma tipologia normativa; suprimida essa subsunção, o

---

[62] MENDES, Antonio Carlos. *Introdução à teoria das inelegibilidades*. São Paulo: Malheiros, 1994, p. 137.

cidadão pode concorrer normalmente a outras eleições. A origem da inelegibilidade cominada é diversa, ela se constitui em uma sanção, em que mesmo desaparecido o fato jurídico que a ensejou, a restrição ao exercício pleno das capacidades políticas perdurará. Na primeira, o impedimento é oriundo do posicionamento do sujeito com relação ao bem jurídico protegido, enquanto na segunda origina-se de um castigo pelo descumprimento de preceito legal.

Perscrutando a natureza das decisões judiciais referentes às inelegibilidades, ver-se-á que aquelas referentes às inatas apresentam um nítido teor declaratório, atestando uma situação jurídica existente. Já as decisões judiciais que versam sobre as inelegibilidades cominadas têm natureza constitutiva, pois impõem uma sanção que modifica as relações jurídicas anteriormente existentes.

A inelegibilidade cominada pode ser simples ou potenciada. A primeira constitui-se em uma sanção que incide tão somente em relação à eleição na qual o ilícito tenha sido cometido. A segunda representa uma sanção que se potencializa por um maior lapso temporal, incidindo em mais de uma eleição. Pelo maior elastério temporal percebe-se que a potenciada decorre de um acinte mais grave ao ordenamento que a simples. A Lei Complementar nº 135 aumentou o lapso de estorvo à cidadania passiva para oito anos, fazendo com que a maioria das espécies cominadas se tornasse potenciada.

A inelegibilidade cominada pode ser auferida no momento do pedido de registro ou posteriormente, quando é classificada de superveniente, em que o fato subsuntivo ocorreu após a mencionada solicitação, como nos casos de decisões judiciais que impõem uma inelegibilidade cominada após o deferimento do registro. As inatas sempre ocorrem no momento do pedido de registro, mesmo que este fato venha a ser verificado apenas posteriormente.

Portanto, como consecução lógica do exposto, chegar-se-á à conclusão que as inelegibilidades inatas são um impedimento, enquanto as inelegibilidades cominadas são uma sanção, de taxionomia não penal, mas cristalinamente, uma sanção. Como simetria as duas acarretam a mesma consequência, a exclusão do cidadão da prerrogativa de participar do processo eleitoral como candidato.

7 A inelegibilidade como situação jurídica

Consiste em um truísmo afirmar que a Ciência Jurídica se incumbe de valorar as condutas humanas com o escopo de atender a objetivos especificados em suas normas.[63] As relações sociais fornecem o arcabouço para a criação das relações jurídicas mediante a incidência de mandamentos legais. Estas se formam no contato intersubjetivo entre pessoas que, mesmo incidindo em uma realidade vivencial, ordenam-se por intermédio de uma estrutura normativa de conteúdo jurídico.

Entretanto, o Direito não atua somente em interações intersubjetivas, há diversas hipóteses em que ele regulamenta a conduta de cidadãos específicos, sem necessidade de interações. São casos de regulamentação da posição dos cidadãos em ligação a objetos a que o ordenamento jurídico outorgou relevância, cujo descumprimento constituir-se-ia em um acinte à ordem jurídica estabelecida. José de Oliveira Ascensão (2010) os denomina de situação jurídica.[64]

Situação em razão de ser a descrição de uma determinada realidade fática, em dado lapso temporal, podendo privilegiar vários enfoques da análise, como sua perspectiva econômica, social, jurídica, etc. Jurídica porque é valorada por intermédio de cominações normativas que delineiam as mais variadas condutas humanas e tenta realizar o esboço das estruturas de poder social.

Sua função se configura em retratar a posição de um sujeito com relação a certo objeto, ou de um sujeito com relação a uma norma jurídica, no que advêm consequências devido à posição assumida, ou seja, ele atesta as consequências jurídicas em decorrência do posicionamento assumido. Toda situação jurídica será determinada

---

[63] Entre a norma e o fato surge assim o valor, como intermediário, como mediador do conflito, elemento de composição da realidade em suas dimensões fundamentais. Interessa ressaltar a exigência de entender a realidade como unidade, sem a qual não se explicaria a tendência a integrar os dois elementos contrapostos, que se deixariam separados num dualismo irredutível, exigência que unicamente pode explicar, na verdade, o surgir da "tridimensionalidade" (REALE, Miguel. *Teoria tridimensional do direito*. 5. ed. São Paulo: Saraiva, 2003, p. 137).

[64] ASCENSÃO, José de Oliveira. *Teoria geral*: relações e situações jurídicas: direito civil. São Paulo: Saraiva, 2010, p. 10.

A TAXIONOMIA DAS INELEGIBILIDADES | 213

diante do posicionamento do sujeito diante do objeto protegido, da norma incidente ou do interesse jurídico em questão.

Mesmo sofrendo injunções da esfera real, as situações jurídicas não fazem parte do mundo fático, pertencem à seara normativa, situando-se no plano de validade, no que necessitam se adequar a procedimentos para poderem pertencer ao mundo jurídico.

Ressalte-se que esse instituto normativo não representa um dado *a priori*, um imperativo categórico kantiano destituído de embasamento fático. Resulta de uma simbiose da normalidade com a normaticidade, formando uma simbiose indissolúvel. Não se mostra factível afirmar que ela não tenha autonomia diante do porvir cotidiano, sua subsunção se mostra imperativa diante da realização da *fattispecie*, não obstante sua normogenese resultar de interferências fáticas e valorativas. Segundo Ascensão, a situação jurídica não depende de uma realidade prévia ou de um juízo aleatório sobre o fato, ela exprime uma valoração da realidade pela ordem jurídica.

Toda situação jurídica é transitória, haja vista que o transcurso das relações vitais, inexoravelmente, é finito. Outrossim, em um regime democrático, em que a altercação dos mandatários públicos baliza-se como um de seus alicerces, não se pode mencionar uma *fattispecie* em que o sujeito mantenha uma relação constante e inalterada com órgãos da representação popular. Caso a inelegibilidade seja cominada, advindo o seu caráter de sanção, reforça-se ainda mais sua perenidade porque inexistem penas de caráter perpétuo.

Diante do que fora exposto, postula-se que a taxionomia das inelegibilidades é a de uma situação jurídica que descreve o posicionamento do cidadão diante do bem jurídico protegido pelo ordenamento, que é o *jus honorum*, a prerrogativa de exercício da cidadania passiva. As inelegibilidades não podem ser conceituadas como relação jurídica porque não exprimem relações sinalagmáticas com outros sujeitos em seu aspecto volitivo de ordenamento da vida privada.[65] Elas exprimem o posicionamento dos cidadãos

---

[65] PONTES DE MIRANDA, Francisco Cavalcanti. *Comentários ao Código de Processo Civil*. 2. ed. Rio de Janeiro: Forense, 1979. t. I, p. 25.

com relação a um interesse jurídico imprescindível para o desenvolvimento das democracias: a possibilidade de disputar mandatos populares. De acordo com a situação jurídica que incide sobre o sujeito, pode-se aferir de forma segura se ele pode disputar ou não os pleitos eleitorais.

Não se consideram as inelegibilidades como um estado jurídico porque elas não expressam apanágios inerentes ao cidadão, qualificações que lhe seriam implícitas. Na verdade, elas definem a situação do sujeito com relação aos seus direitos políticos, determinando se há ou não a prerrogativa de serem votados.

Como a prerrogativa de disputar eleições se configura como temática central em qualquer regime democrático, a regulamentação das inelegibilidades costuma ser exauriente, o que evita juízos discricionários. Auferindo-se a situação jurídica de cada candidato com relação aos *standards* agasalhados pela legislação, pode-se vislumbrar a possibilidade do cidadão disputar ou não as eleições.

8 O caráter de sanção da inelegibilidade cominada

Aftalión sustenta que a sanção é um mal, como a privação da liberdade, aplicada coativamente por um órgão do Estado quando há o descumprimento de um mandamento legal.[66] Para Kelsen, a conduta condicionante da sanção é proibida e a conduta oposta é prescrita. O dever ser da sanção inclui em si o ser proibido da conduta, que é o seu pressuposto específico e o dever ser prescrito da conduta oposta.[67] Por sua vez, Miguel Reale defende a ideia de que a sanção reflete todas as consequências que se agregam à norma com o objetivo de provocar seu cumprimento.[68] Sua função se configura em prevenir a violação de uma norma, também podendo designar o efeito de sua aplicação diante do descumprimento normativo.

---

[66] AFTALIÓN, Enrique R. et al. *Introducción al derecho*. 3. ed. Buenos Aires: Abeledo-Perrot, 1999, p. 406.
[67] KELSEN, Hans. *Teoria pura do direito*. Tradução de João Baptista Machado. 4. ed. Coimbra: Armênio Amado, 1976, p. 50.
[68] REALE, Miguel. *Filosofia do direito*. 14. ed. São Paulo: Saraiva, 1991, p. 260.

Sua conceituação, *di solito*, é ligada a uma ideia de desvantagem. Não se esquecendo que existem as sanções premiais, que expressam uma vantagem pelo cumprimento da obrigação. Então, ela pode ser positiva, quando estabelece um prêmio, ou negativa, quando indica uma reprimenda, atestada pela desaprovação da conduta realizada.[69] A sanção penal ocorre quando há o descumprimento de uma lei de natureza penal, contida no Código Penal ou na legislação esparsa. Aníbal Bruno a entende como a resposta estatal, quando este exerce o seu *jus puniendi*, com o objetivo de garantir a ordem e a segurança social, contra quem viole um bem jurídico socialmente relevante através da prática de um crime ou contravenção social.[70]

Com efeito, a diferença ontológica entre a sanção penal e as sanções estabelecidas pelas inelegibilidades cominadas reside no fato de que nestas há a restrição de exercício da cidadania passiva durante certo tempo, enquanto naquela há a incidência de pena privativa de liberdade, restritiva de direito ou multa. No entanto, não se deve olvidar que pelo mesmo fato pode haver a aplicação de uma sanção de inelegibilidade e de uma reprimenda de natureza penal.

Destarte, a inelegibilidade é um instituto jurídico cujo efeito, cerceamento do direito do cidadão de ser votado e exercer um mandato público, apresenta a taxionomia de uma sanção, no caso das cominadas, ou de um impedimento, no caso das inatas.[71] Nesse sentido, ela se configura como uma situação jurídica de natureza complexa, podendo assumir a natureza de uma sanção ou de um impedimento dependendo do caso.

Conceitua-se como uma sanção, no caso das cominadas, porque há uma conduta típica, antijurídica, que provoca como resultado um cerceamento às prerrogativas do cidadão, atestando o desvalor do ordenamento àquela conduta realizada. Nesse ínterim, fazem-se os seguintes questionamentos: Qual seria outra taxionomia enquadrável, já que ela advém de um ilícito eleitoral?

---

[69] Pelas limitações do presente trabalho, essa espécie não será analisada.

[70] BRUNO, Aníbal. *Das penas*. Rio de Janeiro: Ed. Rio, 1976, p. 10.

[71] "Entrementes, é curial advertimos que existem inelegibilidades criadas como sanção a fatos ilícitos eleitorais, assim como existem inelegibilidades hipotisadas como salvaguarda dos princípios do equânime tratamento aos candidatos e da moralidade administrativa" (COSTA, Adriano Soares da. *Instituições de direito eleitoral*. 6. ed. Belo Horizonte: Del Rey, 2006, p. 219-220).

Se ela representa um castigo oriundo de um ato reprovável praticado, há outra classificação? Se o fator teleológico é impedir a repetição dessas condutas, pode-se admitir sua natureza como simples restrição? Todos esses questionamentos levam apenas a uma conclusão: trata-se, embasada de claridade apodítica, de forma insofismável, de uma sanção.

Conclusão

A priori, a discussão acerca da natureza das inelegibilidades parece um debate estéril, *de lana caprina*, em que se amontoam teses jurídicas fugidias, sem parâmetros com as circunstâncias empíricas. Felizmente, ela ostenta fins pragmáticos, defluindo consequências importantes com relação à eficácia da Lei da Ficha Limpa.

Indubitavelmente, postula-se pela plena constitucionalidade da Lei Complementar nº 135, ultrapassado o que foi o óbice de sua inconstitucionalidade temporal. A questão que se coloca é que, considerando as inelegibilidades cominadas como sanção, as restrições colocadas pela Lei da Ficha Limpa somente teriam incidência após a vigência do mencionado diploma para não ofender os preceitos da segurança jurídica e da legalidade, anterioridade eleitoral e irretroatividade da lei mais grave.

Desde o Marquês de Beccaria, consiste em uma parêmia jurídica que não pode haver sanção, e não se fala de reprimenda exclusivamente no sentido penal, sem lei anterior que a defina, evitando que fatos não tipificados ou que aumentos de reprimenda fossem arbitrados posteriormente ao nascimento das condutas. Destarte, as situações jurídicas enquadradas como inelegibilidades cominatórias para sofrerem a incidência da Lei Complementar nº 135 precisam possuir espaço temporal de validade posterior ao seu surgimento, já que lei superveniente não pode incriminar fatos que não eram punidos nem aumentar a quantidade da pena aplicada.

Não obstante, o Supremo Tribunal Federal indicou a reformulação do posicionamento, inicialmente, adotado no Recurso Extraordinário nº 633.703 – decidindo que a Lei da Ficha Limpa poderia ter efeitos sobre fatos pretéritos. De acordo com seu entendimento, o STF discorreu sobre a denominada "retroactividade da norma", segundo a qual os

A TAXIONOMIA DAS INELEGIBILIDADES | 217

efeitos jurídicos de uma norma poderão incidir sobre fatos anteriores a sua vigência. Não se trata, portanto, de "retroatividade autentica", uma vez que esta é rechaçada pela Constituição Federal. Logo, não sendo retroatividade autêntica, não há o que se falar em violação do princípio da anterioridade eleitoral, em virtude de que tal princípio eleitoral não poderia ser modificado nem mesmo por emenda constitucional.[72]

Referências

AFTALIÓN, Enrique R. et al. *Introducción al derecho.* 3. ed. Buenos Aires: Abeledo-Perrot, 1999.

AGRA, Walber de Moura. *Curso de direito constitucional.* 4. ed. Rio de Janeiro: Forense, 2008.

AGRA, Walber de Moura; VELLOSO, Carlos Mario da Silva. *Elementos do direito eleitoral.* São Paulo: Saraiva, 2016.

AGRA, Walber de Moura. *Republicanismo.* Porto Alegre: Livraria do Advogado, 2005.

ARAÚJO, Luiz Alberto David; NUNES JÚNIOR, Vidal Serrano. *Curso de Direito Constitucional.* 13. ed. São Paulo, p. 245

ASCENSÃO, José de Oliveira. *Teoria geral:* relações e situações jurídicas: direito civil. São Paulo: Saraiva, 2010.

BOBBIO, Norberto. *O futuro da democracia:* uma defesa das regras do jogo. 9. ed. Tradução de Marco Aurélio Nogueira. São Paulo: Paz e Terra, 2004.

BRANCO, Paulo Gustavo Gonet; MENDES; Gilmar Mendes. *Curso de direito constitucional.* 6. ed. rev. e atual. São Paulo: Saraiva, 2011.

BRUNO, Aníbal. *Das penas.* Rio de Janeiro: Ed. Rio, 1976.

CANOTILHO; MENDES; SARLET; STRECK (Coord.). *Comentários à Constituição do Brasil.* São Paulo: Saraiva/Almedina, 2013.

CASTRO, Edson de Resende. *Teoria e prática do direito eleitoral.* 5. ed. rev. atual. Belo Horizonte: Del Rey, 2010.

CERQUEIRA, Thales Tácito Pontes Luz de Pádua. *Direito eleitoral brasileiro.* 2. ed. Belo Horizonte: Del Rey, 2002.

COSTA, Adriano Soares da. *Instituições de direito eleitoral.* 6. ed. Belo Horizonte: Del Rey, 2006.

DECOMAIN, Pedro Roberto. *Elegibilidades e inelegibilidades.* São Paulo: Dialética, 2004.

FERRAZ JÚNIOR, Tercio Sampaio. *Introdução ao estudo do direito.* São Paulo: Atlas.

---

[72] Ações Declaratórias de Constitucionalidade nº 29 e nº 30 e da Ação Direta de Inconstitucionalidade nº 4.578.

WALBER DE MOURA AGRA
TEMAS POLÊMICOS DO DIREITO ELEITORAL

FERREIRA, Pinto. *Comentários à Constituição brasileira*. São Paulo: Saraiva, 1989. v. 1.

FERREIRA, Pinto. *Manual prático de direito eleitoral*. São Paulo: Saraiva, 1973.

GOMES, José Jairo. *Direito Eleitoral*. Belo Horizonte: Del Rey, 2009.

GOMES, José Jairo. *Direito eleitoral*. 4. ed. Belo Horizonte: Del Rey, 2010.

KELSEN, Hans. *Teoria pura do direito*. Tradução de João Baptista Machado. 4. ed. Coimbra: Armênio Amado, 1976.

MENDES, Antonio Carlos. *Introdução à teoria das inelegibilidades*. São Paulo: Malheiros, 1994.

NIESS, Pedro Henrique Távora. Direitos políticos, condições de elegibilidade e inelegibilidade. São Paulo: Saraiva, 1994.

PINTO, Djalma. *Elegibilidade no direito brasileiro*. São Paulo: Atlas, 2008.

PONTES DE MIRANDA, Francisco Cavalcanti. *Comentários à Constituição de 1967*: com a Emenda nº 1 de 1969. 2. ed. São Paulo: Revista dos Tribunais, 1970. t. IV.

PONTES DE MIRANDA, Francisco Cavalcanti. *Comentários ao Código de Processo Civil*. 2. ed. Rio de Janeiro: Forense, 1979. t. I.

RAMAYANA, Marcos. *Direito eleitoral*. 4. ed. Niterói: Impetus, 2005.

REALE, Miguel. *Filosofia do direito*. 14. ed. São Paulo: Saraiva, 1991.

REALE, Miguel. *Teoria tridimensional do direito*. 5. ed. São Paulo: Saraiva, 2003.

SANTANA, Jair Eduardo; GUIMARÃES, Fábio Luís. *Direito eleitoral*: para compreender a dinâmica do poder político. Belo Horizonte: Fórum, 2006.

SILVA, José Afonso da. *Comentário Contextual à Constituição*, 2005.

TAVARES, André Ramos. *Curso de direito constitucional*. São Paulo: Saraiva, 2010.

AIJE – AIME

DELINEAMENTOS GERAIS

1 Processo eleitoral

Ensina Carl Schmitt que o Estado de Direito tem como escopo primordial o estrito cumprimento do Direito positivo que nele impera, ou seja, a concretização da ideia de que todos estão submetidos ao Império da Lei.[1] Dimitri Dimoulis divide o conceito de Estado de Direito em duas vertentes: formal e material. A primeira consubstancia a ideia de sopesar se a atuação das entidades estatais ocorre dentro de um aparato normativo preestabelecido, preservando a segurança jurídica, através da previsibilidade de seus atos administrativos. A segunda vertente, isto é, o conceito material de Estado de Direito, tenciona ir além do talante da segurança jurídica, objetivando a concretização do paradigma de um Estado Justo, ou seja, estabelecendo uma simbiose axiológica entre justiça social e Estado de Direito.[2]

Nesse passo, é cediço que o desenvolvimento do Estado encontra-se umbilicalmente interligado ao surgimento dos movimentos constitucionais, munidos com os anseios sociais mais variáveis que se possa imaginar, desde a busca pela limitação ao poder estatal, através de um Texto Constitucional escrito, outorgando liberdades de atuação para a sociedade, através da estipulação de garantias e direitos fundamentais, até a busca pela concretização do primado da justiça social, incluindo a incorporação de valores sociais e culturais pela Constituição.

---

[1] SCHMITT, Carl. *Teoría de la Constitución*. México: Ed. Nacional, 1981, p. 150.

[2] DIMOULIS, Dimitri. *Manual de introdução ao estudo do direito*. 2. ed. rev. atual. ampl. São Paulo: Revista dos Tribunais, 2007, p. 155.

Hodiernamente, a quadra da história é diversa daquela de tempos pretéritos. O principal anseio popular não é mais a limitação do poder estatal ou a promulgação de direitos fundamentais formais, mas a concretização efetiva de direitos sociais, realizando o advento de um Estado Social Democrático de Direito.

Assim sendo, um dos principais anseios atuais da sociedade consubstancia-se na construção de uma representação popular autêntica, desembaraçada de qualquer vício ou mácula que a contamine, onde os representantes populares possam ser uma caixa de ressonância do tecido social, diplomados através de um processo eleitoral legal e legítimo.

O processo eleitoral passa então a tutelar esse anseio popular, tornando-se um instrumento transformador da sociedade, uma vez que o Direito Eleitoral ostenta a missão de solidificar o alicerce onde a cidadania reverbera seu apogeu, normatizando todo o seu procedimento, que não pode ser resumido apenas aos pleitos. Ele contribui para o desenvolvimento da responsabilidade do cidadão com a coisa pública, intensificando o grau da democracia participativa, densificando a legitimação do governo em virtude de possibilitar vários instrumentos de controle de políticas públicas.[3]

Para Pinto Ferreira, o Estado tem interesse em dar legitimidade aos certames eleitorais, inspirando a confiança de seus cidadãos e a credibilidade das eleições, como forma de fundamentar a essência da democracia. Ensina ainda o mencionado professor "que uma democracia lastreada no medo, na mistificação das consciências não existe, é uma falsa democracia ou um despotismo".[4]

As eleições no Brasil estão cada vez mais pululantes. De sorte que a própria mistificação do ambiente democrático, escorado em uma sociedade pós-moderna, impende ao certame eleitoral um alto índice de complexidade, diferentemente dos outros ramos do Direito Processual. Ocorre que o processo eleitoral não pode se agasalhar apenas na premissa clássica de aplicar o direito material ao caso concreto, solapando determinadas *nuances sociais*.

---

[3] AGRA, Walber de Moura. A taxionomia das inelegibilidades. *Estudos Eleitorais*, v. 6, n. 2, p. 29-52, maio/ago. 2011, p. 29.

[4] AGRA, Walber de Moura. A taxionomia das inelegibilidades. *Estudos Eleitorais*, v. 6, n. 2, p. 29-52, maio/ago. 2011.

Ao contrário, deve, indubitavelmente, acompanhar as evoluções sociais, propiciando tutelar a lisura dos pleitos, através de normas potencialmente eficientes e não meramente retóricas.

O termo 'processo' advém do latim *procedere, processus,* consubstanciando a acepção de seguir em frente, caminhar para frente, significa avanço, não alcançando seu objetivo de uma única vez, mas em diferentes momentos, através de um procedimento específico.

Na definição consagrada pelo Tribunal Superior Eleitoral, o processo eleitoral consiste num conjunto de atos abrangendo a preparação e a realização das eleições, incluindo a apuração dos votos e a diplomação dos eleitos.[5]

Em sentido amplo, "processo eleitoral" exprime uma complexa relação que se instaura entre a Justiça Eleitoral, candidatos, partidos políticos, coligações, Ministério Público e cidadãos com vistas à concretização do sacrossanto direito de sufrágio e escolha legítima dos ocupantes de cargos públicos em disputa.[6]

O processo eleitoral reflete o penoso caminho que se percorre para a concretização das eleições, desde a efetivação das convenções pelas agremiações políticas até a diplomação dos eleitos.

Para Rodolfo Viana Pereira, o processo eleitoral são os atos dimensionais que implicarão a "formação e manifestação da vontade eleitoral", ao passo que o processo contencioso eleitoral alude ao processo inexoravelmente jurisdicional, isto é, aquele composto por uma relação jurídica endoprocessual entre partes e o Estado juiz com o escopo de resolução da lide eleitoral.[7]

No processo eleitoral há princípios informativos e princípios fundamentais. Os informativos são verdadeiros axiomas de caráter universal, presentes em todos os ordenamentos jurídicos positivos, sem os quais sequer pode haver processo. Nesse sentido, são considerados imprescindíveis a qualquer sistema processual. Inversamente, os princípios fundamentais são diretrizes processuais que sofrem influência direta de aspectos políticos e éticos, trazendo

---

[5] GOMES, José Jairo. *Direito eleitoral.* 6. ed. rev. atual. ampl. São Paulo: Atlas, 2011, p. 196.
[6] GOMES, José Jairo. *Direito eleitoral.* 6. ed. rev. atual. ampl. São Paulo: Atlas, 2011, p. 204.
[7] PEREIRA, Rodolfo Viana. *Tutela coletiva no direito eleitoral*: controle social e fiscalização das eleições. Rio de Janeiro: Lumen Juris, 2008, p. 23.

no seu bojo uma carga axiológica substancial, podendo variar consoante a realidade cultural e social de cada país.

Um dos vetores cardeais do processo eleitoral indubitavelmente é a supremacia do princípio da celeridade, concretizado na imediaticidade das decisões jurisdicionais e administrativas, através de prazos próprios bastantes exíguos, todos sob a mira do princípio da preclusão.[8]

As ações eleitorais possuem prazo final predeterminado, de sorte que devem ser exauridas com a maior brevidade possível. O tempo exíguo dos prazos processuais é reflexo indubitável da intenção de dar celeridade aos procedimentos eleitorais, haja vista as implicações que podem acarretar para a estabilidade dos pronunciamentos eleitorais.

Desse modo, os prazos em regra são peremptórios e contínuos, ou seja, não se interrompem, nem mesmo em feriados ou finais de semana (art. 16, LC nº 64/90). O que configura clara exceção à regra da prescrição processual, que, por sua vez, determina que os prazos cujo vencimento caia no sábado, domingo ou feriado ficam prorrogados até o primeiro dia útil subsequente.

A preponderância do interesse público é o principal vetor do processo eleitoral. Enquanto o cerne dos processos comuns cinge-se em torno do princípio do *pacta sunt servanda* e do livre-arbítrio, amparando interesses privados, no processo eleitoral o predomínio é inexoravelmente de ordem pública.

O instituto da preclusão está umbilicalmente interligado ao princípio da celeridade processual e da indisponibilidade do interesse público, ambos estandartes do processo eleitoral na busca para que haja uma prestação jurisdicional efetiva, com maior brevidade do que o processo comum.

Acerca da preclusão há de se analisar a natureza da matéria: se for de índole constitucional, a preclusão não incidirá, consoante o exposto no art. 259 do Código Eleitoral. Não obstante, se for residual, ou seja, se for de conotação infraconstitucional, há de ter incidência do mencionado instituto em suas três vertentes: temporal, lógica e consumativa.

---

[8] Não fere a ampla defesa se o juiz eleitoral observar que o litígio não comporta instrução probatória por se tratar de questão exclusivamente de direito (art. 330, I, CE), apreciando o mérito da causa, observando o contraditório.

É cediço que a aplicação do princípio do duplo grau de jurisdição serve de norte para interposição de recursos em qualquer esfera processual. Nesse sentido, na seara eleitoral não há disparidade. Todavia, os recursos eleitorais apresentam peculiaridades próprias, em razão da especialidade do processo eleitoral, que merecem algumas considerações. Nesse diapasão, com base no princípio da celeridade e da segurança jurídica, o legislador restringiu a aplicação do princípio do duplo grau de jurisdição, mitigando as hipóteses recursais das decisões proferidas em sede do Tribunal Superior Eleitoral e dos Tribunais Regionais Eleitorais.

Também tem incidência no processo eleitoral o princípio da aplicação imediata de lei processual, ou seja, o princípio *tempus regit actum*. Assim, aplica-se imediatamente a nova lei processual, mesmo em processos que tenham começado anteriormente, mas que ainda não tenham sido concluídos, restando incólumes os atos já praticados e protegidos sob o manto protetor do ato jurídico perfeito.

O princípio da fungibilidade recursal também tem aplicação no processo eleitoral, isto é, o aproveitamento do recurso erroneamente interposto, como se fosse o que deveria ter sido interposto, desde que atendidos alguns requisitos objetivos exigidos.[9]

Os recursos eleitorais encontram-se disciplinados em diversos diplomas legais, tais como na Constituição Federal (art. 121), no Código Eleitoral (arts. 257 a 282), em leis esparsas (Lei nº 9.504/97 e LC nº 64/90, por exemplo), aplicando-se, subsidiariamente, o Código de Processo Civil e o Código de Processo Penal no que lhe forem omissos. No entanto, os referidos dispositivos legais não exaurem o tema recursal, porque nada impede que as leis disciplinadoras das eleições criem outros mecanismos recursais específicos.[10]

---

[9] "Recurso ordinário. Representação. Captação ilícita de sufrágio. Acórdão de Tribunal Regional que extingue processo sem exame de mérito. Hipótese de interposição de recurso especial. Precedentes. Princípio da fungibilidade. Não aplicação. Ausência dos pressupostos do especial. (...) Extinto o processo sem exame de mérito, não sendo hipótese de se atingir o diploma ou o mandato eletivo, cabível é o recurso especial. Precedentes do Tribunal Superior Eleitoral. – A ausência dos pressupostos do recurso especial impossibilita a aplicação do princípio da fungibilidade para receber o recurso ordinário como especial" (Ac. de 17.4.2007 no AgRgRO nº 878, Rel. Min. Gerardo Grossi).

[10] AGRA, Walber de Moura; VELLOSO, Carlos Mario da Silva. *Elementos do direito eleitoral*. São Paulo: Saraiva, 2016, p. 441.

A regra dos recursos eleitorais é de não terem efeito suspensivo. É assim que proclama o art. 257 do CE: "os recursos eleitorais não terão efeito suspensivo".[11] Tal conteúdo normativo impede que os recursos sejam utilizados de forma procrastinatória, o que impediria a celeridade dos feitos e a própria segurança jurídica que também se configura como um dos pilares da Justiça Eleitoral.

Os recursos eleitorais depreendem-se em recurso contra expedição de diploma, recurso inominado, embargos de declaração, recurso especial, recurso ordinário, agravo, revisão criminal eleitoral, recurso extraordinário, dentre outros garantidos em legislação extravagante.

Mesmo *contra legem* defende-se a possibilidade de juízo de admissibilidade na esfera eleitoral, haja vista que a análise recursal pela instância *a quo* impediria que recursos destituídos de pressupostos recursais pudessem ter seguimento.[12] Faticamente, a existência de juízo de admissibilidade no Direito Eleitoral já é uma realidade.

O princípio do dispositivo consagra a primazia de que a atividade jurisdicional do Estado só pode ser exercida em regra mediante impulso oficial, isto é, provocação pelas partes legitimadas. No processo eleitoral, o princípio do impulso oficial tem incidência especial, em razão do dever de celeridade que permeia todo o processo eleitoral. Nesse sentido, por exemplo, permite-se que o magistrado ou relator possa realizar as dilações probatórias que entender necessárias para alcançar a verdade real dos fatos, mesmo se não houver propulsão por qualquer uma das partes.

2 Natureza e conceito das ações

Indubitavelmente uma das questões mais tormentosas do direito adjetivo tangencia-se para o lineamento acerca da natureza

---

[11] Apenas a Apelação Criminal Eleitoral tem efeito suspensivo, nos termos dos artigos 362 e 364 do CE e 597 do CPP.

[12] Não paira qualquer dúvida sobre o juízo de admissibilidade em relação ao recurso especial e ao extraordinário.

jurídica do direito de ação. Em razão do corte epistemológico do presente artigo, bem como sua finalidade empírica, evitar-se-á tencionar um aprofundamento dogmático a respeito do tema. Contudo, algumas ponderações são necessárias.

A primeira teoria acerca da natureza jurídica da ação é a teoria imanentista (civilista). Um dos vetores cardeais dessa teoria é a subordinação do direito de ação ao direito material pretendido. Dessa forma, o direito de ação seria uma espécie de poder que o titular do direito material poderia exercer em face do seu adversário e não em face do Estado. Assim, o direito substancial seria pressuposto lógico para o exercício do direito de ação.

Por conseguinte, os intensos embates doutrinários e jurisprudenciais acerca da natureza jurídica do direito de ação culminaram no reconhecimento lógico da autonomia da relação processual em face da titularidade do direito material pretendido, consagrando sua independência de qualquer questão objetiva posta em discussão.

Nesse jaez, a teoria concreta foi propulsora em estabelecer uma distinção básica entre o direito de ação e o direito material. Para os adeptos da teoria concreta, o direito de ação seria uma espécie de direito que o cidadão ostenta contra o Estado, com o escopo de obter uma decisão jurisdicional favorável e ao mesmo tempo um direito contra o adversário, que estará vinculado ao teor da decisão estatal e aos seus respectivos efeitos jurídicos.[13]

Posteriormente surge a teoria abstrata, que aproveita parcialmente a tese consagrada pela teoria concreta, ou seja, a distinção entre o direito de ação e o direito material, indo além, acrescentando que o direito de ação é independente do direito material. Assim, o direito de ação seria um direito abstrato, amplo, genérico e incondicionado, não estando condicionado ao talante de nenhum requisito que seja imperioso para sua existência.[14]

Faltou ainda mencionar a Teoria Eclética, formulada por Enrico Tulio Liebman. Para os defensores da teoria eclética, a

---

[13] MARINONI, Luiz Guilherme. *Teoria geral do processo*. São Paulo: Revista dos Tribunais, 2006 (Curso de Processo Civil, v. 1), p. 165-166.

[14] NEVES, Daniel Amorim Assumpção. *Manual de direito processual civil*. 3. ed. rev. atual. ampl. São Paulo: Gen; Método, 2011, p. 89.

ação configura-se um direito ao meio e não ao fim propriamente dito. A ação, ensina Liebman, consubstancia o direito de obter e formular uma prestação jurisdicional de mérito. Todavia, tal direito não reverbera uma conotação abstrata, mas sim condicionada ao preenchimento dos pressupostos processuais. Para Humberto Theodoro Júnior, a ação é um direito público subjetivo pelo qual se exercita o poder de acesso à prestação jurisdicional cujo objetivo primordial é a justa composição da lide.[15]

De forma bastante concisa pode-se dizer que a ação é um direito público subjetivo de provocar um órgão jurisdicional que, desde que preenchidos determinados requisitos, isto é, os pressupostos processuais, gera ao postulante o direito a obter uma prestação jurisdicional de mérito cujo escopo é a composição da lide eleitoral.

3 Conceituação da ação de investigação Judicial Eleitoral

Para Djalma Pinto, a ação de investigação judicial é uma autêntica ação, consubstanciando um instrumento de provocação da atividade jurisdicional, objetivando a exclusão do certame eleitoral e a imputação de inelegibilidade daquele candidato cuja conduta, no curso da campanha, tipifique abuso de poder econômico, abuso de poder político, uso indevido dos meios e dos veículos de comunicação,[16] ilicitude na arrecadação e nos gastos de campanha, captação ilícita de sufrágio e conduta vedada.

Nesse compasso, a Ação de Investigação Judicial Eleitoral tem por finalidade impedir e apurar a prática de atos graves e lesivos à normalidade, que possam afetar a igualdade dos candidatos em uma eleição, penalizando com a declaração de inelegibilidade quantos hajam contribuído para a prática do ato. Como o próprio étimo

---

[15] THEODORO JÚNIOR, Humberto. *Curso de direito processual civil.* 37. ed. Rio de Janeiro: Forense, 2001. v. 1, p. 23.

[16] PINTO, Luiz Djalma. *Direito eleitoral*: improbidade administrativa e responsabilidade fiscal, noções gerais. 5. ed. rev. atual. São Paulo: Atlas, 2010, p. 148.

dessa ação deixa clarividente, seu escopo é investigar determinadas condutas ilícitas que podem desequilibrar as eleições, maculando o resultado das urnas.

Ressalte-se que, em sede de ação de investigação judicial eleitoral, não é necessário atribuir ao réu a prática direta de uma conduta ilegal, sendo suficiente à procedência da ação o benefício eleitoral angariado com o ato abusivo, com o seu conhecimento explícito ou tácito.

Diante do cometimento de um ilícito descrito em lei, há a denegação do registro da candidatura ou a perda do mandato político de candidato eleito e a decretação de sua inelegibilidade pelo prazo de oito anos, contados da eleição em que recebeu a condenação. Se o candidato já tiver recebido o diploma, será cassado; se ainda não tiver recebido, sua entrega estará obstaculizada.

4 Causa de pedir

O art. 319 do Código de Processo Civil indica que, dentre outros elementos, a petição inicial deverá indicar os fatos e os fundamentos jurídicos do pedido. Com efeito, o que se exige é a causa de pedir, considerando esta como mecanismo imprescindível para a identificação da demanda e fundamento lógico da pretensão autoral, ou seja, o fundamento do próprio pedido postulado pelo autor.

Segundo Liebman, a *causa petendi* é o fato jurídico que o autor coloca como fundamento de sua demanda.[17] Para Pontes de Miranda a causa de pedir supõe o fato ou série de fatos dentro de categoria ou figura jurídica com que se compõe o direito subjetivo do autor e o seu direito público subjetivo de demandar.[18]

---

[17] LIEBMAN, Enrico Tulio. *Manuale di diritto processuale civile*. 4. ed. Milano: Giuffrè, 1980. v. 1., p. 173.

[18] PONTES DE MIRANDA, Francisco Cavalcanti. *Comentários ao Código de Processo Civil*. Atualização legislativa de Sérgio Bermudes. 4. ed. rev. aum. Rio de Janeiro: Forense, 2001. v. 3, p. 158-159.

Insta-se advertir que a causa de pedir é gênero do qual são espécies a causa remota, que se aproxima dos fatos constitutivos do direito alegado, e a causa próxima, que se relaciona com as consequências jurídicas, isto é, fundamentos jurídicos que justificam a pretensão autoral.[19]

Frisa-se que a causa de pedir sempre incidirá sobre o abuso de poder, seja ele econômico, político ou por uso indevido dos veículos e dos meios de comunicação social, consoante previsão expressa no art. 14, §9º, da Carta Magna, regulamentado pelo art. 1º, I, alíneas "d" e "h", e art. 19, ambos da LC nº 64/90, ou, ainda, por conduta vedada (art. 73 e ss), captação ilícita de sufrágio (art. 41 – A) e ilicitude de gastos e arrecadação de recursos (art. 30- A), da Lei nº 9.504/97.

5 Hipóteses de cabimento

A ação de investigação judicial eleitoral presta-se a evitar algumas condutas consideradas como perniciosas ao Direito Eleitoral, assim, configura-se cabível nos casos de:[20]

a) Abuso de poder econômico e abuso de poder político[21]

Os abusos dos poderes econômico e político são institutos de conceituação difícil, sendo ainda mais complexa sua transplantação

---

[19] "(...) se o autor reclama a restituição de quantia emprestada, a causa petendi abrange o empréstimo, fato constitutivo do direito alegado (aspecto ativo), e o não pagamento da dívida no vencimento, fato lesivo do direito alegado (aspecto passivo)" (BARBOSA MOREIRA, José Carlos. *O novo processo civil brasileiro*: exposição sistemática do procedimento. 8. ed. rev. atual. Rio de Janeiro: Forense, 1988, p. 19).

[20] "Legislação infraconstitucional-eleitoral dispõe que a apuração de suposto 'uso indevido, desvio ou abuso de poder econômico ou poder de autoridade, ou utilização indevida de veículos ou meios de comunicação social, em benefício de candidato ou partido pode ser realizada por meio de ação de investigação judicial eleitoral' (art. 22 da LC 64/90)" (RCED-671/MA, Rel. Min. CARLOS AUGUSTO AYRES DE FREITAS BRITTO).

[21] "Ação de Investigação Judicial Eleitoral. Preliminares rejeitadas. Abuso de poder e uso indevido dos meios de comunicação. Configuração. Ação julgada após as eleições. Cassação de registro e inelegibilidade. Possibilidade. Recurso desprovido. (TSE, RO 1362, PR, Rel. Min. JOSÉ GERARDO GROSSI).

para a realidade fática. O primeiro é a exacerbação de recursos financeiros para cooptar votos para determinado(s) candidato(s), relegando a importância da mensagem política. Há uma exacerbação de meios materiais que apresentem conteúdo econômico para captar o voto de forma ilícita, relegando a importância da mensagem política. O segundo configura-se na utilização das prerrogativas auferidas pelo exercício de uma função pública para a obtenção de votos, esquecendo-se do tratamento isonômico a que todos os cidadãos têm direito, geralmente com o emprego de desvio de finalidade.[22] Ou seja, dá-se mediante a utilização abusiva do *munus* público, influenciando o eleitorado com o intuito de obter votos para determinado candidato.

A título exemplificativo, pode-se citar a hipótese de abuso de poder econômico quando há a compra de apoio político ou gastos excessivos em militância ou em transporte. De outra ponta, seria situação de abuso de poder político quanto determinado prefeito, valendo-se da sua posição na Administração Pública, convoca reuniões de caráter meramente administrativo, porém com a finalidade de convencer os servidores públicos a votarem em parente ou cônjuge.[23]

Assim como também na situação em que determinado pré-candidato a pleito eleitoral vindouro, valendo-se do seu cargo de secretário de comunicação municipal, beneficia-se com a publicação de matérias a seu respeito em jornais e revistas.[24] Ou quando, por exemplo, determinado agente público ou agentes privados utilizam-se de frota estatal, seja ela própria ou terceirizada, em período eleitoral, na locomoção de eleitores carentes que residem na zona rural para se consultarem com um médico na cidade, em troca de votos.

---

[22] "Conforme consignado no acórdão regional, os representados 'teriam abusado do poder político ao fazer propaganda institucional no Diário Oficial, ao se utilizarem de e-mail do Poder Público para fazer propaganda eleitoral, ao organizarem evento eleitoral em repartição pública e, finalmente, ao empregarem bem público de uso especial na campanha política que então se desenvolvia'" (RESPE-25906/SP, Rel. Min. JOSÉ GERARDO GROSSI).

[23] TSE, Recurso Ordinário 1.526, 09.06.2009, Rel. Min. Marcelo Henriques Ribeiro de Oliveira.

[24] TSE, Recurso Ordinário 1.460, 22.09.2009, Rel. Min. Marcelo Henriques Ribeiro de Oliveira.

b) Abuso de poder por utilização indevida dos veículos e dos meios de comunicação[25]

Todos sabem que vivemos em um mundo midiático, em que a imagem vale mais do que seu conteúdo. Dentro dessa realidade, a importância dos veículos e meios de comunicação se mostra determinante, podendo direcionar os pleitos em prol dos candidatos que possam manipulá-los. Por essa razão, impede-se que os mandatários públicos possam se utilizar desse instrumento para assegurar a adesão da opinião pública a seus interesses, como, por exemplo, com a utilização de campanhas publicitárias vedadas pela legislação eleitoral, uso de gráficas, rádios, televisões e jornais públicos.

Joel J. Cândido estabelece que esta causa ensejadora da AIJE configura-se quando há o uso de qualquer veículo de comunicação, cujo conteúdo não fora previamente autorizado por lei ou por resolução da Justiça Eleitoral, em todo o período de campanha, favorecendo partido político, coligação ou candidato.[26] Com efeito, o TSE consagrou entendimento de que para se reconhecer o uso indevido de meios de comunicação social é necessário verificar sua gravidade para prejudicar a lisura das eleições e o equilíbrio da disputa eleitoral.[27] Sendo assim, a gravidade somente se revela

---

[25] "Recurso ordinário. Eleição 2002. Ação de investigação judicial eleitoral. Art. 22 da LC n. 64/90. Propaganda. Uso indevido dos meios de comunicação. Fato ocorrido antes do registro. Irrelevância. Recursos improvidos" (TSE, RO 722, Ac. 722, de 15-6-2004, Rel. Min. PEÇANHA MARTINS). "Jornal de tiragem expressiva, distribuído gratuitamente, que em suas edições enaltece apenas um candidato, dá-lhe oportunidade para divulgar suas ideias e, principalmente, para exibir o apoio político que detém de outras lideranças estaduais e nacionais, mostra potencial para desequilibrar a disputa eleitoral, caracterizando uso indevido dos meios de comunicação e abuso do poder econômico, nos termos do art. 22 da Lei Complementar n. 64/90 (RO 688/SC, Rel. Min. Fernando Neves, DJ de 21.6.2004)" (RO-1530/SC, Rel. Min. JOSÉ AUGUSTO DELGADO).

[26] CÂNDIDO, Joel José. *Direito eleitoral brasileiro*. 14. ed. rev. atual. e ampl. Bauru: Edipro, 2010. p. 142.

[27] (...) Esta Corte Superior permite que haja intervenção judicial na imprensa escrita tão somente quando evidenciado nefasto abuso ou excesso nesse específico meio de comunicação social, de forma que se afigura desarrazoado considerar que os referidos jornais do interior tenham tido força suficiente para desequilibrar as eleições majoritárias ocorridas em 2012 no Município de Fazenda Rio Grande/PR. Principalmente por não ser mais possível mensurar o alcance das reportagens tidas como abusivas, após o decote, pelo TRE do Paraná, de informação por ele mesmo considerada decisiva para condenar o agravado: a tiragem dos jornais. 6. Ausência de provas robustas de que a divulgação de matérias jornalísticas a favor do agravado, FRANCISCO LUÍS DOS SANTOS, tenha ferido a isonomia entre os candidatos, de forma a comprometer, com gravidade suficiente, a normalidade

quando demonstrado que as dimensões das práticas abusivas são suficientes à quebra do princípio da isonomia, em desfavor dos candidatos que não se utilizam dos mesmos recursos. Encaixa-se nessa causa a maciça divulgação de matérias elogiosas a précandidato em diversos jornais e revistas de órgãos públicos, sem proporcionar aos concorrentes idêntico espaço, bem como a utilização de periódico de grande circulação na circunscrição, com expressiva tiragem, que, ao longo de vários meses, desgasta a imagem do adversário, inclusive falseando a verdade.[28] Assim, preconiza-se que a caracterização da espécie decorre da exposição massiva de candidato nos meios de comunicação em detrimento de outros, afetando a legitimidade e normalidade do pleito.[29]

c) Captação ilícita de sufrágio (art. 41-A na Lei nº 9.504/97)[30]

A captação ilícita de sufrágio consiste na prática de candidato que, utilizando-se de qualquer estratagema, tenta obter o voto através de doação, entrega, oferta·ou promessa material, brinde ou qualquer bem a eleitores, no prazo que começa com o pedido de registro de candidatura e posterga-se até o dia da eleição (art. 41-A da Lei nº 9.504/97).

---

e a legitimidade do pleito [Recurso Especial Eleitoral nº 1567, Acórdão, Relator(a) Min. Napoleão Nunes Maia Filho, Publicação: DJE – Diário justiça eletrônico, Tomo 31, Data 09.02.2018, Página 127-128].
RO 763, Rel. Min. Carlos Madeira, DJ 03.05.2005; RO 781, Rel. Min. Peçanha Martins, DJ 24.09.2004; RO 692, Rel. Min. Carlos Madeira, DJ 04.03.2005.

[28] Ac. de 3.2.2015 no REspe nº 93389, rel. Min. Luciana Lóssio.

[29] Ac. de 11.3.2014 no AgR-REspe nº 34915, rel. Min. Dias Toffoli.

[30] "RECURSO. INVESTIGAÇÃO JUDICIAL ELEITORAL. ABUSO DE PODER. CAPTAÇÃO ILÍCITA DE SUFRÁGIO. PROCEDIMENTO DO ART. 22 DA LC N. 64/90. RECURSO. INTEMPESTIVIDADE. NÃO ACOLHIMENTO. ARTS. 73 E 41-A DA LEI Nº 9.504/97. PRAZO DE 5 (CINCO) DIAS. NÃO ATENDIMENTO. IMPUGNAÇÃO AOS FUNDAMENTOS DA DECISÃO RECORRIDA. EXISTÊNCIA. PRECLUSÃO DOS DEMAIS FATOS. INOCORRÊNCIA. COISA JULGADA. NÃO CARACTERIZAÇÃO. ABUSO DE PODER DE AUTORIDADE. NÃO COMPROVAÇÃO. AUSÊNCIA DE PROVAS ROBUSTAS. RECURSO IMPROVIDO. 1 – O recurso eleitoral cabível em sede de Investigação Judicial Eleitoral, disposta no art. 22 da Lei das Inelegibilidades, deve ser apresentado em 3 (três) dias, conforme prescreve a regra geral do art. 258 do Código Eleitoral, haja vista a ausência de previsão específica nos arts. 22 e seguintes da Lei Complementar n. 64/90, quanto ao prazo para interposição de recurso. Fatos passíveis de apuração sob a ótica do abuso de poder de autoridade podem ser apreciados em Ação de Investigação Judicial Eleitoral ajuizada até a diplomação dos eleitos" (TRE-CE, RRCIS 11.013, Ac. 11.013, de 16-5-2006, Rel. Juiz JOSÉ FILOMENO DE MORAES FILHO). A captação ilícita de sufrágio é tratada de forma específica no capítulo 19.

A hipótese pressupõe o contato direto do candidato ou terceiro, comprovadamente a ele vinculado, com o eleitor a fim de obter-lhe o voto, sendo indispensável a apresentação de prova robusta do ocorrido, não sendo suficiente meras presunções.[31][32] Importante destacar que nessa causa da AIJE basta somente a conduta abusiva para configurar ofensa ao bem jurídico tutelado, que é a livre vontade do eleitor. Ou seja, é desnecessário o pedido explícito de votos, bastando a evidência do dolo, consistente no especial fim de agir (art. 41-A, §1º, da Lei nº 9.504/1997). Como exemplo, menciona-se a distribuição de dentaduras à população carente; material de construção; cestas básicas ou, ainda, a doação indiscriminada de combustível.[33] Saliente-se que, na hipótese em comento, não há obrigatoriedade de formação de litisconsórcio entre o candidato e todos aqueles que teriam contribuído para o ilícito.[34]

d) Ilicitude de gastos e arrecadação de recursos

Um dos graves problemas no Direito Eleitoral diz respeito ao financiamento das campanhas. Sabe-se que o custo dos pleitos é assombroso, o que impede a ampla parcela da população de disputar as eleições, privilegiando os detentores do poder econômico. Essa matéria foi regulamentada pela Lei Eleitoral (Lei nº 9.504/97), dispondo sobre as modalidades de financiamento eleitoral.

Observe-se que, na tentativa de evitar a dependência dos partidos políticos aos meios de financiamento privado de campanha, grande responsável por macular a representação política no nosso país, a figura do fundo partidário ganha destaque na luta

---

[31] "Para caracterização da captação ilícita, exige-se prova robusta dos atos que a configuraram, não bastando meras presunções" [Ac.-TSE, de 1º.7.2016, no AgR-REspe nº 38578 e, de 1º.4.2010, no REspe nº 34610].

[32] "Possibilidade de utilização de indícios para a comprovação da participação, direta ou indireta, do candidato ou do seu consentimento ou, ao menos, conhecimento da infração eleitoral, vedada apenas a condenação baseada em presunções sem nenhum liame com os fatos narrados nos autos" [Ac.-TSE, de 4.5.2017, no RO nº 224661].

[33] "A doação indiscriminada de combustível a eleitores caracteriza captação ilícita de sufrágio" [Ac.-TSE, de 6.9.2016, no REspe nº 35573].

[34] Recurso Especial Eleitoral nº 958, Acórdão, Relator(a) Min. Luciana Christina Guimarães Lóssio, Publicação: DJE – Diário de justiça eletrônico, Tomo 229, Data 02.12.2016, Página 45/46. Ação Cautelar nº 1762-57/RS. Relator: Ministro Henrique Neves da Silva.

pela mitigação da corrupção, haja vista constituir-se em um meio de controle público a essa atividade de concessão de recursos financeiros aos partidos políticos. Com essa mesma finalidade foi criado o Fundo de Financiamento Especial de Campanha, com um orçamento em torno de 1,7 bilhão de reais, para tentar suprir a ausência de financiamento por parte de pessoas jurídicas.

A Lei nº 9.504/1997, ao elencar as possíveis fontes lícitas de financiamento de campanha eleitoral, é muito clara no que tange às regras a serem observadas quanto à arrecadação e aos gastos de campanha (arts. 17 e seguintes), tendo o escopo de garantir a transparência das eleições e a isonomia dos candidatos a determinado pleito.

Ademais, o TSE, por meio da Resolução, estabeleceu que os recursos destinados às campanhas eleitorais são os recursos próprios dos candidatos; das doações financeiras ou estimáveis em dinheiro de pessoas físicas; das doações de outros partidos políticos e de outros candidatos; da comercialização de bens e/ou serviços ou promoção de eventos de arrecadação realizados diretamente pelo candidato ou pelo partido político; decorrentes da aplicação financeira dos recursos de campanha; de recursos próprios dos partidos políticos, desde que identificada a origem e que sejam provenientes do fundo partidário, Fundo Especial de Financiamento de Campanha (FEFC). Veja-se que, após o julgamento da ADI nº 4650 pelo STF, o partido político não poderá transferir para o candidato ou utilizar, direta ou indiretamente, nas campanhas eleitorais, recursos que tenham sido doados por pessoas jurídicas, ainda que em exercícios anteriores (art. 17 da Resolução nº 23.553/2017).

Com efeito, numerário provindo de fontes proibidas configura-se como ilícito, ensejando a ocorrência de captação ilícita de gastos e de arrecadação, podendo ser impugnado através de AIJE. Exemplo que pode ser mencionado é o financiamento de determinada candidatura por uma fundação de natureza pública ou por pessoa jurídica. No mesmo sentido, o TSE, em julgamento de recurso ordinário interposto em processo que discutia a arrecadação e gasto ilícito de campanha cuja fonte era vedada, assinalou que evento de inauguração patrocinado por sindicato, com distribuição gratuita de bebidas, comidas, sorteio de brindes, shows artísticos e aposição de propaganda eleitoral no local, tem finalidade desvirtuada de clara promoção de candidato, além de provir de fonte vedada.[35] Quaisquer fatos que contrariem o que foi pela legislação estipulado, ferindo seus estatutos e evidenciando uma ilicitude quanto à arrecadação financeira, podem ser impugnados por meio da AIJE. Enquadram-se nessa tipificação todos os recursos advindos de forma ilícita, sejam os oriundos de atividades criminosas, sejam os decorrentes de doações não escrituradas.

e) *Conduta vedada (LE, arts. 73 e ss.)*

A conduta vedada, por sua vez, na lição do insigne eleitoralista Djalma Pinto, é toda aquela que, descrita em lei, é praticada por agente público, servidor ou não da Administração Pública direta, indireta ou fundacional, que utiliza a máquina administrativa a serviço de candidatura, comprometendo a normalidade do processo eleitoral.[36] Ademais, encontram-se dispostas na Lei nº 9.504/1997 (Lei das Eleições), elencadas nos arts. 73 e seguintes. Para se comprovar a prática de conduta vedada prescrita na lei supracitada, faz-se necessário que as provas sejam robustas e incontestes.

Como exemplo dessa prática, caracteriza-se hipótese de conduta vedada do art. 73, IV, da Lei nº 9.504/1997, quando há uso promocional, em favor de candidato, partido político ou coligação, de distribuição gratuita de bens e serviços de caráter social custeados ou subvencionados pelo Poder Público, situação em que determinado prefeito participe de eventos para a entrega de material de construção com o escopo de promover a candidatura de parente ou cônjuge.[37] Por outro lado, também, tipifica-se na espécie aventada, situação em que prefeito candidato a reeleição, por meio da utilização da máquina administrativa, promova a

---

[35] Recurso Ordinário nº 18740-28/SP, rel. Min. Nancy Andrighi, em 3.5.2012.

[36] PINTO, Luiz Djalma. *Direito eleitoral*: improbidade administrativa e responsabilidade fiscal, noções gerais. 5. ed. rev. atual. São Paulo: Atlas, 2010. p. 244-245.

[37] Agravo Regimental em Recurso Ordinário 596.141, Acórdão de 1º.07.2011, Rel. Min. Fátima Nancy Andrighi, DJE 08.08.2011, p. 69.

distribuição de cartas pedindo votos a alunos de determinado estabelecimento de ensino, incidindo assim nos casos ventilados pelo art. 73, I e II, da Lei nº 9.504/1997.[38]

6 Natureza jurídica da AIJE

Em tempos pretéritos, a AIJE tinha seu procedimento previsto no art. 237 do Código Eleitoral, consubstanciando um caráter inexoravelmente inquisitivo, servindo apenas para instruir a petição de recurso contra expedição de diploma. Não obstante, hodiernamente, o art. 237 do CE foi revogado, assim, a AIJE encontra previsão nos artigos 19 *et seq.* da LC nº 64/90, possuindo natureza indubitavelmente de ação de conhecimento, inclusive, de cunho sancionatório constitutivo negativo.[39]

Embora a terminologia utilizada não seja a mais adequada, tornando-se muitas vezes dúbia, não se trata de um procedimento investigatório propriamente dito de feição inquisitiva. O procedimento investigatório percorrido durante o manejo da AIJE é revestido por uma conotação jurisdicional, tratando-se de um verdadeiro processo jurisdicional, com todas as garantias processuais conferidas ao talante do investigado, com necessidade de provocação pelos legitimados especiais, bem como com abertura para instrução probatória, que pode concluir em cassação do registro e com a inelegibilidade do respectivo investigado e cominação de multa. Ao investigado é garantido o direito ao devido processo legal e à possibilidade de manejar recursos contra a decisão jurisdicional terminativa ou definitiva, diferentemente do que ocorre nos procedimentos investigatórios, onde a feição inquisitiva predomina e algumas garantias constitucionais são solapadas em benefícios do *in dubio pro societate*.

---

[38] Recurso Ordinário 481.883, Acórdão de 1º.09.2011, Rel. Min. Fátima Nancy Andrighi, DJE, Tomo 195, 11.10.2011, p. 42.

[39] O TSE já se posicionou no sentido de que a AIJE é "verdadeira ação, com caráter sancionatório desconstitutivo", como expressado pelo então Min. Torquato Jardim, no Rec. nº 11.524, no famoso Caso Ascurra, de Santa Catarina.

Assim, entende-se que a natureza jurídica da AIJE é de ação de conhecimento, isto é, cognitiva, com a finalidade normativa de solicitar ao órgão jurisdicional competente um provimento jurisdicional negativo e de efeito sancionatório, por meio do qual o juiz tenha pleno conhecimento do litígio eleitoral envolvido.

Para Edson de Resende Castro, trata-se de uma verdadeira ação, uma vez que somente é exercida por provocação, mediante as entidades com legitimação especial, estabelecendo o contraditório e a ampla defesa, possibilitando que a decisão jurisdicional final conduza à cassação do registro do candidato beneficiado e à inelegibilidade do investigado.[40] Adverte Fávila Ribeiro que, quando desapareceu a roda de funcionalidade administrativa então observada para a investigação do abuso de poder no Direito Eleitoral, passou-se a exercer, desde o início, atividade tipicamente jurisdicional, em seu real sentido.[41] Em sentido contrário Joel José Cândido sustenta que esse procedimento configura-se uma espécie de investigação judicial atípica, com carga decisória relevante, de consistência constitutiva negativa (quando cassa registro) e carga declaratória (quando declara a inelegibilidade).[42]

Subsidiariamente a AIJE pode fornecer subsídios para munir a propositura de AIME e RCED, cujo prazo para interposição ocorre após as eleições. Essa possibilidade assume importância quando a AIJE é julgada improcedente em razão de indícios não concludentes e posteriormente verifica-se a existência de provas mais robustas. As provas da investigação já realizadas iriam contribuir com os elementos probatórios encontrados posteriormente.

---

[40] CASTRO, Edson de Resende. *Teoria e prática do direito eleitoral*. 5. ed. rev. atual. Belo Horizonte: Del Rey, 2010, p. 349.

[41] RIBEIRO, Fávila. *Abuso de poder no direito eleitoral*. 2. ed. rev. atual. ampl. Rio de Janeiro: Forense, 1993 *apud* BARRETTO. Investigação judicial eleitoral e Ação de Impugnação de Mandato Eletivo, p. 31.

[42] "Tanto naquele dispositivo do CE, como no sistema desta lei complementar, não estamos frente a uma ação. Nas ações o objetivo é certo e aqui não é, dependendo da época do julgamento o efeito será um ou outro. Nas ações há sentença ou acórdão, dependendo da instância, e aqui o rito processual não mencionou qualquer desses termos; mencionou-os quando se referiu à Ação de Impugnação de Pedido de Registro de Candidatura" (CÂNDIDO, Joel José. *Direito eleitoral brasileiro*. 10. ed. rev. atual. ampl. São Paulo: Edipro, 2002, p. 136).

7 Necessidade de citação do vice: litisconsórcio facultativo ou necessário?

Depois de muitas divergências jurisprudenciais e doutrinárias, atualmente, o entendimento majoritário prega a obrigatoriedade de citação do candidato ao cargo eletivo do Poder Executivo e de seu respectivo vice, sem possibilidade de formação de um litisconsórcio facultativo. O entendimento majoritário do TSE é de que a presença do vice é obrigatória, consubstanciada a primazia de litisconsórcio passivo necessário entre o candidato e o seu vice.[43]

O litisconsórcio necessário é exigido quando, por disposição de lei ou pela natureza jurídica da relação, o juiz tiver de decidir a lide de modo uniforme para todas as partes; casos em que a eficácia da decisão jurisdicional dependerá da citação de todos os litisconsortes no processo.

Através de uma interpretação lógica sustentamos que o melhor entendimento esteja arrimado no art. 91 do CE, uma vez que expõe que a chapa é una e indivisível, sofrendo, portanto, os efeitos sancionatórios uniformes de tal decisão judicial, uma vez julgada procedente. Assim, entende-se pela necessidade de litisconsórcio passivo necessário nas eleições majoritárias, entre o candidato ao cargo chefe do Poder Executivo e seu vice e para Senador dos seus respectivos suplentes.[44]

---

[43] "A existência de litisconsórcio necessário – quando, por disposição de lei ou pela natureza da relação jurídica, o juiz tiver de decidir a lide de modo uniforme para todas as partes – conduz à citação dos que possam ser alcançados pelo pronunciamento judicial. Ocorrência, na impugnação a expedição de diploma, se o vício alegado abrange a situação do titular e do vice" (RCED-703/SC, Rel. Min. JOSÉ AUGUSTO DELGADO).

"(...) Ação de Investigação Judicial Eleitoral (AIJE). Captação ilícita de sufrágio. Art. 41-A da Lei nº 9.504/97. Abuso de poder econômico. Art. 22 da LC nº 64/90. Vice-prefeito. Litisconsórcio necessário. (...) 1. Há litisconsórcio necessário entre o Chefe do Poder Executivo e seu vice nas ações cujas decisões possam acarretar a perda do mandato, devendo o vice necessariamente ser citado para integrá-las. (...) 2. A eficácia da sentença prevista no art. 47 do Código de Processo Civil é de ordem pública, motivo pelo qual faz-se mister a presença, antes do julgamento, de todas as partes em relação às quais o juiz decidirá a lide de modo uniforme. (...) 3. No caso dos autos, o vice-prefeito não foi citado para integrar a lide, tendo ingressado na relação processual apenas com a interposição de recurso especial eleitoral, quando já cassado o diploma dos recorrentes" (Ac. de 22.9.2009 no RESPE nº 35.292, Rel. Min. Felix Fischer). Vide: (Ac. de 24.4.2014 no AgR-REspe nº 35808, rel. Min. Laurita Vaz).

[44] Também nesse sentido: CÂNDIDO, Joel José. *Direito eleitoral brasileiro*. 10. ed. rev. atual. ampl. São Paulo: Edipro, 2002, p. 353.

8 Lapso temporal

Com relação aos *dies ad quem* para a interposição da ação de investigação judicial eleitoral, o prazo para o ajuizamento da referida ação dependerá da hipótese de incidência, a qual se vincula, de modo que:

i) se for decorrente de conduta vedada, o termo final para interposição será a data da diplomação, tendo o campo temporal de incidência a depender de cada conduta vedada – cabendo, inclusive, antes do registro de candidatura, se tiver nítida relação com a eleição;

ii) se for decorrente de abuso de poder econômico, político ou por uso indevido dos veículos e meios de comunicação, o termo final será a data da diplomação, o campo temporal de incidência a depender do momento de concretização de cada conduta abusiva, podendo, também, ocorrer antes do registro, desde que tenha o ato impugnado repercussão no período eleitoral;

iii) se for decorrente de captação ilícita de sufrágio, a jurisprudência e a doutrina não eram pacíficas no que concerne à determinação desse prazo, ora pendendo para o lapso temporal da diplomação, ora para prazo diferente. Contudo, com a intenção de dirimir dúvidas quanto ao prazo para sua impetração, impôs-se prazo decadencial da diplomação para sua interposição (art. 41-A, §3º, da Lei nº 9.504/97). Portanto o termo final será a data da diplomação, tendo como campo de incidência o período do registro da candidatura, até o dia das eleições e, por fim,

iv) se for decorrente de captação ilícita de recursos e gastos eleitorais, o termo final será 15 (quinze) dias após a diplomação, o campo temporal de incidência alcança fatos que possam afetar a eleição, caso ocorram antes do registro, até a data das eleições.

Por fim, cumpre esclarecer que, em decorrência da Lei nº 13.161/2015, o registro de candidatura passou a ser realizado até o dia 15 de agosto, o que diminuiu despudoradamente o período da propaganda eleitoral. Todavia, a contrapelo da legislação é comum verificar candidatos que começam as suas respectivas campanhas muito antes do mencionado prazo. Logo se fez imperiosa a possibilidade de manejo da ação de investigação judicial eleitoral antes do registro de candidatura, como forma de tentar conter tais abusos.

Nesse diapasão, em muitas decisões o Superior Tribunal de Justiça asseverara que a AIJE é instrumento idôneo para investigar fatos ocorridos antes do pedido de registro, desde que tais atos tenham influência no pleito, ou seja, o princípio da gravidade da conduta foi ditado como vetor legitimador para que o fato, anterior ao pedido de registro, possa ser objeto da AIJE.[45]

9 Procedimento da Ação de Investigação Judicial Eleitoral

Para a apuração das condutas de abuso de poder e, por conseguinte, para aplicação das devidas sanções, o legislador asseverou que o meio judicial adequado é a ação de investigação judicial eleitoral. Como contorno geral a ação estaria resumida nos seguintes passos:

1. Petição inicial ao Corregedor, com documentos, rol de testemunhas (no máximo seis) e pedido de diligências. Havendo necessidade imperiosa podem ser ouvidas mais testemunhas;

2. Indeferimento da inicial. Possibilidade de renovação: art. 22, II. Em decorrência do princípio da celeridade processual, melhor outorgar prazo para convalidação do vício;

3. Deferimento com ou sem suspensão do ato. Notificação ao requerido. Intimação do Ministério Público;

4. Defesa em cinco dias com documentos, perícias, pedido de diligências e testemunhas;

5. Despacho. Julgamento antecipado presentes os requisitos exigidos. Abertura de instrução. Apreciação das provas pedidas. Essa apreciação não pode ser arbitrária, devendo ser adstrita às provas acarreadas;

6. Realização da instrução, em cinco dias;

7. Realização de diligências determinadas ou deferidas, em três dias. Ouvida de terceiros, caso haja necessidade cabal;

---

[45] "Ação de investigação judicial eleitoral. Preliminares rejeitadas. Abuso de poder e uso indevido dos meios de comunicação. Configuração. Ação julgada após as eleições. Cassação de registro e inelegibilidade. Possibilidade. (...) 4. A ação de investigação judicial eleitoral constitui instrumento idôneo à apuração de atos abusivos, ainda que anteriores ao registro de candidatura" (RO 1362, Rel. Min. GERARDO GROSSI).

8. Alegações finais, no prazo comum de dois dias para as partes e Ministério Público;

9. Conclusão, no prazo de um dia;

10. Relatório conclusivo, em três dias;

11. Remessa ao Tribunal, no dia seguinte;

12. Vistas ao Ministério Público no Tribunal, por quarenta e oito horas;

13. Julgamento pelo colegiado;

14. Recurso, em três dias.

Conforme o art. 22, *caput*, da Lei Complementar nº 64/1990, qualquer partido político, coligação, candidato ou Ministério Público Eleitoral poderá representar à Justiça Eleitoral, diretamente ao Corregedor-Geral ou Regional, relatando fatos e indicando provas, indícios e circunstâncias para pedir abertura de investigação judicial.

No tocante à competência da ação, quem ocupa as mesmas atribuições de relator na AIJE é o corregedor eleitoral, velando para que o processo tenha o rito adequado para seu deslinde. Em âmbito municipal, o juiz eleitoral competente exerce todas as funções atribuídas ao corregedor, cabendo ao representante do Ministério Público Eleitoral as atribuições deferidas ao procuradorgeral e ao regional eleitoral (art. 24 da LC nº 64/90). Na esfera estadual, tal função é exercida pelo corregedor regional e, em âmbito federal, pelo corregedor-geral.

No que diz respeito à legitimidade ativa, quem pode dar ensejo à ação de investigação judicial por conduta vedada é qualquer partido político, coligação, candidato ou membro do Ministério Público Eleitoral, apresentando-a diretamente ao corregedor-geral ou regional, delineando os fatos e indicando as provas, indícios e circunstâncias. Essa legitimidade ativa é concorrente, podendo cada um dos elencados propô-la de forma individual ou em litisconsórcio ativo facultativo. A matéria encontra-se regulada no art. 22 da LC nº 64/90.

Frisa-se ainda que a legitimidade da coligação para a propositura de ações eleitorais permanece mesmo após o término das eleições, haja vista que os atos praticados durante o processo eleitoral podem repercutir até após a diplomação.

Ademais, destaca-se que o rol do art. 22 da LC nº 64/90 é taxativo. De forma que impede qualquer tipo de interpretação extensiva que venha a dilatar a legitimação para outros entes.

Portanto, o eleitor não tem legitimação para manejo de tal ação, assim como a figura do parlamentar.

No polo passivo da AIJE deve constar qualquer pessoa, candidato ou não candidato que pratique as condutas mencionadas. Igualmente é preciso indicar o candidato ou mandatário que, mesmo não se envolvendo de forma direta com as práticas descritas em seu permissivo legal, auferiu algum benefício dessas condutas, comprovando-se seu conhecimento em relação às condutas delituosas praticadas. Realizando-se essa hipótese, há a formação de litisconsórcio passivo necessário, entre o candidato e os cidadãos que realizaram a conduta descrita como ilícita para beneficiá-lo.[46] Portanto, permite-se a formação de litisconsórcio passivo quando houver candidatos ou cidadãos que se encontrem nas mesmas hipóteses de cabimento dessa ação, em virtude de condutas conexas, ensejando economia processual e celeridade no desenrolar da lide.

Se a ação de investigação judicial eleitoral for julgada procedente, o órgão competente da Justiça Eleitoral declarará a inelegibilidade do representado e de quantos hajam contribuído para a prática do ato, aplicando-lhes as seguintes sanções:

a) decretação da inelegibilidade, por oito anos, do requerido e de quem tenha contribuído para a prática do ato contado da eleição;

b) perda do registro do candidato diretamente beneficiado por uma das condutas que propiciam a impetração da ação de investigação judicial eleitoral;

c) perda do diploma do beneficiado de forma direta pelo ato, se a decisão ocorrer posteriormente à eleição, ou impedimento à sua concessão, se a decisão for proferida depois da eleição, mas antes de sua expedição;

d) multa, cabível em algumas tipificações, a exemplo de conduta vedada e captação ilícita de sufrágio.

A inelegibilidade especificada pela AIJE é a cominada, advinda de uma sanção estipulada pela legislação eleitoral. Ela declara a inelegibilidade presente e promana seu efeito no elastério de oito anos contados da eleição. Esse efeito consta de todas as

---

[46] Recurso Especial Eleitoral nº 843-56, Jampruca/MG, rel. Min. João Otávio de Noronha, julgado em 21.6.2016.

decisões judiciais nesse tipo de ação, seja antes da diplomação, seja após esse pronunciamento judicial. A decretação da inelegibilidade é consequência direta da sentença da AIJE, de forma imediata, sem a necessidade de nenhum outro processo judicial.[47] Esse efeito foi um dos fins almejados pela referida ação e, se não pudesse ser uma decorrência de seus efeitos, ela perderia o sentido.

Atente-se que para o deferimento da AIJE não se exige mais potencialidade, mas apenas a gravidade, sendo este termo indeterminado auferido diante de cada caso concreto, devendo o Tribunal Superior Eleitoral determinar precisamente os seus contornos para evitar insegurança jurídica.

Se o resultado do julgamento da ação de investigação judicial eleitoral ocorrer antes da eleição, com seu deferimento, o registro de candidatura será denegado com a declaração de inelegibilidade do candidato pelos próximos oito anos da eleição em que for atestado o ilícito. Se o pronunciamento judicial ocorrer após a eleição, mas antes da diplomação, será decretada a inelegibilidade por oito anos e declarada a impossibilidade de recebimento do diploma. Se a decisão ocorrer após a eleição e sendo o candidato vitorioso, ela provocará a cassação do referido diploma, perdendo o representando o cargo que ocupava, com a declaração de sua inelegibilidade por oito anos.

10 Conceito e fator teleológico da Ação de Impugnação de Mandato Eletivo

A Ação de Impugnação de Mandato Eletivo teve origem nas Leis n° 7.493/86 e n° 7.664/88, passando, a partir da promulgação da Constituição Federal de 1988, a ostentar *status* de ação constitucional. Depreende-se que sua origem ocorreu em nível infraconstitucional, adquirindo *status* constitucional em razão de sua legitimidade axiológica, advinda no sentido de dotar de maior lisura as eleições.

---

[47] "Para que se produzam os efeitos da Ação de Investigação Judicial Eleitoral, exige-se trânsito em julgado" (RESPE-25765/ES, Rel. Min. CARLOS AUGUSTO AYRES DE FREITAS BRITTO).

Segundo Jairo Gomes trata-se de ação de índole constitucional-eleitoral, com potencialidade desconstitutiva de mandato, que não apresenta caráter criminal, tendo como objeto principal a tutela da cidadania, a lisura e o equilíbrio do certame eleitoral e a legitimidade da representação política.[48] Ensina Tito Costa que a AIME tem o escopo de eliminar, tanto quanto possível, vícios que deformem ou desnaturem o mandato popular.[49] Para José Antonio Fichtner, por ser norma constitucional, ela estabelece os parâmetros que irão balizar a aplicação do instituto, transferindo-se às regras infraconstitucionais o preenchimento que for necessário dos espaços deixados pelo Texto Constitucional com a finalidade de tornar o instituto mais eficaz e efetivo.[50]

Em suma, a finalidade da AIME é a garantia da lisura das eleições, garantindo a legitimidade destas e protegendo o interesse público, que são pressupostos insofismáveis à liberdade do voto, ou seja, em linhas gerais, tanto a AIJE quanto a AIME possuem o objetivo comum de velar pelo exercício cristalino da soberania popular, expurgando o processo eleitoral de gravames à sua lisura.

11 Inversão hermenêutica

Pelo fato de ostentar taxionomia constitucional, a Ação de Impugnação de Mandato Eletivo apresenta algumas peculiaridades que as outras normas não detêm. Essa diferenciação provém da supremacia, supralegalidade e imutabilidade relativa, que são características inerentes a todas as normas constitucionais. Em consequência desses apanágios, teoricamente, sua força normativa assume uma maior premência, produzindo uma concretização maior do que as demais ações eleitorais.

Como foi dito alhures, o interesse público é um dos principais vetores do processo eleitoral. Enquanto a tônica do processo civil cinge-

---

[48] GOMES, José Jairo. *Direito eleitoral*. 6. ed. rev. atual. ampl. São Paulo: Atlas, 2011, p. 535.
[49] COSTA, Antônio Tito. *Recursos em matéria eleitoral*. 4. ed. rev. ampl. atual. São Paulo: Revista dos Tribunais, 1992, p. 170.
[50] FICHTNER, José Antonio. *Impugnação de mandato eletivo*. Rio de Janeiro: Renovar, 1998, p. 12.

se à proteção de interesses privados, no processo eleitoral o predomínio é o resguardo da ordem pública, onde o bem jurídico a ser protegido não pertence a determinado cidadão, mas a toda a coletividade. Por isso, a tônica do processo eleitoral não pode ser interpretada exclusivamente sob um prisma de ordem privada, uma vez que o objeto da lide é indubitavelmente de cunho constitucional, o que torna impossível a utilização dos cânones do processo civil, de forma absoluta, para interpretar a AIME em razão de sua supremacia.

12 Cabimento e natureza da AIME

Os motivos para confecção da AIME são individualmente especificados no mandamento constitucional, sendo, aliás, os únicos que podem amparar esse tipo de ação: a) abuso de poder econômico; b) corrupção; c) fraude.

Desse modo, a teor do que dispõe o art. 14, §10, da CF, a AI-ME se prestará a analisar tão somente as alegações de abuso de poder econômico, corrupção e fraude contra determinado candidato diplomado, não se estendendo seu cabimento à apuração de abuso de poder político ou de autoridade *stricto sensu*. Todavia, tem entendido o Tribunal Superior Eleitoral que cabe ação de impugnação de mandato eletivo por abuso de poder político quando ele materializa igualmente um excesso de poder econômico. Ou seja, o abuso do poder político, segundo jurisprudência dominante, apenas pode ser sancionado em AIME se for materializado pelo abuso do poder econômico.

Pune-se a utilização exacerbada do poder político somente se ele provocar o uso desmesurado do poder econômico. Ademais, a mesma compreensão não foi deferida à apuração de prática de conduta vedada a agente público, *stricto sensu*, prevista no art. 73 da Lei nº 9.504/97, aduzindo-se que a AIME não é sucedânea de ação contra conduta vedada ou, ainda, nos casos de ação por captação ilícita de sufrágio, inclusive, esse temário foi objeto da discussão da ação direta de inconstitucionalidade nº 3.592.[51]Para a tipificação de

---

[51] Ação direta de inconstitucionalidade. Art. 41-A da Lei nº 9.504/1997. Captação de sufrágio. As sanções de cassação do registro ou do diploma previstas pelo art. 41-A da Lei

abuso de poder econômico, urge precisar bem seu conceito, para que ele não seja tão leniente a ponto de permitir a prática de ilícitos, nem tão fluido a ponto de provocar arbitrariedades judiciais. A sua definição deve ser compreendida como a concretização de ações que denotem mau uso de recursos patrimoniais controlados ou disponibilizados pelo sujeito ativo da conduta. Concretiza-se na exorbitância, esbanjamento de recursos econômicos. Para Djalma Pinto o abuso de poder econômico materializa-se através de ações, quando o candidato ou alguém em seu nome fornece aos eleitores bens, valor ou emprego de que necessita para sufragar seu nome numa eleição, maculando o exercício da soberania popular.[52]

Um dos espectros do abuso de poder econômico é a ruptura com a isonomia entre os candidatos, ceifando a paridade de armas e desequilibrando o pleito. Também não se pode olvidar a questão da moralidade, uma vez que antes mesmo de ser eleito, o candidato já pratica ilícitos e atentados à dignidade e à moralidade do certame. Além disso, consubstancia um acinte ao primado da coisa pública, uma vez que se utiliza de mecanismos impróprios para angariar a simpatia popular.

A corrupção configura uma quebra de um estado funcional, de determinada organização. *En passant*, representa um acinte ao princípio da igualdade e do princípio da legalidade que regulamentam o comportamento exigido das autoridades públicas e proíbem condutas ilícitas dos cidadãos.

Para Jairo Gomes a corrupção pressupõe o desvirtuamento das atividades desenvolvidas por agente estatal, o qual mercadeja, negocia ou trafica sua atuação na Administração Pública; em troca, aceita promessas ou efetivamente recebe vantagem ilícita.[53]

---

nº 9.504/1997 não constituem novas hipóteses de inelegibilidade. A captação ilícita de sufrágio é apurada por meio de representação processada de acordo com o art. 22, I a XIII, da LC nº 64/1990, que não se confunde com a ação de investigação judicial eleitoral, nem com a ação de impugnação de mandato eletivo, pois não implica a declaração de inelegibilidade, mas apenas a cassação do registro ou do diploma. A representação para apurar a conduta prevista no art. 41-A da Lei nº 9.504/1997 tem o objetivo de resguardar um bem jurídico específico: a vontade do eleitor. [ADI 3.592, rel. min. Gilmar Mendes, j. 26.10.2006, P, DJ de 2.2.2007]. AI 660.024 AgR, rel. min. Joaquim Barbosa, j. 25.9.2012, 2ª T, DJE de 7.12.2012.

52 PINTO, Luiz Djalma. *Direito eleitoral*: improbidade administrativa e responsabilidade fiscal, noções gerais. 5. ed. rev. atual. São Paulo: Atlas, 2010, p. 220.

53 GOMES, José Jairo. *Direito eleitoral*. 6. ed. rev. atual. ampl. São Paulo: Atlas, 2011, p. 536.

A fraude significa engano, ardil, armadilha, utiliza-se da má-fé para desvirtuar a vontade do eleitor. Ela pode ser direcionada ao eleitor, por exemplo, fazendo-o votar em um candidato pensando que era outro; ou ao resultado das eleições, alterando-se seu resultado. A fraude para motivar a incidência da presente ação resta tipificada quando o candidato utiliza-se de meios enganosos ou ato de má-fé para captar voto ou macular a imagem de seus concorrentes, beneficiando-se com seu procedimento astucioso.[54]

Pedro Niess explica que a fraude traz consigo o propósito de enganar, ludibriar, e só será relevante quando efetivamente causar o engano aos eleitores. Representa a figura no artifício empregado para mascarar a verdade, beneficiando determinado candidato em detrimento dos demais concorrentes. Como não existe nenhuma regra para sua incidência específica, sua tipificação pode evidenciar-se por meio de indícios, conjecturas e coincidências tão convincentes que não deixam margem a dúvida.[55]

Para José Antônio Fichtner fraude eleitoral significa "qualquer atividade que tenha como objetivo burlar a normalidade e a legitimidade do processo eleitoral".[56]

Para Djalma Pinto a fraude compromete a lisura do processo eleitoral, carregando o escopo de ludibriar o eleitor, de induzi-lo em erro parar criar uma imagem favorável do candidato, o que a torna semelhante ao estelionato. Exemplifica no seguinte caso: "a leitura de um texto, na televisão, que faz crer que a voz seria de determinada pessoa capaz de convencer o eleitor sobre um fato, sem sê-la, utilizada, porém, apenas para aparentar veracidade a leitura veiculada, desmentindo acusação grave contra o candidato". Outro exemplo é a exibição de imagens de homens como pistoleiros responsáveis por crimes atribuídos ao concorrente, tratando-se, porém, de pura montagem para impressionar negativamente o cidadão.[57]

---

[54] PINTO, Luiz Djalma. *Direito eleitoral*: improbidade administrativa e responsabilidade fiscal, noções gerais. 5. ed. rev. atual. São Paulo: Atlas, 2010, p. 235.

[55] NIESS, Pedro Henrique Távora. *Direitos políticos*: elegibilidade, inelegibilidade e ações eleitorais. 2. ed. rev. atual. Bauru: Edipro, 2000, p. 270.

[56] FICHTNER, José Antonio. *Impugnação de mandato eletivo*. Rio de Janeiro: Renovar, 1998, p. 103.

[57] PINTO, Luiz Djalma. *Direito eleitoral*: improbidade administrativa e responsabilidade fiscal, noções gerais. 5. ed. rev. atual. São Paulo: Atlas, 2010, p. 236.

13 Procedimento da AIME

A Ação de Impugnação de Mandato Eletivo deve ser proposta perante a Justiça Eleitoral. Não se poderia pensar diferente, uma vez que a diplomação se consubstancia na última etapa do processo macroeleitoral. Tratando-se da impugnação de prefeito ou vereador, o órgão competente é o juiz da zona eleitoral que tem competência para a diplomação – nos municípios formados por mais de uma zona eleitoral, a competência é do juiz mais antigo. Se a impugnação for contra mandato eletivo de governador, vice-governador, senador, deputado federal, estadual e distrital, a competência é do Tribunal Regional Eleitoral. Se a impugnação for contra mandato de Presidente e de Vice-Presidente, a competência passa a ser do Tribunal Superior Eleitoral (art. 2º, parágrafo único, I a III, da LC nº 64/90; arts. 40, IV, e 215 do Código Eleitoral).

O rito de tramitação da AIME é o descrito no art. 3º da Lei de Inelegibilidades (LC nº 64/90). Em síntese, a referida ação estaria dividida nas seguintes fases:

1. Petição inicial munida de provas hábeis a ensejar a AIME, no prazo de 15 dias a contar da diplomação, arrolando no máximo seis testemunhas;
2. Recurso no prazo de três dias nos casos de indeferimento da inicial;
3. Notificação do impugnado e intimação do Ministério Público para acompanhamento da ação;
4. Contestação do réu, em sete dias, munida das devidas provas e arroladas no máximo as seis testemunhas;
5. Requerimento para outras provas que estiverem em poder de terceiro, salvo se houver segredo de justiça. O magistrado pode ainda requerer a produção de outras provas que entender necessárias;
6. Prazo de cinco dias para juiz determinar a realização das diligências cabíveis;
7. Abertura do prazo comum de cinco dias para as alegações finais do Ministério Público;
8. Passado o prazo comum de cinco dias, deverá ser feita conclusão ao juiz para sentença;

WALBER DE MOURA AGRA
TEMAS POLÊMICOS DO DIREITO ELEITORAL

9. Prazo de três dias para ser prolatada a decisão;

10. Publicada a sentença, começando a fluir o prazo de três dias para interposição do recurso.

O prazo para sua impetração é de quinze dias contados da diplomação. Esse prazo se configura como decadencial, pois não se interrompe nem se suspende, inclusive durante o período de recesso forense,[58] podendo ser declarado *ex officio* pela autoridade judicial quando de sua interposição de forma intempestiva.

O termo inicial para a propositura da AIME deve se dar no dia seguinte à diplomação, ainda que esse dia seja recesso forense ou feriado, uma vez que se trata de prazo decadencial. Todavia, se o termo final cair em feriado ou em dia que não haja expediente normal no Tribunal, como exceção aos efeitos decadenciais ordinários, prorroga-se para o primeiro dia subsequente. Este é o entendimento compartilhado pela jurisprudência dominante do TSE,[59] apesar de existirem precedentes que não excepcionam a incidência de nenhum efeito dos prazos decadenciais.[60]

Devido à natureza constitucional da AIME, não pode haver desistência depois de sua impetração. Por não ser um interesse disponível, impede-se a desistência ou qualquer tipo de

---

[58] "AÇÃO DE IMPUGNAÇÃO DE MANDATO ELETIVO. CONTAGEM. PRAZO. RECESSO. 1. É certo que o prazo para ajuizamento de ação de impugnação de mandato eletivo é de natureza decadencial, razão pela qual não se interrompe nem se suspende durante o período de recesso forense" (TSE, RESPE 35893-PB, Rel. Min. ARNALDO VERSIANI LEITE SOARES).

[59] "O termo inicial do prazo para a propositura da ação de impugnação de mandato eletivo deve ser o dia seguinte à diplomação, ainda que esse dia seja recesso forense ou feriado, uma vez que se trata de prazo decadencial. 2. Contudo, esta colenda Corte já assentou que esse prazo, apesar de decadencial, prorroga-se para o primeiro dia útil seguinte se o termo final cair em feriado ou dia em que não haja expediente normal no tribunal. Aplica-se essa regra ainda que o tribunal tenha disponibilizado plantão para casos urgentes, uma vez que plantão não pode ser considerado expediente normal. Precedentes: STJ: EREsp 667.672/SP, Rel. Min. José Delgado, Corte Especial, j. em 2.5.2008, DJe de 26.6.2008; AgRg no RO 1.459/PA, de minha relatoria, DJ de 6.8.2008; AgRg no RO 1.438/MT, Rel. Min. Joaquim Barbosa, DJ de 31.8.2009" (TSE, RESPE 36006-AM, Rel. Min. FELIX FISCHER). À luz desse entendimento, fixou-se no colendo Tribunal Superior Eleitoral que, sendo decadencial o prazo para a propositura da Ação de Impugnação de Mandato Eletivo (REsp 25.482/DF, Rel. Min. Cesar Rocha, DJ de 11.4.2007, REsp 15.248, Rel. Min. Eduardo Alckmin, DJ de 18.12.1998), este não se interrompe nem se suspende durante o recesso forense, entretanto, o seu termo final é prorrogado para o primeiro dia útil subsequente (art. 184, §1º, do CPC), não havendo expediente normal no Tribunal" (TSE, RO 1459-PA, Rel. Min. FELIX FISCHER).

[60] Ac. de 30.3.2010 no ED-REspe 37.005, Rel. Min. Felix Fischer; no mesmo sentido, o ED-REspe 37.002, de 30.3.2010, Rel. Min. Felix Fischer.

transação. Uma vez interposta, a ação segue seu ritmo normal, a não ser que haja seu indeferimento por ausência de requisitos processuais ou factuais.

São sujeitos ativos para ajuizar a ação de impugnação de mandato eletivo os candidatos, os partidos políticos, as coligações e o membro do Ministério Público. Discorda-se da possibilidade de o cidadão comum dispor de competência para ajuizá-la, baseando-se no argumento de ausência de previsão legal e na possibilidade de levar as informações ao Ministério Público para tomar as medidas cabíveis.

A despeito da importância de se assegurar a transparência do direito ao sufrágio livre, a legitimação das ações constitucionais não pode ser interpretada de forma extensiva. Sendo assim, o rol é taxativo: os legitimados a impetrá-las são aqueles expressamente previstos em lei, sem que haja possibilidade de sua ampliação. Pensar de forma diferente seria acrescentar uma prerrogativa que não fora prevista, em uma seara nitidamente adjetiva, onde a regulamentação se configura de natureza estritamente positivista.[61]

Os legitimados passivos são apenas os diplomados que cometeram abuso de poder econômico ou que praticaram fraude ou corrupção no decorrer do processo eleitoral. Há necessidade de se direcionar a ação de impugnação de mandato eleitoral também contra os suplentes porque eles carregam a expectativa de assumir o mandato. Se dessa forma não for feita, o suplente pode assumir a representação popular mesmo tendo cometido os gravames descritos.

No caso de candidaturas ao Executivo, em que o vice pode assumir o lugar do titular, há a necessidade da formação de litisconsórcio passivo necessário entre candidatos e seus respectivos vices, pois receberam os mesmos votos e a lide deverá ser decidida de maneira uniforme, tendo em vista a indivisibilidade e unidade do mandato eletivo na AIME.[62] A exigência de litisconsórcio passivo

---

[61] Com esse posicionamento, não há filiação a posicionamento positivista em sentido restritivo ou a negação ao papel desempenhado pelo bloco de constitucionalidade. Nesse sentido ver: DIMOULIS, Dimitri. Positivismo jurídico: introdução a uma teoria do direito e defesa do pragmatismo jurídico-político. São Paulo: Método, 2006, p. 81; FAVOREAU, Louis; LLORENTE, Francisco Rubio. El bloque de la constitucionalidad. Madrid: Civitas, 1991, p. 19.

[62] AgR em AI nº 254.928. Acórdão de 17.05.2011. Min. Rel. Arnaldo Versiani Leite Soares. DJE 12.08.2011.

não decorre de lei, mas de natureza jurídica de direito material. Caso os respectivos vices não sejam intimados, o processo será nulo em razão da ausência de sua defesa e atuação na relação processual. Configurando-se os vices como litisconsortes passivos necessários, não há como se entender que a ação possa ser considerada apenas contra o titular. Neste caso, para Pedro Henrique Távoras Niess, a propositura da AIME dar-se-ia incompleta, pois um processo com parcela de partes não se instaura validamente se a relação jurídica processual exige mais de um réu em seu polo passivo.[63]

Defende-se a tese de que a AIME obriga a formação de litisconsórcio necessário passivo entre o representante e o partido político do qual faça parte. Mesmo supondo que não houve prejuízo na representação do sistema proporcional, inconteste resta a perda de mandato de seu correligionário, o que prejudica os interesses partidários.[64] Contudo, essa não é a proposição agasalhada pelo Tribunal Superior Eleitoral.[65]

Se o mandatário popular não realizou a conduta tipificada como ilícita, mas foi beneficiado pela conduta de outros que agiam com seu beneplácito, da mesma forma, configura-se cabível a AIME.[66] Pensar de forma contrária seria tornar inócuo o dispositivo comentado, pois o abuso de poder econômico, fraude ou corrupção, na maioria dos casos, é praticado por terceiras pessoas para o benefício do impugnado, com seu conhecimento.

No tocante à competência para apreciar a ação de impugnação de mandato eleitoral, essa depende do nível da eleição realizada,

---

[63] NIESS, Pedro Henrique Távora. *Ação de Impugnação de Mandato Eletivo*. São Paulo: Edipro, 1996, p. 60.

[64] Art. 175, § 4º, do Código Eleitoral: "O disposto no parágrafo anterior não se aplica quando a decisão de inelegibilidade ou de cancelamento de registro for proferida após a realização da eleição a que concorreu o candidato alcançado pela sentença, caso em que os votos serão contados para o partido pelo qual tiver sido feito o seu registro".

[65] "Recurso ordinário. Ação de impugnação de mandato eletivo. Abuso do poder econômico. 1. O partido político não detém a condição de litisconsorte passivo necessário nos processos que resultem na perda de diploma ou de mandato pela prática de ilícito eleitoral. [...]." (Ac. de 25.5.2010 no RO nº 2.369, rel. Min. Arnaldo Versiani).

[66] "Decisão regional revela-se em consonância com a jurisprudência do TSE, segundo a qual, para a configuração do abuso de poder econômico, é relativizada a ilicitude da conduta imputada, sendo suficiente a existência de benefício eleitoral e de potencialidade da conduta para influenciar o resultado do pleito. Nesse sentido: RO 1.350, Rel. Min. Francisco César Asfor Rocha, DJ de 20.4.2007" (RESPE-28395/PE, Rel. Min. JOSÉ AUGUSTO DELGADO).

frisa-se que ela é nacional, estadual ou municipal. A compatibilidade funcional é daqueles que detêm competência para diplomação, em que o resultado do pleito obtém sua homologação.

Se a eleição for municipal, a competência pertence ao juiz eleitoral que tem a incumbência de realizar a homologação; se a eleição for estadual, a competência é do Tribunal Regional Eleitoral; e se a eleição for nacional, a competência pertence ao Tribunal Superior Eleitoral.

Portanto, o indicador da competência reside no órgão judicial que realiza a diplomação, haja vista que o desiderato da mencionada ação é a desconstituição desse ato jurídico de jurisdição voluntária.

A jurisprudência do Tribunal Superior Eleitoral vem decidindo que os efeitos da AIME são imediatos,[67] sem necessitar de seu trânsito em julgado, em obediência ao art. 257, §1º do Código Eleitoral. *A contrario sensu*, o §2º do mesmo artigo determina que o recurso ordinário, quando provocar a perda de mandato, será recebido com efeito suspensivo. E, mesmo não sendo o caso de recurso ordinário, a jurisprudência vem concedendo efeito suspensivo ao recurso interposto por intermédio de medida cautelar, contrariando o §1º do art. 257.[68]

Entretanto, com relação à imposição da sanção de inelegibilidade, esse cenário sofreu alteração com o advento da LC nº 135/2010, que conferiu nova redação ao art. 15 da LC nº 64/90, que determina: "transitada em julgado ou publicada a decisão proferida por órgão colegiado, que declarar a inelegibilidade do candidato, ser-lhe-á

---

[67] TSE. Roteiro de Direito Eleitoral. Disponível em: <www.tse.jus.br/arquivos/>. Acesso em: 3 fev. 2016. No mesmo sentido, "As decisões proferidas em sede de AIME têm efeito imediato..." (Ac. de 2.6.2011 no AgR-MS 60202, Rel. Min. ALDIR PASSARINHO JUNIOR).

[68] "AGRAVO REGIMENTAL. MEDIDA CAUTELAR. CONCESSÃO DE EFEITO SUSPENSIVO A RECURSO ESPECIAL. IMPOSSIBILIDADE. AÇÃO DE IMPUGNAÇÃO DE MANDATO ELETIVO. CAPTAÇÃO ILÍCITA DE SUFRÁGIO. EXECUÇÃO IMEDIATA. 1. Este Superior Eleitoral – para os processos atinentes ao pleito municipal – tem sido firme no entendimento de que são imediatos os efeitos das decisões proferidas pelos Regionais em sede de ação de impugnação de mandato eletivo; especialmente quando fundada no art. 41-A da Lei nº 9.504/97. Precedentes. 2. É de todo inconveniente a sucessividade de alterações na superior direção do Poder Executivo, pelo seu indiscutível efeito instabilizador na condução da máquina administrativa e no próprio quadro psicológico dos munícipes, tudo a acarretar descrédito para o Direito e a Justiça Eleitoral. 3. Não se aplica a norma do art. 224 do Código Eleitoral nos casos de ação de impugnação de mandato eletivo. Diplomação daquele que obteve o segundo lugar no pleito eleitoral. Precedentes (TSE, AMC 2.241, de 20.11.2007, Rel. Min. Carlos Ayres Britto).

WALBER DE MOURA AGRA
TEMAS POLÊMICOS DO DIREITO ELEITORAL

negado registro, ou cancelado, se já tiver sido feito, ou declarado nulo o diploma, já expedido". Ou seja, com relação à inelegibilidade, esta sanção apenas começa a produzir efeitos depois de decisão colegiada.

14 Diferenças e simetrias entre AIJE e AIME

A Ação de Investigação Judicial Eleitoral tem similitudes e diferenças com relação à Ação de Impugnação de Mandato Eletivo. Ambas possuem caráter desconstitutivo, impondo a mesma inelegibilidade de oito anos contados da eleição em que as infrações foram realizadas, e têm como fator teleológico buscar a lisura dos pleitos.

Diferença salutar/que deve ser sublinhada são os diferentes momentos de sua incidência, que na AIME são os quinze dias depois da diplomação e na AIJE, o lapso temporal que começa, em regra, com o pedido de registro, ou antes, se a conduta verdadeiramente influenciar nas eleições, até a data da diplomação.

Interessante seria que a reforma da legislação eleitoral unificasse os dois procedimentos porque não tem sentido que eles sejam diferentes, fazendo com que a produção probatória das duas ações fosse igual, bem como o prazo de diligências e das alegações finais.

Como guardam essas ações bastantes simetrias, suas provas podem ser compartilhadas, nada impedindo que uma prova auferida em uma AIJE possa posteriormente ser usada em uma AIME. Não teria sentido impedir esse empréstimo probatório se a finalidade de ambas é igual e inexistem contradições em seus procedimentos.[69]

Todavia, mesmo partilhando similitudes, não se pode confundir tais ações eleitorais. Suas diferenças permitem que possam

---

[69] "1. Por constituírem processos autônomos, com causas de pedir próprias e consequências distintas, não há se falar em carência de ação por falta de interesse processual quando o recurso contra expedição de diploma for instruído com as mesmas provas de ação de investigação judicial. 2. A prova feita na AIJE pode instruir o RCED e ser analisada de modo autônomo, sem qualquer dependência do juízo que a seu Respeito foi feito na instância a quo. Precedentes. 3. Agravo regimental a que se nega provimento" (AgRg no RESPE nº 2600-67/MT. Rel. Min. Marcelo Ribeiro).

ser impetradas de forma concomitante, desde que sejam respeitados os seus específicos pressupostos de admissibilidade. Dessa forma, é uníssono o posicionamento de que a Ação de Impugnação de Mandato Eletivo, a Ação de Investigação Judicial Eleitoral e o recurso contra expedição de diploma são instrumentos processuais autônomos com causa de pedir própria.[70]

Portanto, diferem a ação de investigação judicial eleitoral (AIJE) e a ação de impugnação de mandato eletivo (AIME), não havendo entre elas litispendência, mesmo que tenham em comum os mesmos fatos e os mesmos agentes.[71] Elas possuem objetivos distintos, pois esta tem o objetivo de cassação de mandato eletivo, em decorrência de abuso de poder econômico, corrupção ou fraude; enquanto aquela tem o objetivo de perda do registro ou do diploma, arrimada na existência de uso indevido, desvio ou abuso do poder econômico ou do poder de autoridade, ou utilização indevida de veículos ou meios de comunicação social.

Desta feita, mesmo com a redação do art. 96-B, que comina que serão reunidas para julgamento comum as ações eleitorais propostas por partes diversas sobre o mesmo fato, mantém-se o posicionamento delineado porque essas ações, ainda que relativas ao mesmo fato, possuem causas de pedir diversas. Para garantir a celeridade necessária, o que se pode fazer é utilizar as provas produzidas em um processo no outro, no que se denomina utilização de provas emprestadas. Com efeito, constatando-se a distinção entre a ação de impugnação de mandato eletivo e a ação de investigação judicial eleitoral, não há necessidade de se esperar o resultado da AIJE para a impetração da AIME. Podem muito bem as duas ações ser implementadas concomitantemente.

---

[70] "2. A jurisprudência do TSE é de que a Ação de Impugnação de Mandato Eletivo, a Ação de Investigação Judicial Eleitoral e o Recurso Contra Expedição de Diploma são instrumentos processuais autônomos com causa de pedir própria. 3. A jurisprudência da Corte caminha no sentido de que quando o RCEd baseia-se nos mesmos fatos de uma AIJE, julgada procedente ou não, o trânsito em julgado desta não é oponível ao trâmite do RCEd" (RESPE nº 28.015/RJ, Rel. Min. José Delgado. DJ, 30 abr. 2008).

[71] "Não há litispendência entre ação de impugnação de mandato eletivo e investigação judicial eleitoral, uma vez que tais ações têm fundamentos próprios, bem como possuem objetivos diversos: enquanto a AIME visa a cassação do mandato eletivo, a AIJE busca a declaração de inelegibilidade dos investigados e/ou a cassação do registro do candidato beneficiado" (RESPE-26314/CE, Rel. Min. CARLOS EDUARDO CAPUTO BASTOS).

Referências

AGRA, Walber de Moura. A taxionomia das inelegibilidades. *Estudos Eleitorais*, v. 6, n. 2, p. 29-52, maio/ago. 2011.

AGRA, Walber de Moura; VELLOSO, Carlos Mario da Silva. *Elementos do direito eleitoral*. São Paulo: Saraiva, 2016.

BARBOSA MOREIRA, José Carlos. *O novo processo civil brasileiro*: exposição sistemática do procedimento. 8. ed. rev. atual. Rio de Janeiro: Forense, 1988.

BARRETTO, Lauro. *Investigação judicial eleitoral e Ação de Impugnação de Mandato Eletivo*. Bauru: Edipro, 1994.

BRASIL. Tribunal Superior Eleitoral – TSE. *Thesaurus*. 6. ed. rev. ampl. Brasília: TSE; Secretaria de Documentação e Informação, 2006.

CÂNDIDO, Joel José. *Direito eleitoral brasileiro*. 10. ed. rev. atual. ampl. São Paulo: Edipro, 2002.

CÂNDIDO, Joel José. *Direito eleitoral brasileiro*. 14. ed. rev. atual. e ampl. Bauru: Edipro, 2010.

CASTRO, Edson de Resende. *Teoria e prática do direito eleitoral*. 5. ed. rev. atual. Belo Horizonte: Del Rey, 2010.

CINTRA, Antônio Carlos de Araújo; GRINOVER, Ada Pellegrini; DINAMARCO, Cândido Rangel. *Teoria geral do processo*. 18. ed. rev. atual. São Paulo: Malheiros, 2002.

COSTA, Adriano Soares da. *Instituições de direito eleitoral*. 6. ed. rev. ampl. atual. Belo Horizonte: Del Rey, 2006.

COSTA, Antônio Tito. Ação de Impugnação de Mandato Eletivo. *Revista dos Tribunais*, v. 78, n. 639, p. 17-21, jan. 1989.

COSTA, Antônio Tito. *Recursos em matéria eleitoral*. 4. ed. rev. ampl. atual. São Paulo: Revista dos Tribunais, 1992.

DIMOULIS, Dimitri. *Manual de introdução ao estudo do direito*. 2. ed. rev. atual. ampl. São Paulo: Revista dos Tribunais, 2007.

DIMOULIS, Dimitri. Positivismo jurídico: introdução a uma teoria do direito e defesa do pragmatismo jurídico-político. São Paulo: Método, 2006, p. 81;

FAVOREAU, Louis; LLORENTE, Francisco Rubio. *El bloque de la constitucionalidad*. Madrid: Civitas, 1991.

FERREIRA, Pinto. Teoria geral do processo eleitoral brasileiro. *Boletim Eleitoral TSE*, n. 298, maio 1976.

FICHTNER, José Antonio. *Impugnação de mandato eletivo*. Rio de Janeiro: Renovar, 1998.

GASPARINI, Diogenes. *Direito administrativo*. 6. ed. rev. atual. aum. São Paulo: Saraiva, 2001.

GOMES, José Jairo. *Direito eleitoral*. 6. ed. rev. atual. ampl. São Paulo: Atlas, 2011.

LIEBMAN, Enrico Tulio. L'azione nella teoria del processo civile. *Rivista Trimestrale di Diritto e Procedura Civile*, anno IV, p. 47-71, 1950.

LIEBMAN, Enrico Tulio. *Manuale di diritto processuale civile*. 4. ed. Milano: Giuffrè, 1980. v. 1.

MARINONI, Luiz Guilherme. *Teoria geral do processo*. São Paulo: Revista dos Tribunais, 2006. (Curso de Processo Civil, v. 1).

NEVES, Daniel Amorim Assumpção. *Manual de direito processual civil*. 3. ed. rev. atual. ampl. São Paulo: Gen; Método, 2011.

NIESS, Pedro Henrique Távora. *Ação de Impugnação de Mandato Eletivo*. São Paulo: Edipro, 1996.

NIESS, Pedro Henrique Távora. *Direitos políticos*: elegibilidade, inelegibilidade e ações eleitorais. 2. ed. rev. atual. Bauru: Edipro, 2000.

PEREIRA, Rodolfo Viana. *Tutela coletiva no direito eleitoral*: controle social e fiscalização das eleições. Rio de Janeiro: Lumen Juris, 2008.

PINTO, Luiz Djalma. *Direito eleitoral*: improbidade administrativa e responsabilidade fiscal, noções gerais. 5. ed. rev. atual. São Paulo: Atlas, 2010.

PONTES DE MIRANDA, Francisco Cavalcanti. *Comentários ao Código de Processo Civil*. Atualização legislativa de Sérgio Bermudes. 4. ed. rev. aum. Rio de Janeiro: Forense, 2001. v. 3.

PROCESSO eleitoral. In: BRASIL. Tribunal Superior Eleitoral – TSE. *Thesaurus*. 6. ed. rev. ampl. Brasília: TSE; Secretaria de Documentação e Informação, 2006.

RAMAYANA, Marcos. *Direito eleitoral*. 10. ed. rev. ampl. atual. Niterói: Impetus, 2010.

RIBEIRO, Fávila. *Abuso de poder no direito eleitoral*. 2. ed. rev. atual. ampl. Rio de Janeiro: Forense, 1993.

SCHMITT, Carl. *Teoría de la Constitución*. México: Ed. Nacional, 1981.

THEODORO JÚNIOR, Humberto. *Curso de direito processual civil*. 37. ed. Rio de Janeiro: Forense, 2001. v. 1.

VELLOSO, Carlos Mário da Silva; AGRA, Walber de Moura. *Elementos de direito eleitoral*. 2. ed. rev. atual. São Paulo: Saraiva, 2010.

Esta obra foi composta em fonte Palatino Linotype, corpo 10,5
e impressa em papel Offset 75g (miolo) e Supremo 250g (capa)
pela Gráfica Laser Plus, em Belo Horizonte/MG.